阴谋论

CONSPIRACIES

[英] 安迪·托马斯◎著　雷鹏飞◎译

时代文艺出版社

图书在版编目（CIP）数据

阴谋论 / （英）托马斯 著；雷鹏飞 译. —长春：时代文艺出版社，2014.8（2018.1重印）
书名原文：Conspiracies

ISBN 978-7-5387-4639-6

Ⅰ. ①阴… Ⅱ. ①托… ②雷… Ⅲ. ①世界史－通俗读物 Ⅳ. ①K109

中国版本图书馆CIP数据核字（2014）第183346号

出品人　陈　琛
产品总监　郭力家
责任编辑　方　伟
装帧设计　孙　利
排版制作　杨纪云

阴谋论

[英] 安迪 · 托马斯　著　雷鹏飞　译

出版发行 / 时代文艺出版社
地址 / 长春市泰来街1825号　时代文艺出版社　邮编 / 130011
总编办 / 0431-86012927　发行部 / 0431-86012957　北京开发部 / 010-63108163
官方微博 / weibo.com / tlapress 天猫旗舰店 / sdwycbsgf.tmall.com
印刷 / 三河市京兰印务有限公司
开本 / 710mm × 1000mm　1 / 16　字数 / 180千字　印张 / 15.5
版次 / 2015年1月第1版　印次 / 2018年1月第2次印刷　定价 / 42.80元

图书如有印装错误　请寄回印厂调换

目录

引言

任何一个世纪，或者任何一个十年、一年，或者一个月，你会发现，每一个时间段都会有重大且无可争辩的事件发生，而且都是些可以改变人类历史进程的事件。然而，对其中的任何事件，总会有人大声质疑官方的说法，对事情的真相产生怀疑。自从有文明历史以来，阴谋论就与我们形影相伴，且窃窃私语、旁敲侧击，寻求我们的关注。历史上有几个世纪，阴谋论甚至会危害民众，带来灾难，但有时那些或许本应该值得倾听的阴谋论，却为人们所忽视。

在当今环境下，人们对当局的信任度空前降低，交流方式已经发生深刻变革，阴谋论也因此有了新的传播途径，社交网络让它们的传播范围更广、速度更快。这是魔咒还是奇迹？现在，那些最奇怪的想法没有经过任何编辑过滤或认可，就被公之于世。它们像野火一样飞速传播，效果与速度丝毫不输主流媒体。

有迹象表明，当局无疑受到了威胁，对此正在予以反击，因为那些人习惯曲解他们说的每一句话，指责他们欺诈、搞黑幕、进行大规模的谋杀。当局使用电视、广播和书籍，不断地丑化那些自封为寻求真相的人，把他们说成是误入歧途的怪人，而且有危险的倾向，这种报复在某种程度上取得了成功。最近几十年，在所有被边缘化的群体中，阴谋论的信徒肯定位居榜首，以至于“阴谋论者”这个词已经成为滥用的标签，那些高官名人对此标签唯恐避之不及，这就将那些本该公开表达的健康东西赶入地下。但这并未削弱人们对热点问题的关注，民意调查统计数据表明，普通百姓明显存在阴谋思维的倾向。

因此，严格意义上来说，阴谋论，或许是一个需要重新界定的标签。认为任何一个重大事件都是阴谋的想法，可视为精神错乱，但毫无疑问，有些理论有助于人们识别真正值得关注的问题。在那些受到辱骂的真相探索者看来，正是那些操纵权力的人，因为其危险狂热的倾向，正使整个世界走向崩溃。

那我们如何分清事实和想象？用何种标准来评定哪些应该是合法的诉求？虽然官方一再否认，但是大多数人还是认为，威尔士王妃戴安娜是被谋杀的，情况果真如此吗？美国国家航空航天局真的登上了月球吗？要知道摄影记录中的很多异常现象证明情况并非如此。刺杀肯尼迪案中是否还有其他枪手在场？九一一事件真的是由美国人自导自演的悲剧吗？我们所有人的生活都受到秘密的统治精英们主导的“新世界秩序”所控制吗？这真的很难说，当局虽然极力否认，但人们仍坚持认为情况就是这样。

因此，证据而非猜想，似乎是澄清事实最好的途径。然而学术领域过滤了很多到达主流媒体的东西，而且对于证据的态度也表现得很模糊，他们宁愿斥之为阴谋论，也不愿相信其合理性，这让人觉得很奇怪。在一次英国人文协会会议上，这一点表现得非常明显——当时一个发言人宣布：“我不打算讨论支持或反对某些阴谋论的证据，这不是地方。”[①]但问题是，无论是官方，还是媒体、学术界，从来就不存在那个地方。正是由于对真相探求者的研究不加以认真严肃的对待，而是一味逃避，使得公众的舆论受阻，难以在有益方向上发展。

这本书主要是为研究阴谋论提供基本的原则，同时还探索一个经常缺失的元素：证据本身。通过我近25年的研究，一些具体的理论已经浮出水面，并受到公众的关注，而这些受到关注的理论，与真相未被掩盖很有关联。围绕宗教变化和气候变化所产生的争论已经存在很长时间，本书不打算罗列这些说法，因为那样会冲淡一些更重要的领域，有喧宾夺主之嫌，同时也不会对选定的话题轻易草率地做出解释（这和那些伪阴谋论研究著作不同）。

那些普通大众经常会用阴谋论来揭露他们认为令人焦虑的真相。总的来说，他们并不是像媒体错误报道的那样，头戴锡纸帽，抗议精神控制，他们并非悲观的极端主义者。要搞清是什么原因迫使人们花宝贵的时间调查腐败、黑幕，而不应该一味地指责，这样做才是正确的做法，而所谓标准的评判方法其实就是精神控制。如果人们出于各种各样的理由，相信一些不同寻常的事，那么，对这种情况要予以理解，但并不一定赞同他们的说法，这样或许才是明智的做法。

从根本上说，读者必须自己决定什么是事实的真相。许多人很有可能只在“全部相信”与“全部否决”两个极端做法选择，但有时候，因为有了证据，观点也就存在改变的可能。事实往往比你第一眼见到的情况复杂得多。

这本书可以让我们有机会对阴谋论者提出的那些有趣而又启迪心智、可怕而又令人震惊的看法进行一一甄别。有时候难免会触及一些阴暗的地方，但如果通过读者的思考，能有助于其坚定决心，创造一个基于真理、积极向上、真正自由的世界，那么这将是一个有益的旅程。

第一章　什么是阴谋论

阴谋论的确切含义是什么？为什么目前社会对那些相信阴谋论的人嗤之以鼻？事实上，反对归反对，相信阴谋论的人却越来越多。难道这些阴谋论者，真的如一些学者所认为的那样，脑子出了问题？对那些曾经闹得沸沸扬扬的异常现象，虽然官方已做出定论，但那些人还是问一些似乎合理的问题：事情真的就那么简单吗？有人认为几乎所有事情都有着不可告人的目的，有人则完全不相信有阴谋存在。除此之外，在这两种极端的观点间还存在中间地带吗？

第一节　阴谋论的定义

精确定义

问：新闻事件在什么情况下不是新闻？

答：在变成阴谋的时候不叫新闻。

近年来，主流媒体出现了一个很有趣的现象，那就是，各类媒体都充斥着对劣质产品的曝光以及个人滥用职权的报道，而且津津乐道、乐此不疲。有人推测这类事件的背后也许有某些团伙在操纵，但这类观点几乎都被冠以“阴谋论”而不被理睬。所谓的阴谋论者总会认为，腐败可能是制度造成的，或来自于更大的授权，而不仅仅是个体误入歧途的结果。但是，对于这样的观点，官方舆论总是嗤之以鼻。

可如此排斥阴谋论的做法真的公道吗？阴谋论者如此的遭遇是不是因为他们的想法存在根本性错误？习惯性地排斥阴谋论的人通常没弄明白阴谋论究竟是什么，因而轻易放过那些需要探究的重要内容。这难道仅仅是新闻业的疏忽造成的？还是像某些人说的那样，是故意分散大家的注意力？

确立事物的核心原则往往是衡量一件事情真实价值的重要开端。在此，笔者从三部权威词典中摘录了对阴谋论的不同定义：

政府或某个地下组织对未公开说明的神秘事件负有责任，而当局往往会否认这样的联系。(《柯林斯英语大词典》)

将一件备受争议的事件解释为有组织的密谋行动而非个人行为的理论。(《美国传统英语词典》)

一群人为了阻止某件特定的事而聚集在一起工作。(《麦克米伦词典》)

基于以上定义，我们实在难以理解媒体和权威究竟为什么那么反感“阴谋论”。把上述阐述放到历史事件中，我们会发现，阴谋论不仅存在于各个时代，而且是人类文明的重要组成部分。有谁对地下组织的存在进行过严肃认真的讨论？无论这个地下组织是犯罪团伙还是活跃于权力机构的腐败分子。

为何讨论这类现象对当今世界的影响就成了头号禁忌？学术界既然相信，发生在罗马城内的种种事端（详见第二章）是阴谋得逞之后的结果，又为何难以接受当今世界同样的事情仍在继续上演的现实？与科技飞速发展相比，就社会结构而言，人类文明其实并没有比老祖宗所处的时代进步多少。

对阴谋论有失公平的描述中，或许可以看出为什么人们通常忽略现今世界正在发生的阴谋：

> 阴谋论存在于虚构的领域。在那个领域里，人们的想象力任意驰骋，恐惧战胜事实，证据显得多余，而作为超级大国的美国，则常常被编造成这些假想戏剧中的反面角色。①

这是美国官方网站上显眼处的一则要闻，目的就是驳斥阴谋论。页面设在显眼处，似乎在暗示，先前许多对美国（被认作为“新世界秩序”计划的倡导者）的指责，开始让政府感到不自在。2009年，就在奥巴马误把公共法令中“忠诚地”一词的位置错放的第二天，他重新进行了总统就职宣誓（闭路），为的就是避免外界产生阴谋论的猜想。由此可以看出，当局对不断增加的怀疑有多么敏感。

如果说西方政府因为人民对其诚信的质疑，于是就发动一场心理和宣传攻势来抹黑持异见者的话，难道这种做法可以接受吗？媒体界一方面自命清高，另一方面又和各方政要保持紧密联系，成为他人喉舌。一触及敏感事件，就对可能揭开黑幕的线索加以讥讽，但这无异于推波助澜。这样一来，主流社会中禁止谈论阴谋论的行为本身也成了另一种阴谋的表现。

谁是阴谋论者

根据词典定义，那些公然认为某些事件背后有秘密集团主谋的人，便是阴谋论者。面对人们根深蒂固的看法和嘲笑，这些人的言辞似乎显得过于敏感。但是他们还是常常会极力避开“阴谋论者”这一称呼，以免自己的话被习惯性地忽略。如此一来，便苦了一些探索者，他们因为顾忌自身的学术地位，所以极力摆脱这个形影不离的标签，而这个标签又往往是那些他们渴望加入的群体所赐予的。尽管人们也常常用“真相探索者”“说真话的人”等说法来代替“阴谋论者”，但也没能让他们摆脱所处的尴尬境地。事实上，主流社会已经成功地把阴谋论者边缘化了，以至于一个人一旦对特定的问题提出质疑，他就不会有其他的称号，也别想期待更高的社会地位了。

探讨这个话题，我们似乎要换一种更有深度的方法。除了社会变革，人们对阴谋论者的看法是不可能改变的。所以那些被称作是阴谋论者的人，与其挖空心思赢得尊重，不如下功夫专注于自己的研究，让它变得越来越可信。只有这样，公众才会对他们的探索感兴趣，他们的社会公信力才会提升。起初，正是那些缺乏洞察力的阴谋论者将自己陷于难堪的境地的。他们在证据不充分的情况下，一看到潜在的威胁就一惊一乍地妄下结论，这种推断更多源于想象，而非事实。最好的方式必然是观察与潜心研究相结合，避免高调妄言。这样一来，便没有要反对阴谋论者的理由了。这就像17世纪在乔治·福克斯的倡导下成立的“贵格会”。在当时，“贵格”是一种蔑称（人们认为他们是误入歧途的狂热分子，是在上帝的注视下瑟瑟发抖的人），但是“贵格”们把这个蔑称却作为自己的头衔，最后成了名正言顺的贵格。这样一来，贬义一下子变成了尊称，尽管刚开始时受人轻视，但最终还是赢得了公众的尊重。

除了普通的阴谋论者，还有少数人是学术造诣颇高、有独立思想、受人尊敬的人士，他们也认为某些特殊事件可能受到秘密组织的影响。即便是这些人，他们的研究作品还是无人问津。2007年，国会议员诺曼·贝克出版了《戴维·凯利的离奇之死》，他曾做了大量调查，认为这个争议不断的联合国武器核查员死于谋杀而非自杀。此话一出，这位备受赞誉的政治人物瞬间被贴上了“异类”的标签，还把当初任命他的杰里米·帕克斯曼推上了《新闻之夜》的辩论台。之后，帕克斯曼在解雇贝克时说：“看着吧，你这辈子都逃脱不了阴谋了。”

大卫·雷·格里芬是另一个例子。格里芬是美国的一位教授，也是一位研究基督教的神学家。他凭着良知，一丝不苟地调查九一一事件中的离奇现象，他是受大家信赖的质疑者之一。他行事严谨低调，调查不离主题，事无巨细。格里芬从未表示自己是阴谋论者，而他的研究成果也从未显示出这一倾向。尽管如此，他还是被主流社会称为“阴谋论领袖”而受到排挤。由此可见，涉足这个领域，被贴标签是不可避免的。不过格里芬的努力总算没有白费，2011 年的民意测验（据说是史上媒体报道篇幅最少的一次）显示，相当大比重的民众开始怀疑九一一事件中的官方说法。

事实上，我们对某些事件的看法如果稍有偏离，无论得出多么有价值的结论，都会被社会主流当作阴谋论者。很明显，新闻报道的世界与我们所接触的现实并不吻合，这一点，从民众对九一一事件的看法和对戴维·凯利、戴安娜之死以及鬼魂、外星人、占星术等事件的民意调查结果都显现出来，它们表明了公众一贯的立场，尽管这些看法不断遭到媒体权威人士的抨击。如此看来，阴谋论者目前只能依赖互联网，绕开主流慢慢摸索事实真相了。

找到中间地带

而真相又是什么呢？支持阴谋领域的研究并不代表认同阴谋论者的观点。本书旨在通过研究多数人所持有的观点，从而构建具有建设性意义的框架。本书试图通过一些实例，为观点对立的双方找到中间地带，在这些实例中，有些本身主题就非常吸引人，也有一些由于缺乏证据和必要的逻辑而遭到质疑。但本书不对任何一方的个人观点做结论性评判。为阴谋论建立评价机制存在一个问题，那便是对双方的看法妄下判断，这样不仅帮不了任何一方，反而有利于那些主张对事件不做细致调查的第三方。

当我们试图解释某些重要事件时，这种评价机制的缺点就暴露出来了。尽管有些阴谋研究已远离了初衷，但全盘否定阴谋论的做法也是不公正、不可取的。

一种特殊的阴谋论

词典对阴谋论的定义似乎暗指社会上的确存在许多秘密组织，暗地里从事不正当行为。现实当中已经有现成的例子。本书将另辟蹊径，从更为广泛具体的角度来诠释媒体眼中典型的“阴谋论”。例如：世上大多数事件都是势力庞大的精英团体秘密操纵的结果，其目的就是统治全人类，而寻常百姓只是他们宏伟计划中的一颗棋子。

选取这个角度的核心是基于地缘政治的权力游戏中已经出现了监控机制这一现实，通过控制民众的恐惧心理，发动战争，操纵经济。在某些人眼里，他们用超自然理论以及秘密社会的影响力来达成他们统治世界的愿望。这个愿望一旦实现，权力最终只会落入少数人手中，寻常百姓只能像傀儡一样受人摆布，生活在奥威尔式的噩梦中。这个统治计划统称为“新世界秩序”。各国政要已经公开表示对该计划具体实施的企盼，但是要实现该计划确实冒一系列的险，这正是真相探索者所担心的。“新世界秩序”成了目前极为流行的阴谋论的总称。

尽管在本书里讨论了阴谋论很多不同的观点，从国家恐怖主义到政治谋杀，从灭绝理论到超自然力量背后的官方解释，一开始看似互无关联的推断到最后都错综复杂地交织在一起，揭示出背后掩藏着更大的阴谋。如果这些阴谋论者的研究确实有现实价值，那么我们自应严肃对待。

第二节　人们为什么相信阴谋论

阴谋的心态

以下仅对人们历来对阴谋论的极端心态做一简要概括，而不做详细的心理分析。

学术界认为阴谋论者的特点可以大致概括如下：

1. 他们表现出一副精神不稳定、怨恨权势的模样，这往往起源于其儿时不幸的经历和家庭不睦。他们将个人挫折归咎于他人，甚至对全世界的当权政要都始终抱有怀疑。

2. 他们通常缺乏洞察力，对自身所认定的有力证据“接受阈值”低。比如：他们易轻信（卡斯·桑斯坦和阿德里安·沃缪勒教授称之为“蹩脚认识论”，此种认识都基于有限的信息），易幻想，事情虽未发生，他们却如亲眼目睹；或反之，从孤立的异常事件中断章取义地得出定论。

3. 由于缺乏洞察力致使他们倾向于接受“社会流瀑效应”（指所认识的人大多数都相信某个谣言时，则当事人就很容易相信那则谣言，接受他人的影响。），很有可能采纳群体观点而不顾基本证据是否站得住脚。

4. 他们倾向于对官方立场提出质疑，以至于病态地不信任任何机构的说法。他们热衷于狂热偏执的观点，在极端情况下，会受到误导，做出反社会的行为，甚至参与恐怖行动。

5. 即使他们因“与众不同”的观点为社会所孤立，可是一旦在现实中或网上看到与自己相似的观点时，他们就会异常满足并更加执着。这样的心态限制了他们接触到与自己观点不同的看法和证据，从而加深了他们的极端主义倾向。

诸如此类的条目还可以列举很多，但以上提炼出了最主要的几点，也是多数心理学论著在提到阴谋论的思维方式时常出现的观点，可以归结为真相探索者的补偿心理。然而，若认为是因其具有质疑一切的特质从而引发阴谋论，这样的观点是把事情简单化了，因而会忽略更多发生在我们周围的真实事件和实际情况。

其实，关于学者和心理学家人格特征的列表中，他们具有的、引起大家质疑的特质也不少，比如，他们将所有注意力都集中在研究他人的弱点上，就是其中之一。的确，细细一想便能发现，对阴谋论者评头论足的人同样是有问题的，他们不仅局限在思维狭隘的圈子里，而且还成了“社会流瀑效应”的牺牲品，成为许多娱乐节目的谈资，比如，怀疑论者理查德·道金斯无法像旁观者一样，看清自己摧毁宗教、占星术和神秘主义信念的行为，其实正如同他要摧毁的对象对人们的控制一样疯狂。

而自身没有学术地位的阴谋论者，无论心理学对其如何评价，他们都坚持认为自己的观点是有实际证据支持的，而这些证据是批评者根本不屑一顾的。

阴谋论者对自己的基本评价可总结如下：

1. 他们能够看到主流所忽视或躲避开的明显的异常现象，并且只有他们有勇气挑明。

2. 他们不仅能为事实存在的阴谋提供证据，还可以用古今的例证向大家揭露阴谋集团在谋划世界各地惨案时穷凶极恶的一面。

3. 当代社会体制中的腐败现象在各个阶层都十分泛滥，甚至主流媒体都承认，“高层无腐败”这一说法狭隘而不切实际。

4. 官方不断攻击阴谋论者的行为本身就暴露了政府分散民众注意力和将阴谋论者边缘化的意图，这样一来就越发让人确定，政府在某些事情上确实对公众有所隐瞒。

5. 把所有阴谋论者一股脑儿地概括成右翼分子或者是不入流的文盲，是多疑造成的妖魔化心理。事实上，阴谋论者来自各行各业，其中很多都是受过高等教育的知识分子。

6. 批评真相探索者将各种事件割裂开来，然后从孤立的事件中引出阴谋推断，这样的指责也是不公平的。相反，真相探索者是从更大范围的相关事件中，而不是从自身的模式中，推论出极有可能存在一个更大的操控计划的。

和前一个列表一样，以上几条论述缺一不可。毕竟我们生活在一个习惯于否认真相的世界，各个阶层都存在腐败和困惑。要不断地反驳对方，靠的不仅仅是智慧。

其间便存在问题：双方可以坐下来聊些无关痛痒的趣事，而一旦学术上对立的双方所讨论的证据使其自身的正确性受到怀疑时，双方都不会考虑对方的观点。

多年来批评者一直认为，阴谋论者的地位总是被自我保护的。换言之，批评者相信，将阴谋论者边缘化，是秘密机构的有意安排，这样，阴谋论者在面对外界的挑战或官方的否认时，只要用万金油式的回答“好的，你可以这么说，不是吗”来进行反驳，就将自己保护了起来。然而，学术界应该对此感到惭愧，因为阴谋论者采用了与学术界同样的自我防卫机制。一旦打破目前的僵局，我们一定能找到中间地带。

帮派中的帮派

即使在同一个团队中，同级之间也很难达成共识。困难之一便是同僚间的敌对意识。和其他领域相比，这一现象在阴谋研究领域更为突出，那些对全球阴谋论持极端观点的人会批评比他们表现温和的同僚为“托儿”或者“反面派”。他们无法容忍与自己意见相左的观点，并报以敌对态度。这样的做法限制了他们接触更合逻辑的观点，因为这些论点往往会挑战他们固有的观念。这也会使他们把原来认为的同盟者塑造成另一个“敌人”，创造一个没有宽容度的世界，在这个世界中除了两极分化，再多的洞察力都是多余的。心理学家通过观察他们这种自断退路的做法，对其进行分析，结果发现，正是少数人大张旗鼓地宣扬，让探寻真相的行为背上了恶名。

盲信导致派系间的内斗，常催生出极右的阴谋思维。比如，那些相信“新世界秩序”的阴谋来自于犹太复国主义的人，不久便会对那些对“新世界秩序”的持开明态度的人失去耐心。他们对可能提出质疑的同伴残忍地进行攻击，公开指责不完全靠向反犹太复国主义阵营一边的人，称他们生活在“犹太人反诽谤联盟”的恐惧之中；或者他们走得更远，组织摩萨德（以色列情报机构）等类似的机构。狭隘地拒绝除了自己之外的任何信仰，反而为戴维·阿罗诺维奇这样的媒体人添加了几分悲剧色彩。戴维常常因为对阴谋论者的报道失实（尤其在他的《巫毒教史：现代历史进程中的阴谋论》一书中）并错误地指控说大多数真相探求者天生都是反犹分子而官司缠身。

内斗的另一个重要因素源于超自然与地缘政治间的争论。有些真相追求者乐于接受外星人入侵理论（见第七章），把它看成是掩盖事实和全球政治战略的可能动机之一；而另一些人则坚信存在强大的秘密组织，它们神秘地支撑着“新世界秩序”计划（见第八章）。但是，无论是那些希望通过揭露诸如彼尔德伯格俱乐部的真相从而获取公信力的人，还是那些希望在维护政治的基础上彻底调查的人，都害怕神秘的猫头鹰仪式，或担心外族血统将渐渐渗透到精英统治阶级的血液中。

同时，九一一事件的真相研究者——提供了似乎是真实的阴谋推测——反过来会发现自己和一小部分阴谋论者争论得不可开交，阴谋论者坚持认为撞向大厦的飞机实际是全息图，又或者此次的恐怖袭击中运用了秘密的能量技术，才使得发射塔得以摧毁，等等。这种说法造成了内部意见分裂和摩擦，尤其是对传统科学家来说，这样的言论已经危及他们的社会公信力，只有他们才能让民众重新产生信心。有人反驳道，在真相缺失的情况下，所有的可能性，不论多么离奇，都会被认为是真相。但那些希望得到主流社会哪怕一点点认同的人，使他们披露阴谋的努力蒙受了恶名，由此造成了公众的混乱，这便使局外人对真相活动家产生了怀疑。

即使在地缘政治思想家的眼中，敌人也分几等。在伦敦举行的

“2011 年国家和企业反民主罪行会议”上，开放式座谈小组中出现的情况，就明确说明了这一点。当一位坚定的政治活动家蔑视另一位冒险激进的“光明会”（“新世界秩序”的重要的阴谋产物）的座谈小组成员时，内部瞬间就产生了矛盾。那些敢于提到外星人计划的人都无疑已经偏离了前提。

这些存在于寻求真相群体内部的矛盾是不可避免的，因为在阴谋论的大框架内存在着许多不同的人，当发现有些言论偏激得让人难以忍受时，有人就会进行拼命反击。遗憾的是，现在任何对现状提出的质疑，在外界眼中都混为一谈。直到有一天，任何结论在阴谋论者内部得到尊重认可时，才会产生一个快速解决的方案，但是发展到那个程度似乎还很遥远。

学术摩擦

如果有小派别出现在真相追求者中，那么，他们之间就肯定会出现相互排斥，冲突也会出现在这个争议颇多的领域的学者中。

比如，已故的哈佛大学精神病学教授约翰·麦克，只要他完全进入纯粹的人格分析领域，沉浸在倾听一些人讲诉被外星人绑架的经过时，他的学术活动是安全的；但是，每当他用催眠术来唤醒被试者模糊的记忆时，虽然他解释说，许多被测试对象只是单纯地转达对他们来说完全真实的经历（麦克自已都觉得很惊奇），无论这些事情是真实还是幻觉，马上就会遭到反对的声音，有人甚至要求他“下课”。1944 年，哈佛医学院院长设立了委员会，专门调查他的研究方法，他总算勉强保住了工作。但这件事让那些想钻研其他案例的学者得到了教训。具有讽刺意味的是，2004 年，迈克在伦敦街头被一位酒驾司机撞死——制造了一个全新的“谍网迷魂”②（思想被控制者）式的阴谋论，这似乎暗示着麦克已经接近事实真相，而当权者因为害怕真相被披露，而事先将其谋杀。

另一位教授，美国的物理学家史蒂芬·琼斯，决定用自己的方法调查九一一袭击事件（见第六章），他质疑世贸中心居然离奇地完全摧毁，2005年，他发表了一篇极具影响力的文章，题为《美国世贸中心大厦怎么就坍塌了》，之后举办了一场研讨会，会上他认为内部的易燃易爆物品一定在事先搬运到了楼底。此言一出，琼斯很快就受到杨百翰大学的停职处理。之后，美国大学教授协会和个人权利教育基金会两家机构开始对他进行调查，他们对这位堪称权威的专家所运用的技术手段以及信仰产生了怀疑。尽管琼斯再也没能回到他的工作岗位，而且2007年被迫提前退休，但是他拒绝承认错误，并且坚定地认为自己能够找到一些学者，组成一个具有影响力的机构，还九一一事件一个真相。他短暂的职业生涯也给那些决意将自己与众不同的想法——尽管这些想法有坚实的实证依据——公之于众的学术界人士，带来沉痛的警示意义（受到牵连，琼斯为自己的能量技术理论也因此被世人否定而备感沮丧）。

不言而喻，学术界达成了一种共识，即特定的界限是永远不可逾越的，内部必须要保持一致。这样，学术界就可以像极端主义阴谋论者那样，确保任何事都威胁不到自己领域内的任何地方。选择挑战规则的人，必须接受一个残酷的现实，那便是，任何想要背离内部的人，都会受到排挤，并且会像琼斯、麦克等人一样，被贴上“异类”的标签。

而那些对圈内疯狂批评无动于衷的阴谋研究者，和那些看透了根本不可能得到主流尊重的阴谋论者，由于他们从一开始就被认为是持不同意见者，所以，在强大外界压力面前，他们至少会感觉轻松一些，因为他们不会因此而失去什么。另一方面，学术界永远活在担心自毁名声的恐惧中，同时，也在是否将挑战同行偏见的真相公之于众的犹豫中备受煎熬。而根据历史记载，往往是那些“异类”把人类文明推向历史的前方。

证据，而非信念

真相探索者常常会反驳那些提及阴谋论的人，说“这不是阴谋推论，而是事实存在的阴谋”。这句话在技术层面上来说是成立的（例如九一一，就是一个实实在在的阴谋，无论它是基地组织的罪行，还是秘密的“内部计划”），但这种防御性的声明仅来自观念上的推断，并非一定正确。这只能说明真相探索者高度的热情和坚定的信念，对那些认定他们有妄想症的人来说，这种信念并没有多少说服力。因此，我们必须找到一种缩小差距的办法。以备受赞誉的“科学方法”为例，我们可以看出，在对一个阴谋进行论证时，靠的只有证据，而不是信念。这并不意味着所有的理论就必须受到主流人士的一致肯定，没有质疑声，但是理论会因为主流的认同而逐渐渗透到公众意识中（正如九一一、戴维·凯利、约翰·菲茨杰拉德·肯尼迪等事件一样）。确实，这个慢慢渗透的过程，或许是某个阴谋论观点得到更广泛支持的关键。

有人会反驳道，过去大多数人曾一致认为太阳围绕地球转，但这种“一致的观点”并不是事实。尽管这样的公众认知背后有宗教势力和政治权威在撑腰，但事实上，仍然有许多人一直在挑战地心说。尽管有很多人乐意遵从于官方法令，因为这么做既方便又安全，但这并不意味法令本身就是正确的。一旦出现更具说服力的观点时，人们不等官方解释，便会立刻转变观点。也许未来的历史中会记载，许多我们当初认为“不入流”的观点，在未来会是有价值的。

正如伽利略等人在面对教会的非议时所表现的那样，后代们会看到，只有勤勤恳恳地搜集证据才能让真相最终不言自明。只有证据而不是偏见，才能带领真相浮出水面，走向胜利的彼岸。如果阴谋论正在逐步变成阴谋事实，那么我们就应该用更有效的方法去寻找细微并且更有说服力的证据，需要用洞察力与理性分析相结合。在没有运用以上方法，也没有获得有力证据之前，任何下意识的批评或是盲目地支持任何一种假设都是无用的。

第三节　阴谋论该走多远

阴谋案例分析：保罗·麦卡特尼

基于上文的介绍，我们明白了证据的作用。寻求表面证据和深刻分析之间平衡的过程，反过来，又会使人将潜在的阴谋事件和丰富的想象混为一谈。在此方面引人注目的一个例子是关于前甲壳虫乐队成员保罗·麦卡特尼死亡之说，这一传说原本无足轻重，但是被大肆渲染。根据一种说法（占星家约翰·格林曾提到过），保罗·麦卡特尼实际死于1966年至1967年间的一场车祸，但死亡一事被掩盖起来，随后他的位子由另一位才华横溢且相当服众、与他长相相似的音乐人所代替。有人推测，甲壳虫乐队其他成员不希望他们的事业因为这场悲剧而过早夭折，所以才出此下策。此后，他们便不自觉地将此事扑朔迷离的线索写进歌词，记录在艺术作品当中。1969年，关于保罗的流言在美国大学校园和广播电台中流传，当人们搜集到越来越多的可靠“线索”后，保罗的死讯便立即传遍了全球。

表面上看来，麦卡特尼死亡这一说法似乎很荒谬，而且很滑稽，因此该事件并没有引来阴谋论者多少关注。但是，在一项更复杂的附加调查中，发现了一些对该说法提供支持的理由。在去除了一些最站不住脚、最引起争议的联想之后，令人不安却可能有说服力的观点就显现了出来。

据记载，1965年麦卡特尼确实经历了一场机动车事故，致使他牙损嘴裂；1967年他的迷你库珀车在一次高速公路车祸中彻底报废。有证据显示，后一件事故的细节确实被混淆过，尽管这有可能只是为了掩盖可能涉及的嗑药问题，或者是为了掩盖麦卡特尼当晚把车借给了朋友，而他本人不在现场这一事实，或者真的如所公布的结果一样。

诸多保罗已死的“线索”中，有一些明显是编造的，只是用来引发人们的好奇心罢了。比如，1969 年《艾比路》唱片封套中斑马线后的大众甲壳虫车车牌的副牌是“281F”，有人指出，“如果”保罗活着，他应该是 28 岁（把 1F 读成 IF），但事实上他当时 27 岁。同样，1968 年的尾曲《我疲惫了》经常被当作“保罗已死，思念他，思念他，思念他”。但实际上，母带显示的歌词是“先生，先生，再来一个如何”。同时还有一个说法（更加莫名其妙），1967 年《永远的草莓园》中有一句“我埋葬了保罗”，但据约翰 · 列侬所说，那句歌词只是“小红莓果酱”。

但是，在事件的时间前后，甚至是最近，专业图片对比有力地表明，麦卡特尼的面部和头部结构与 1966 年末的截然不同。除此之外，身高和语气也出现了一些异常③。另外，从甲壳虫乐队获得的大量充分的“线索”也颇显端倪。1968 年的《革命之 9》中重复的副歌若反过来演奏，就成了“让我快乐，故人”；或者在 1967 年的甲壳虫乐队的专辑《佩珀中士的孤独之心俱乐部》封套中间的大鼓前放一面镜子，就会看见“他死了”这样的短语，而且还点缀了罗马数字（有人说这正是麦卡特尼死亡的日期，1966 年 11 月），莫非这只是巧合？在众多的知名人物中，主要的黑魔术师阿莱斯特 · 克劳利的魔术与之如出一辙，他曾经有个很有名的建议：学会正话反说或者用代码表达。

麦卡特尼常常在后期的专辑封套中特立独行：他是其中唯一一个在专辑《佩珀中士的孤独之心俱乐部》封底中背对镜头的；在 1967 年《神秘之旅》的舞台，其他三名队员佩戴红色康乃馨，他却戴着一枚黑色的；最著名的是，在《艾比路》封面的斑马线上只有他赤脚（据说是有寓意的“送葬过程”）。还有不胜枚举的例子被甲壳虫乐队的粉丝们不断关注着，一些奇怪且带有病态情绪的摘录也引起他们的联想。1967

年在《生命中的一天》中“他在车里神志不清了”就是一个例子，或是1968年《革命之9》中直接公开的句子“他撞到电线杆了，我们最好去看外科医生”，同年的另外一首《别漠视我》中有“你发生了一场车祸，失去了你的头发”的句子。有人说车祸的暗示多半与富豪名流、也是甲壳虫乐队的朋友塔拉·布朗尼的死亡有关，塔拉·布朗尼确实在1966年撞上灯柱而亡——但蓄意重复的车祸主题确实看似夸张至极。对此，通过无数的网站和书籍可以了解更多[④]。将这些线索综合到一起，至少就能看到有一堆有趣而异常的巧合，当试图将它们与阴谋论联系起来时，很难对其完全否认。

这意味着什么？真的可以成功地掩饰像麦卡特尼这么著名的公众人物的死亡吗？最不可能的是，像他一样有才华的替身竟然丝毫不露异常痕迹，不只公众，甚至连最亲密的亲朋好友都未察觉，这可能吗？阴谋论甚至极端地认为，2000年初保罗·麦卡特尼的前妻希瑟·米尔斯对麦卡特尼生活的带有诋毁的介绍，是为了故意掩盖替身的真实身份，并且那股黑暗势力用她作为浪漫的陷阱，控制假麦卡特尼的思想，确保他沉默不语，就如同阴谋论者所制造的那些黑暗的娱乐小段所说的那样。那么由全部线索和未解之谜引起的惹人注目的事，正如约翰·格林建议的那样只是一例疯狂的“妄想观念”（根据网上的《怀疑论者词典》，意思是对无关的现象产生自发的有意义联想）吗？或者有没有一套中庸的办法[⑤]？

那些喜欢把神秘事件的相关证据掺和到一起的人猜测：整个事件就像是失控的炒作，在混杂的线索中应该有些是事实。甲壳虫乐队一直以一种厌烦而个性的讽刺方式予以否认，但同时他们的苹果企业于1967年构思并于1968年正式成立，作为乐队的唱片公司和宣传渠道，经常雇用怪人或用特殊手段增强效果的投机分子，这是证据确凿的。至少即使在苹果企业正式成立之前，《佩珀中士的孤独之心俱乐部乐队》已提前出版了（因为正如阴谋论者提供的证据，他们的参与并不能解释那些歌词），有没有其他人已经掌控了插图的决策权呢？如果什么都不做，只是保持沉默，就完全可能利用谣言帮助增加销量：当保罗已死的传言沸沸扬扬之时，甲壳虫乐队专辑的销量明显激增。不难想象，像约翰·列侬那样愤世嫉俗的人会进一步激化这种疯狂的行为（比如，像1968年他自导自演的恶作剧“玻璃洋葱”中证明：“海象就是保罗”，等等）。

但是真的有人会仅仅为了发行更多一些的密纹唱片而这样大费周折（包括明显重组了麦卡特尼的整个颅骨）吗？在迎来第二次销售高潮之后，其他人也对整个事件提出了一个更严肃的质疑。甚至至今都有人认为整个甲壳虫现象实际是政府赞助的社会实验，是为了测试年轻人跟随着（或模仿着）娱乐圈新人，怎样从天真的追星族到集体歇斯底里，从由药物引起的疯狂到在全世界声名狼藉（列侬的甲壳虫乐队比基督更轰动），最后变成相互指责和幻灭（甲壳虫乐队解体）的发展过程。通过此事，整整一代人具有的危险的、挑战权威的创造力和活力可能已经被成功地阉割，他们经历了从满怀希望到无助的变化。在郁闷的阴谋论者看来，整个20世纪60年代充满艺术气息的音乐和振奋人心的旅程都是肮脏的恶作剧。从甲壳虫乐队的奥德赛（奇幻之旅）的角度看，这是一场野心勃勃的心理战实验，这样就更容易理解，为什么把麦卡特尼化身成宗教传统中死而复生的救世主形象的努力，可以被认作是更黑暗、更周全的阴谋计划的一部分。

疯了吗？极有可能。此次讨论的目的不在于支持保罗之死的任何一个观点，而是要将这个讨论作为一个重要的证明：有时当寻求验证某些假设时，异常现象和看似无法解决的难题就会出现。根本不存在的佐证常常比个人的奇思妙想还多，有些佐证也有可能会轻易影响到支持者。还有一些情况，强有力的数据会出乎意料地暴露出来，这时他们要解决的便是这些数据的含义。这只是幻想出的无关把戏吗？还是一桩桩同时发生的巧合事件？或者这是昭然若揭的真实情况？事实上，只有不断积累客观证据，同时拥有可靠的内在逻辑才能扭转局势。想鉴别真实阴谋和秘密，上述条件缺一不可。因此麦卡特尼阴谋案例虽然引起人们的兴趣，但没有充足的使之成为阴谋的可能性证据，我们只能将它留在奇异的灰色地带。然而，其他例子，即使缺乏可靠的结论，也可以作为确定的重要例子，将在下文阐述。

麦卡特尼本人，在最初的歇斯底里之后，几个月内都对此事保持缄默，最终，在 1969 年末，被前来他农舍的记者逼入绝境，最终只能讪讪地承认“自己”没死。奇怪的是，尽管如此，他却从来没说过“保罗·麦卡特尼”没有死。当然，如果 1969 年的版本是麦卡特尼的替身，那么他已经成功地冒充其身份，获得其财产，模仿其才能，这样他就不太可能承认麦卡特尼已死。这个难题依然未解。麦卡特尼——如果他依旧是麦卡特尼——除了自己的经历，应该已经知道，如果公众相信你死了，那么在公众心目中你就是死了，除此以外的任何事情都与你无关。但为什么人们选择去相信世界的丑恶呢？也许只是因为这样更有趣，但也许有着更深层次的原因。

怀疑的根源

1967 年，拉尔夫·L. 罗思诺和加里·艾伦在其文章《关于保罗·麦卡特尼的谣言》中，对保罗已死案吸引了如此之多的关注，给出了一些重要的原因，其中之一就是对当局缺乏信任。他们同时指出，约翰·肯尼迪暗杀事件和华伦委员会（1963 年为调查肯尼迪被刺而设立）给出的明显漏洞百出的肯尼迪死亡报告（该报告更加扩散了阴谋论的猜测），再加上随后的罗伯特·肯尼迪、马丁·路德·金那样的杰出人物被谋杀，使整整一代人都暗怀愤世嫉俗的情结，他们认为愿意挺身而出的人都注定了同样的悲惨的结局。像麦卡特尼这样优秀人物的死似乎带给他更多的社会认同感。虽然粉丝们为他的离世洒下真诚的泪水，同时他们也把这位艺术家抬高至无法企及的圣人高度，成为神话人物，即他永远不会像其他人不可避免地那样变老，变平庸；但同时，在心理层面上，这也意味着，公众人物在本质上是可以被替代的——一个人物可能倒下了，但另一个总是会出来取而代之。

因此，看似荒谬的麦卡特尼阴谋案无疑给大众带来了娱乐（寻找线索成为一些人无法摆脱的爱好，其他的人只是乐于发现原来如此精心制作的情节，也可能完全是策划好的阴谋）。这种新的犬儒主义意味着，他们开始相信如此著名的一个人可能已死，而且被长相酷似之人所替代，并用了各种必要的欺骗手段支持这个假象，这种观点已经不像十年前那么荒谬了。如果成千上万的目击者都可以被忽略，并且对于李·哈维·奥斯瓦尔德周围的异常现象和神秘杀手杰克·鲁比都视而不见，那么，很多人都会相信（特别是在美国无数人相信麦卡特尼谣言），无论多么阴暗的事都可能发生。1968 年对哥伦比亚大学生和平抗议的暴力镇压进一步激化了尤其是在年轻人中存在的不信任感，也进一步加速了越南冲突，再加上理查德·尼克松水门事件（详见第四章）是证据确凿的阴谋。特别是这事件迅速影响到所有人，使他们对政治人物产生了怀疑，并使他们重新认识了其他领域的谎言。

其中存在着为阴谋论兴盛的外在条件：明显的谎言和 20 世纪 60 年代以来大肆暴露在公众面前的未解之谜，两者似乎无休止地结合在了一起，导致公众失去信心，渐渐地不再相信政府以人民的利益为重。媒体努力让我们相信那些已经泄露出秘密的案件，极力制造公信（比如，英国 2009 年的国会议员开支丑闻，或美国的水门事件），导致整个社会表面上似乎是不再说什么，但在人们的内心深处，显然是不信任的，并且这种不信任开始根深蒂固。这就可以用来解释为什么民意调查显示，现在很多人甚至怀疑历史上的重大事件的真实性，如登陆月球（详见第四章)，也能解释为什么世界上大约一半人开始相信政府在九一一事件上撒了谎。因此，我们就不难理解所谓掌握秘密的精英希望限制市民的自由甚至想要将他们全部消灭这种观念为何会越来越为大众所接受了。

因此，正如学术界已尝试去做的那样，试图对所有阴谋论进行心理分析，但分析之后得出的结论表明，对某些领域的质疑，确实是有真实证据。如果对阴谋论在普通人心目中日益建立起的突出地位避而不谈或视而不见则是很不明智的。如果当局对公众的不信任感到不快，则只能归咎于自己。只有对争议颇多的事件进行揭露或恰当地调查，才能摘除这个不良的社会定时炸弹，无论多么令人不安也要揭露真相。

关于麦卡特尼现象还得说一句，应该注意到，他的情况是个很奇特的例外。那些与名人有关的阴谋论通常都认为，某些人物，比如说猫王、歌手吉姆·莫里森，甚至还有阿道夫·希特勒，其实没有死，这一看法可能会让麦卡特尼本人（现在不管他是谁了）感到很恼火。当自己珍爱的人，或者是痛恨的人过世了，人们在情感上自然不愿接受（尤其是在他们死亡的情形没有什么值得怀疑的情况下），这种情感经常会促使一些谣言产生，说他们仍然存活于世间，只不过是避开了人们的视野，过着隐秘的生活。阴谋论为人们提供了一张安全的网，提供了一种在来世过上更安全生活的希望。但是，可怜的麦卡特尼却必须忍受让人恼火的事实：一些人因相信他的确死了而感到更加高兴。不过那样，他依然是个落魄的天才人物，而不是唱着《青蛙大合唱》的邪恶之徒了。

约翰·列侬 1980 年死于一个精神病枪手之下，这已是一个不争的事实，但是这催生了许多说法。许多人认为，杀手马克·查普曼受到了另外一个心灵控制计划的影响，该计划是由当局发起的，当局不希望看到这个歌手重新站在世界舞台之上，因为他给和平政治带来了威胁。这再一次说明，几乎每一个可以想象得到的阴谋论版本，都会有其存在的土壤。但问题是，它会终止于何方？如果有证据存在，这一过程会就此而终止吗？

逃避残酷的现实？

赞同阴谋理论还有附带的好处，那就是，它们能够使信徒将自身置于更为舒适的位置，而无须为更加严酷的日常生活忧虑。有的人之所以被压制性的欺诈观念所吸引，可能是因为（正如先前所述）与他们本身的童年经历相比，他们对这一境况已十分熟悉；也可能是因为这使他们有了反抗的动力，当他们的日常生活中缺少这一刺激物时，这动力就能够引导他们向新的方向发展。然而，这一“正与邪”心理纠结的引力，并非一无是处，会导致人们无须关注手边那些棘手的实际问题。

例如，坊间对神秘的2012年12月21日讨论得很多，但是随着玛雅日历周期的结束，世界末日的谣言早已经被传得沸沸扬扬，人们预测种种灾难即将发生。在所有的解密尝试中，毫无疑问，5125年一个周期的算法已经嵌入世界上数个历法系统当中，并且昭示，还可能存在着更广的宇宙或太阳系的循环周期。尽管仍可能需要数十年的时间才能揭开这些事件的秘密，但确实有很多人有种进入一个新纪元的新生之感。然而，在2012年初，那些宣扬在12月前将兑现的更为悲观的天启预言仍未得到证实。也许不足为奇，因为这些预言大多数都以迅速传播的网络谣言为基础，而且谣言来源多数都未经过确定——这并不是什么让人鼓舞的迹象。

另一个关于神秘星球回归的更加耸人听闻的可怕消息是：尼比鲁星球每隔数千年就从一个巨大的椭圆形轨道重新进入我们的太阳系系统，而且它的回归将会使引力受到严重破坏，因此造成动荡。已经去世（备受争议）的历史学家撒迦利亚·西琴的研究显示，这一说法的基础是与诸神失落星球相关的苏美神话。2010年11月，人们普遍认为，另一颗称作叶列宁的不起眼的彗星——实际上是尼比鲁——正向地球袭来，于是就采取了一些具体动作。随后，网络上充斥着关于叶列宁彗星可能带来负面影响的可怕信息，数以百万计的网友纷纷在视频网站的剪辑片段下留言，发表攻击性评论。但是这些视频片段解释说，天空中出现的叶列宁彗星，或叫尼比鲁彗星，其实就是木星、金星甚至月球散射的光而已。虽然有人认为这一现象是专业和业余的宇航员所制造的一个巨大阴谋（普通大众保持沉默，这很让人感到奇怪，但很显然，他们都没有观察过天空），但是对彗星撞击地球深信不疑的人对此并不买账。来自美国国家航空航天局（NASA）的消息（说实话，并非总是准确可靠）称，这一微小的彗星并没有降低人们对其研究的兴趣，也不会产生什么惊天动地的后果。不过，现在可以确定的是，叶列宁彗星最终变为一团尘土，没有留下任何痕迹。当然，歇斯底里背后的声音并没有停顿，它们依然活跃，就仿佛关于叶列宁彗星的说法从未发生过一样，只不过它们的注意力已经转移到了其他的尼比鲁彗星上去了——也不管它们是用摄像机能够看到的偏离轨道的“褐矮星”，还是其他漫游的天体。也有另一些人宣称，叶列宁彗星已被世界权威机构用核武器秘密摧毁掉了。

在阴谋世界里，似乎倾向于将那些给人类带来威胁的事物摆在主要的位置，虽然这些威胁多基于一些来路不明的爆料者。手边尽管有更加凶险、更确实可靠的事件要处理，但人们对这些事件却未置可否。比如，当所有关于尼比鲁（叶列宁）彗星的消息在网上备受关注的时候，NASA 官方报告称，太阳很有可能不久即将释放一团巨大的带有电子磁场的太阳耀斑，对全球的电网及地球上所有的科技基础设施都可能带来毁灭性后果。可是，这一报告在相关领域却鲜有提及。2010 年，在美国举行了世界各国国防部长和政府科学家会议，这次会议得到广泛宣传，它讨论了 NASA 对诸如此类事件最坏后果的忧虑。然而，太阳黑子和耀斑活动已经打破近 10 年来的纪录这一事实，在众多让人眼花缭乱的神秘彗星以及可疑的网络图片中，似乎显得有些微不足道[6]。之前提到的对权威部门的怀疑已经根深蒂固，这使得人们对权威部门发布的消息自发地产生了怀疑，或者兴趣索然。然而，太阳不稳定的活动可确认为是人类文明最大的潜在威胁之一。

由此可以看到一种倾向，即一些捕风捉影的怪异想法，比存在于人类身边的现实威胁更引起关注。这一趋势的根源是什么呢？或许只要我们的思维能够停留在童话般的境界，而非面对严酷的现实，我们就能进入奇怪的安全地带，充实想象，并为平凡的生活增添光彩。在一些冀求或者宣称需要的天启事情（在福音基督教派中等待“狂喜”的时间终结者和寻找“耶稣升天”以进入第五度空间的新世纪思考者中均明显出现）中似乎也存在着有些相似的内在性。这样，对于惊天动地而又无法控制的事情抱有希望，他们就同时得到救赎，而不必对自己的生活，或对这个世界做出改变。既然可能很快发生的事或将生活完全颠倒过来，或打破原本平静的生活，为什么还要做些什么去改善生存的质量？这种自我责任的摒弃可从众多阴谋论背后的思维逻辑上看到。所有即将发生的灾难都能做出预测，到那一天，对令人感到不舒服的事实真相就不必予以承认了。当一种预测未能如期实现时，另一种潜在的预测很快又冒了出来。

当这些惊天动地的事件表现出些许真实发生的迹象时，令人奇怪的是，很多人却出人意料地从他们的立场上逃跑了。比如，早就预言在2012年要发生的社会动荡，诸如阿拉伯暴动、经济危机、动乱、示威游行、越来越肆虐的天气状况以及其他种种不正常的事件在世界范围内爆发时，一些成年累月乐于对此类问题做出假设的人，突然发现了其他可供谈论的其他事情；还有一些人，则干脆逃避这一总是对他们的生活提出挑战的黑暗现实，且相反地在“爱与光”的王国或日常习惯中找到了消遣之物。

阴谋理论家应留心这一面临不可预料的事情就临阵退缩的癖好。比如，如果揭秘者突然毋庸置疑地证明九一一事件实际上是一场由“新世界秩序”策划的内部案件，这不仅会引发一大群人的社会心理危机——尽管他们中有很大一部分过去对此并不相信——而且同样会造成灾难性的政治衰退。有的人甚至会想象，在各“新世界秩序”的不同派系和反抗大众之间会爆发公开战争，在此过程中，世界将被摧毁得四分五裂。如果真相探索者要证实其持有的信念，推动事情发展，他们就得准备在可能遭受惩罚的斗争中坚持自己的立场。

有些时候，阴谋理论家出于自身的正当考量，会因阴谋理论所表现的极端推测而产生保护性心理转移，对此，阴谋理论家必须保持更充分的警觉。应避免退得太远，以致进入封闭受困的精神状态，而这一状态与其说是寻求实证确认，倒不如说是躲避现实。更糟糕的是，拒绝任何既定事实提供的信息，有将自身置于边缘位置的危险，而与正常的社会距离太远，不利于他们过上所憧憬的合理生活。

问题是，所有的信念是否都是相关的，并且是可接受的？或者说，是否应该对人们应该怎样去追求真相，以及他们如何在公众场合表达这种追求设定一些限制？

划分界限

从某种程度来说，人们划分界限、表达对世界事件不一样的看法，一直是个敏感的话题。有些人很高兴去探索更为可能的地缘政治阴谋，而不必考虑太多其他的事情，他们心地坦荡，认为证据足够多就会不言自明，可以使那些甚至公众靠直觉就能感到其有内幕的重大案件（如约翰·菲茨杰拉德·肯尼迪遇刺、戴维·凯利之死等等事件）自动显现出其背后的阴谋；还有一些观点，不管它们是否公正，在大众的心里却理所当然地被认定为基本无害的怪谈（保罗之死、麦田怪圈等等）。因此，它们都可以被容忍，就好比轻松的娱乐活动一样。但是挑战特定具体事件或核心信条的观点，就会遭遇突如其来的强烈反抗，并全部被不容置疑地贴上令人厌恶的标签，正是在这些地方，阴谋论踏入了危险的、煽动人心的领域。

当然，“煽动”对不同的人可造成不同的后果。比如所谓的登月阴谋论——取决于个人对这一事件的不同看法。有人认为NASA将人类送入月球的成就是人类进化的最终高峰，这一成就足以抵消他们在那一时代所犯下的错误（越战、水门事件），他们对持异见者的人义愤填膺（见第四章）；而从未真正关心过月球任务的人，一想到这或许是一场精心策划的骗局就不禁暗自高兴，他们甚至很乐意听到别人说现代历史都存在着让人怀疑之处，同时，虚无主义的奇怪念头不由得涌上心头。至于麦卡特尼案件，对调查人员来说，追踪线索和新消息就成为相当有趣的癖好；但是那些悲观厌世者却感觉到这个精心设计的巨大骗局令人震惊，他们竟然被如此算计，于是他们希望揭露这一骗局，让文明能更好地存续下去。

然而，对于已经确定的危险范畴而言，对有些事件的关注，可能引发激烈的冲突，其中，有一个事件甚为重要。在近20年里，极端民族主义有所抬头，他们认为20世纪三四十年代纳粹迫害犹太民族的历史是被夸大甚至是捏造的，目的在于支持犹太复国主义阴谋，实现对世界的统治。当然，仇恨犹太主义的历史由来已久，并在世界范围内造成了许多令人震惊的残忍暴行。许多国家已经成为了替罪羊，俄国在1903年颁布的一部名为《耶路撒冷老年人草案》，人们一般认为，该草案是个彻头彻尾的伪造，它的内容是记录犹太民族老年人的集会，草案中涵盖了他们为实现世界霸权而做出的一系列恶毒的阴谋计划。尽管人们对这一文件非议颇多，且其出处十分可疑。这一文件无疑为阿道夫·希特勒的纳粹主义及其不可计数的种族主义扩张的仇恨运动起到了煽风点火的作用。

虽然人们基本上都认为这部草案是伪造的，但一些阴谋理论家却宣称，草案体现了“新世界秩序”计划的许多真实之处。不过，也有少数人认为这部草案是真实的，尤其是在种族主义集团内部有人认为，有些或者说很多大屠杀事件可能是经过了渲染的，在证据面前，不管这些事件是多么令人震惊，但要制造出这样的说法并不是什么难事。

然而，在那些并不赞同这一观点的人看来，对这个领域表现出的愤怒又引发了很多问题，但它同时也表明，历史上几乎所有的事件都带有些许意识形态的和政治的色彩。凭借这种并不正确的暗示，这一信念极大地助长了某个虚假的主流协会的传播，而该协会暗示，大多数阴谋理论家从本质上来说是默认反闪米特族的。该观点反过来又用来去诋毁理性的调查，结果是，甚至对以色列政府及其政治主张的正当批评，也被抨击为种族主义。

根据物极必反的原理，对那些怀疑一切，甚至对与犹太主义并没有密切联系的人也反应过度，实际上刺激了一部分为数不多且狂热的教派，这些人也是过度敏感的反犹太复国主义者。其所引起的矛盾的精神状态反过来又使得所有的投机都得到许可，因为双方都没有遵守任何所列条款，走向极端以及寻找任何可能使对手不安的证据都不会有什么损失。故此，一方面这对于大屠杀否认者（或怀疑者）的健康发展不利(最终目的是要使任何事件都难以发挥作用，而自1948年以来，这一事件成为影响犹太人立国的主要因素)；另一方面，使得人们认为任何挑战以色列的举动都是反犹太人的。

反犹太复国主义者宣称，他们只是在表达他们的个人信仰，和要求知道为什么人们不允许他们这么做。这一问题引起了西方关于言论自由的争论，因为如果公民真正像他们的领导人所吹嘘的那样享有自由，那么不论他们的言论多么该受谴责，难道就应该禁止他们自由表达思想吗？当著名的大屠杀怀疑者（比如作家大卫·欧文）因公开传播其信念而被囚禁时，这一争论就更加热烈了。甚至那些憎恶“大屠杀怀疑者”的人，也对这一指控的后果表示担忧，这些人中包括了知名的语言学教授、美国人权运动活动家诺曼·乔姆斯基（他本人是犹太人）。他们感到，这样的立法有“思想犯罪”之嫌，就如同乔治·奥威尔在《1984年》中绝对的极权主义统治下的梦魇一般。⑦

相反，有的人非常赞同这些观点，他们认为这些法则都是公正的。即使不断增加的事实证据如大屠杀本身一样令人不可忽视，但对很少一部分人而言，仍很难说服他们。那些经历过这些事件幸存下来的人的眼神和语调已足够表明，探寻事实的细节不仅无此必要，且令人痛苦万分。关键在于怎样划定问题的边界，刑法审查制度应该停留在何处。例如，很多美国新保守派已提出了许多相似的法令，禁止人们质疑九一一事件，这些法令会在网络禁止区域上注上标记，这些标记虽微小，却如影随形，正如近期颁布的反盗版法案，对言论自由划定了不可碰触的界限。或许我们这样试想一下，一个即将执政的法西斯政体会禁止几乎任何它不喜欢的言论，它会对在某一领域实施的限制言论的现行法案予以采用，并扩大实施的范围。

这些忧虑说明了在阴谋论世界出现的难题，表明极端主义发生的真实性，强调了对极端主义的指控如何有失公允，侵蚀了——有时是合法的——每条质疑的渠道。在构成真正言论自由的周围，存在许多敏感的话题。正是这些暗流允许特别是美国右翼政客尽力去摧毁其他的政治思维。他们中的许多人已直接控告阴谋理论家，指控他们不仅本质上反闪米特族，而且十分积极地在学术上支持“恐怖主义”。这一言论是特地针对那些认为九一一事件是由美国内部人员共同策划的人：因为如果认为只是中东地区的恐怖分子为这些暴行负全责的话，就暗中破坏了近10年来美国极力推崇的全球政策的基石。

或许不可避免的是，投票和调查表明，伊斯兰教国家的大部分人相信九一一事件另一个版本的说法，而且所有教派的狂热分子支持这些阴谋观点，这也是事实。然而，假如潜在的新保守主义从中得出结论说，一大部分穆斯林本质上都可能是恐怖分子，那么，这些数据则被愚蠢地误用，用以证明对阴谋论的兴趣就等同于暗地里支持基地组织的观点，那么所有坚信此类理论的人都有可能做出危险的行为——这些行为无疑是要加以控制的。已经有越来越多的美国人因表达对阴谋论的狂热信仰而被错误地拘留，其依据就是《精神健康法案》。将真相追求者视为恐怖主义的同情者、未来暴行的作恶者，这幅令人忧心忡忡的漫画背后的心态或许用乔治·布什总统2001年那句不当的发言来总结最合适不过了，“要么你和我们在一起，要么你和恐怖分子在一起”。当然，“我们绝不能容忍无耻的阴谋论”这句名言，也出自布什。⑧

证据和识别

但是我们为什么不能容忍阴谋论呢？是因为布什先生告诉我们不能容忍吗？是因为媒体拒绝理性地看待阴谋论吗？是因为像学术界的学者们认为的那样，阴谋论者是脑子坏掉了吗？是因为人们听到这些论调而表现出恐惧的情绪吗？所有这些说法都与常识不相符合。那些相信阴谋论的人，背后动机是微妙且复杂的，所以每个理论都可能千差万别。大众心理学试图在心理学的框架内来说明阴谋现象。可是这样做不但没有帮助，反而伤害了太多人的感受和想法，尽管这些感受和想法并不一定总是正确的，但至少应该得到更多的尊重。

如果对引起争论的观点存在支持性证据的话，无论是哪一种证据，明智的做法是对那些证据进行实事求是的检验，以便还原事实真相，就如同缺少强制性审查制度的情况下所必然要做的那样。而主流社会拒绝对本书中所提及的诸多领域进行严格调查，这只能引起怨恨，使越来越多的人发现，这些所谓的制度既不代表他们的呼声，也不理解他们的想法。这些制度似乎只关心纸上谈兵式的保护主义，而不是呈现真实的世界。在最终评价里，只有有力的证据、敏锐的观察，并与大众坦诚相待的态度，而不是一味否认和回避，才能解决问题。

因此，以下章节所要实现的目的是：选择已经得到广泛讨论的阴谋事例，按照不同的主题范畴呈现给大家；试图超越长期以来已经根深蒂固的二极化倾向，坚持以证据来说话。要想涵盖之前提及的所有阴谋理论是不可能的，因此本书讨论的范围仅限于那些存在有基本证据或已被人们关注多年的历史事件。所进行的分析调查也是在尊重广为接受的观点的前提下，探寻诸多观念中的精髓，并对观点进行逻辑分析，以便找到各种观点之间的平衡点。

之所以很多人认为当今世界阴谋无处不在，大概是因为历史上有关密谋、丑闻的前车之鉴数不胜数。因此我们把眼光放远到近代之前，反思一下过去是十分有价值的。

概　要

反对者的声音

——实际上，阴谋论者大多受到主流媒体和当局排挤。学术界认为是社会背景、心态性格这些不言自明的因素导致人们相信阴谋，而这些相信阴谋的人都有一些非常相似的性格特征。

——真相探索者的分析可能片面，可能缺乏必要的调查。

——广为人知的证据可能仅仅是“自无序中寻找有序”做法的结果。

——对每件事情都保持质疑的态度最终可能发展成极端主义，提出的意见也自然会被边缘化。

支持者的声音

——目前，对阴谋论一说尚未有统一的解释，而媒体有失偏颇的评论正是建立在这种不确定的基础之上的。

——社会体制中出现的官员腐败、犯罪都与词典中“阴谋论”的解释恰好契合。这就让人相信，某处必然存在有权有势的秘密机构。

——学术界极少搬出事实证据来为阴谋论观点说话，也许正是某些心理预设让他们看到了事件背后的真相。

——每一个虚假的例子都可以自我证明，不可避免的是，其他奇怪的现象也会同时发生。

——持有极端思想的人只占少数人。只有证据，而不是信念，才能带我们找回事实真相。

结　论

从所运用的技巧来看，阴谋论确实是值得深究的领域。由于它为社会主流所摒弃，在一片质疑声中成长起来，研究进展难免不顺。如果我们的社会一直抱以宽容的态度，那么随着文明的进步，不久后我们就会发现支持某些推论的证据。诚然，阴谋论的思维过程确实存在很多缺点，这些缺点滋生了由于极端的双方的自我防卫而造成的两极化现象。同时，学术研究确实也发现探寻真相过程中存在心理预设的情况。但是，人们为什么那么相信阴谋论，似乎与铁一般的事实证据关联并不大。由于个人的经历，每个人对一些事物都会产生直觉上的判断。如果这些直觉可以在某些特定的情境下帮助他们做出判断，那么这种直觉便是上天赐予人们的礼物，而不是个人病态的表现。有意识地使用逻辑和细致判断的习惯需要慢慢培养，但是把所有阴谋论者都归为脑子坏掉或者心理有问题的狂热分子是危险的，而且还会妨碍我们合理地对潜在的重要事件提出质疑。

第二章　古代时的阴谋

现在有不少人认为阴谋论在大行其道，他们从历史中找到很多案例予以佐证。这些案例清楚地表明，在历史上，某些人设计或者操控了一些事件，或出于摧毁某些体制的目的，或出于瓦解某些政治或宗教势力的目的。有时计谋要做到神不知鬼不觉，本身就需要诡计。古罗马时期和16、17世纪的历史表明，人类虽经历几千年，但人类的本性却没有多大的变化。

第一节　古代的阴谋论

远古代文明中的阴谋论

在阴谋论的殿堂中，有关阴谋的说法不胜枚举，值得注意的是，传说在远古时期，阿努那奇人或某些神秘生物曾光临地球外层空间。有些人认为，这些到访者创造了外星人（混血人种），有关这些人的神秘传说代代相传，并试图对现在当今世界的各种现象做出解释。我们将在第七章探讨这些问题。本章中我们将会了解到，阴谋论在这个地球上本不是什么新鲜的事物。

可以这么说，阴谋，或者说有关阴谋的理论在各文化中都可能存在。远古时期，一个部落的人会指责另一个部落的人干涉了其内部事务，从而对其大开杀戮，所用的借口很多，可以是偷窃了其食物和水源，或者明明是本族人干的事却指责为外族人所为，因此也就有了阴谋。从亚述帝国到古埃及帝国，似乎都流传着一些传说，有些是关于权贵为了蓄谋已久的目的使用一些让人不齿的诡计。希腊神话中有很多阴谋论的案例，其中特洛伊木马的例子最为著名，它讲述的就是使用诡计侵入特洛伊城的故事。在一些经典的作品如《伊里亚特》或《奥德赛》中，诸神为了影响舆论或者影响战争的结果，也常常会使用阴谋与人类或战或和（就连诸神之间也常常阴谋不断）。《旧约》中有关诡计、骗局的传说更多，而这些传说中的结果都与神灵报应有关系。

然而，在这些不胜枚举的例子中，要数罗马帝国的例子最为著名，它与当今所说的阴谋论或许更为相似。在大众文化中，人们喜欢将我们这个时代与古罗马帝国的没落做比较，因为我们这个社会有“面包与杂耍”的政策（小恩小惠政策），有在外国领土上实施的军事行动，还有堕落的、花天酒地的社会现状。看来，用古罗马帝国作为古代阴谋论的典型案例比较合适。

罗马的危险时期

古罗马的历史多半是由那些才华出众的传播者写就的，他们各持己见，或诋毁，或褒扬。不过依据古代史料来看，有件事情却是清楚明了的：显赫的地位背后往往暗藏危机。从一开始，罗马人就对其建国者之一——罗慕路斯的突然失踪众说纷纭。事情是这样的：公元前717年的某一天，罗慕路斯在练兵场阅兵，当时突起风暴，飞沙走石，天昏地暗，风暴过后，罗慕路斯就失踪了。有些人指控元老院欺骗了人民，说他们谋害了国王。从那以后，被称为民主文明的罗马帝国虽以共和制开始，最终却沦为无休无止的阴谋、政变、家庭争斗、离间、恶意中伤和暗杀的牺牲品。这些阴谋的具体细节往往在事情败露之后（或者是由那些复仇的奴隶或受虐待的情人揭发）才得以披露出来，不过，人们对于某些事情的原委仍持有怀疑的态度。

公元前44年，尤里乌斯·恺撒在大庭广众之下竟遭到一群年逾花甲的阴谋者刺杀，最终死于非命，其荒唐程度真是匪夷所思。如果考虑到恺撒自己就是通过叛乱推翻其前任君主庞培这一事实的话，那么对这个事件最好的解释应该就是因为当时动荡不安的局势。在当时，阴谋不仅仅是说说而已，而是罗马政治中一个完整的组成部分。品尝食物和酒的人或者私人保镖对于任何有地位的人来说是必不可少的，但是他们也往往成为阴谋的一部分，这也能解释为什么恺撒轻易就遭到了杀戮。

在罗马帝国的历史中，大约有35位国王遭到内部阴谋者或叛乱者的刺杀或谋杀。尽管称王的风险很大，但加冕称王的诱惑似乎从未消退。各色阴谋虽然盛行而且较易识别，但阴谋更多是由想要成为专制君主的人用来攻击民主社会的执政者。假如现代的阴谋论主要关注的是政府怎样愚弄人民，那我们就无法从罗马时代寻找可供参考的案例了。

公元64年，辉煌一时的罗马城在“罗马大火”中毁于一旦。虽然现代的学者们已无法追究当时执政的暴君——尼禄的责任，但他们都认为，是这位暴君自己下令烧毁了这个城市。因此，也就有了各种各样的谣传，说在罗马城熊熊燃烧的时候，尼禄却在悠闲地弹着他的竖琴（而非小提琴）；有人说他是让佯装醉酒的人纵火的；也有人说是士兵或者打手什么的公开发起攻击的。然而，核心的问题却是，尼禄想要获取帕拉蒂尼山附近的那块土地，他要扫清沿途那些贵族村落以及其他障碍，好建造他的尼禄金殿，而且随后金殿就的确建在了那块土地上。大火之后，尼禄反过来指责基督教团体，说他们残暴，然后就对基督教徒拷打、折磨、逼供，最后下令处死了一大批人。这是一个经典的例子。这和九一一事件恐怖袭击之后抓到的可能被冤枉的穆斯林嫌犯境况有些相似，那些人虽然被关押多年，却找不到证据证明他们有罪。

这场大火让当时的罗马人困惑，可是在后来的公元303年，戴克里先皇帝的一部分宫殿也被大火夷为平地，又引发了对基督教徒的新一轮迫害——当时基督教已是生机勃勃了。很多人在当时就认为戴克里先是最有可能下令放火的人，目的是要铲除宗教信众，因为那些人的固执狂热让皇帝坐卧不安。让人难以置信的是，那些大火迫害的幸存者在有生之年还是看到了他们信仰的宗教在康斯坦丁皇帝统治时期成为罗马的官方宗教，康斯坦丁皇帝的策略是将基督教为己所用，而非抵制打压。

罗马人普遍认为他们的皇帝会做出这种事情来对付他们，这与后来的情况相似，那就是，在统治者和民众之间一直缺乏信任。每一次改朝换代之后，随之而来的便是民变、政治谋杀以及导致成千上万人死亡的大屠杀，那些公开认同前朝体制的人趋于销声匿迹，因此政权遭到质疑也就不足为奇了。不过现代的阴谋论研究者认为，自那以后，对抗民众的行为虽然仍时有发生，但不同的是，方式却更为隐晦。伪装的恐怖袭击（如伪装成敌方的船只袭击己方舰队以煽动更深仇恨的做法）、社会制约、舆论边缘化以及使用化学物品镇压叛乱等方式，在很大程度上已经取代了明目张胆地对民众进行攻击的做法。不过，据说在一些特殊情况下暗杀仍被使用，只不过方式更为隐蔽而已。戴安娜的车祸死亡，还有针对一些政治名人揭露隐私的案例，等等，都是迷雾重重，而且告密者或者证人离奇自杀的事件也比较常见，比如在第五章我们要探讨的关于戴维·凯利博士有争议的死亡案例就属于此类。

所以，我们很清楚地看到，在古代社会中，阴谋——在如今的社会中较为隐晦——并不是什么新鲜的事物，也不具有什么高深的理论。但是，这并不是说阴谋是飞越了2000年才又出现的，这样将弱化我们关于这种行为仍然存在于当今社会中这一观点，事实上，在最近几百年中存在有大量阴谋实案。可以选择的案例确实很多，但是有一个案例尤为特别，还是和罗马有关。

第二节　16世纪和17世纪的政治宗教阴谋

英国都铎王朝时期的宗教动荡

1525 年，亨利八世对王后凯萨琳很不满，因为她没有给他生一个王子做继承人，同时他又对年轻的安娜 · 波莲有了想法。在这种情况下，为了摆脱国内的困境，同时也为了摆脱罗马天主教会的束缚，亨利八世便谋划了一系列的行动，制造阴谋，意在挑起战争。当然，这些持续几个世纪的事情，有些是事实，有些只是道听途说而已。在后来的冲突中，亨利推翻了教皇的统治，加强了政治影响力，最终成功地发动了更大规模的斗争，并且随着英格兰圣公会的发展壮大，成为上帝的使者，位于众人之上。罗马天主教修道院被解散毁坏，其信众也被驱散，或被处死，后来的教皇也被冠以残暴的统治者之名，被普遍认为他要图谋破坏英国政权，几十年来一直如此。这些人虽然也招募过一些西班牙天主教信众，并且发起了反击，不过均以失败告终，而且败得很快很彻底。

隐藏在历史的重要时刻背后的故事在世界其他地方也较容易看到。它见证了这个最有影响力的国家是如何冲破统治了西方世界近千年束缚的过程。在这里我们关注的是博弈，伴随各种各样阴谋的博弈。

那些认为罗马天主教无可置疑地应处于上帝权威之宝座的支持者，一定会对亨利的挑衅惊诧不已，但同时，到 16 世纪初，越来越多的人对罗马宗教给国家带来的政治动荡表现出不满。这也使得人们对于英格兰圣公会的敌意慢慢减少，这一转变最终使英格兰教会成为国教。就在同时，由德国人马丁 · 路德发起的新教运动开始控制了欧洲的许多国家。

许多人对于新的宗教信仰有着强烈的兴趣，同时天主教也遭到官方有效的禁止。但不幸的是，亨利的长女玛丽一世公主在 1553 年继承王位后，遂决定英格兰人重新信奉罗马教规。如果不是亨利的儿子爱德华六世早逝的话——九岁即位、十五岁去世——这种情况或许不会发生，因为爱德华六世本人是新教徒。爱德华去世之后，有人企图将他钟爱的表妹简·格雷扶上王位，不过没有成功，她被处死时才十几岁，天主教影响遂卷土重来，天主教徒们义愤填膺，狂热地支持玛丽公主。根据法令，任何拒绝放弃新教信仰的异教徒都会遭到火刑惩罚，在公众场合被活活烧死。

这一转变来得太突然，让那些从亨利的各种活动中感受到神的力量的信徒进退维谷。在 1555 年到 1557 年两年间，有记载的就有 284 名信徒被烧死，还有很多人在监狱里被折磨至死。人们对玛丽公主恨之入骨，称其为“血腥的玛丽一世”。举国上下掀起了反对天主教的运动，并且对天主教徒进行迫害。1558 年，玛丽一世突然死亡，英格兰人在其同父异母的妹妹伊丽莎白一世的领导下又皈依英格兰国教。事实上，伊丽莎白在位时处死的天主教徒可能比玛丽一世处死的新教徒还要多。但是，不管公正不公正，一提到宗教冲突，刻在大部分英格兰人记忆深处的却是“玛丽一世的迫害”，这种记忆在随后的 200 年时间里引发了一系列阴险的冲突，这已经成为英格兰人生活的一部分了。

伊丽莎白时代的阴谋

欧洲大部分人都反对伊丽莎白统治下的英格兰，因为英格兰当时正在坚决地推行新教。于是人们暗地里谋划了一些方案，企图反其道而行之。这些方案都有共同之处，那就是企图扶持伊丽莎白的表妹，苏格兰女王玛丽·斯图亚特——一个天主教徒——登上王位。结果出现了许多围绕玛丽·斯图亚特的阴谋和反阴谋活动，有些活动计划玛丽·斯图亚特知道，还有些她并不知道。不过，玛丽·斯图亚特本人一生的大部分时间不是被软禁在英格兰，就是被关押在监狱里。

1570年，一个叫罗伯特·帝·利多尔菲的国际银行家被卷入到“北部叛乱”的事件中，这是由英格兰北部的那些伯爵发起的旨在煽动天主教起义的一次叛乱，不过很快就失败了。罗伯特策划了针对伊丽莎白的暗杀行动。虽然有荷兰和西班牙的大力支持，但因参与者在阴谋实施中的彼此串联而泄露了计划，行动最终夭折。1584年由弗朗西斯·斯洛克莫顿爵士策划、法国人支持的谋划也同样遭到失败。

1586年的“巴宾顿密谋”值得一提。几个双重间谍彼时已经与被囚禁的玛丽·斯图亚特一道设下了一个圈套，竭力煽动天主教徒发动叛乱。玛丽将暗号秘密传给其支持者——不过谁也没有预料到她所传递出的每一条信息实际上都被伊丽莎白的国务大臣弗朗西斯·沃尔辛厄姆爵士读到。为了处决这位可能成为英格兰女王的危险人物，国务大臣一直努力伺机寻找铁证，挖出有牵连的密谋者。阴谋论研究揭示，阴谋常见特征有，设置敌手，积极刺激迫使敌手采取行动，促其揭露阴谋或煽动敌对情绪等。阴谋论研究者认为，即使在今天，这些方法仍在使用，基地组织支持策划的一些活动尤其如此。不过仔细想想，这是不是也与西方情报人员的多疑有关？

信奉天主教的一位贵族领军人物——安东尼·巴宾顿，积极参与到推翻伊丽莎白政权的阴谋之中。正是巴宾顿与玛丽那些该死的往来信件，还有些密谋周详的事件，以及来自海外的入侵举动（这次是西班牙、法国和意大利）——这些均由玛丽亲笔授意——终于让沃尔辛厄姆逮到了机会。为了将罪行坐实，沃尔辛厄姆还在信件副本中添加了一些词句——或许是为了堵住其可减轻罪行的所有退路——这就使得密谋者的罪行铁证如山，接踵而至的是让人不寒而栗的处决、折磨和迫害，最终迫使玛丽让位，并宣判其犯有叛国罪，于1587年被斩首。此后的很长一段时间对于天主教来说，再也没有反叛，一切归于平静。

1601年又发生了一次密谋事件，不过规模要小。那一年，埃塞克斯郡的伯爵罗伯特·德弗罗失宠于已经年迈的伊丽莎白，于是他发起了一次叛乱，在伦敦街头甚至看到有军事行动。这次叛乱的目的与其说是想彻底地改朝换代，不如说是伯爵想要恢复他在朝堂上的显赫地位。支持者一度多达 300 人，他们全副武装地开进伦敦城，不过百姓不买账，没有响应，所以这些人轻易地就被镇压掉了，罗伯特·德弗罗难逃劫难，终被处死。尽管罗伯特·德弗洛的叛乱多出于私心，但是其支持者将叛乱看作是天主教崛起的一次良机。其支持者中有一个叫作罗伯特·卡特斯比的人，此人在冲突中受伤，后从监狱中逃脱，且免于罚款。四年之后，卡特斯比在一次著名的密谋中始终起到中流砥柱的作用，我们将在下面看到。

莎士比亚时期的阴谋

埃塞克斯叛乱中所使用的让人称奇的一个策略在莎翁的剧作《理查德二世》可以看到原型。密谋发生的前一夜，该剧就在伦敦的环球大剧院里上演（注意：正如 2011 年好莱坞电影所声称的那样，不是《理查德三世》，罗兰·艾默瑞奇曾导演过《匿名者》，该电影就取材于莎翁有争议的阴谋类剧作）。剧本主要讲的是一位自以为是的君主为一些多疑的谋士所陷害，成为偏执狂，后来又被叛乱废黜，直至最后被谋杀的故事。该剧的主题很明显是想要以这位君主被人利用，以煽动暴民制造动荡，期待埃塞克斯第二天的叛乱能够得到民众的支持。尽管这次企图以失败告终，但这却是在大众舆论外衣掩饰下进行政治宣传和发动民众的最好案例。

莎士比亚虽然被认为是写阴谋论剧的高手，但近年来，还是有人认为，要反映如此复杂的人性，表现如此广博的规矩礼节，如果没有一些起码的素材来源的话，他也无能为力。众所周知，历史上还有很多巨匠都对戏剧的发展贡献不菲，如弗朗西斯·培根、克里斯托弗·马洛、爱德华·德·维尔、第十七代牛津伯爵，他们或光明正大直书其名，或假以笔名隐藏身份，因为当时写剧本可不是什么光彩的职业。关于莎士比亚有记载的信息有很多缺失，这也增加了人们对其的猜测。但多年以来，包括著名演员和学者在内的人公开对那个叫莎士比亚的人的身份持怀疑态度，而且怀疑论者人数一直在上升。他们认为这个莎士比亚可能是另外一个作家，或者是一群作家，莎士比亚在不在内都很难说。

对于这种说法经常有人站出来反对，这本身也能很好说明，倘若有人改变现状，将会遇到根深蒂固的阻力。前文提到的 2011 年电影《匿名者》能够很好地说明这一点，为了突出其戏剧性的效果，这部电影选择了德·维尔这个角色，而且将其置于埃塞克斯叛乱的背景之中。它与其说是对历史的描述，倒不如说是一种娱乐消遣。然而，这种做法曾经一度被看作是主流电影的最刻薄的攻击，认为这是对大英帝国体制权威性的公然挑战。然而，很多演莎翁作品出名的演员（包括德里克·雅各比和马克·里朗斯）显然是乐于将自己的名字与一些有争议的想法连在一起的，因为这样可以让人们对阴谋论进行公开的讨论，哪怕是些简单的讨论。这至少可以让人们进一步意识到，即使某些观点遭到谴责批判，但主流观点之外的确还是存在一些其他的看法。

火药阴谋

伊丽莎白一世死于 1603 年，她终身未婚，没有孩子，也没有指定继承人，结果玛丽·斯图亚特的长子被从苏格兰召回，并加冕成为英格兰的君主，这就是詹姆士一世。虽然人们可以想见，詹姆士一世对于他母亲被处死这件事一定耿耿于怀，但是他还是忠实地奉行英格兰国教。伊丽莎白统治时期，朝廷上也允许一些有名望的天主教支持者，前提是他们不能公然地宣扬自己的信仰，因为这仍然被看作是一种冒犯，要受到惩罚。有些人幻想，詹姆士上台后能够让他们摆脱枷锁，但是没有迹象表明詹姆士一世会大赦他们。

天主教徒罗伯特·卡特斯比是1601年埃塞克斯叛乱的幸存者，不过他一直心怀愤懑，此时他再也忍受不了自己的失望之情。于是，在几个其他密谋者的协助下——其中最有名的有吉多（盖伊）·福克斯——酝酿了一个刺杀詹姆士一世、颠覆政府的计划。计划核心是将贮藏在上议院地下室的几桶火药点燃。如果该计划成功的话，那可能会造成当时最严重的爆炸，它可能将方圆1/8英里（1英里=1609.344米）的地区彻底摧毁（2005年有人做过实验）[①]。爆炸计划定在1605年11月5日进行——这一天议会开幕，而且由英格兰中部势力领导的国家天主教起义也有望与此同时进行，意图安排詹姆士的9岁大的女儿——也叫伊丽莎白——成为傀儡女王，继续效忠于罗马的天主教。

在历史上，这些计划被称为“火药阴谋”，它可能是最有名的阴谋之一，现在的英国人还以大篝火之夜（焰火之夜或盖伊·福克斯之夜）来庆祝阴谋遭到粉碎。虽然随着时间的推移，人们对于这个传统真正的意义已经不是很了解，但是有些小镇仍然在举行这种庆祝活动，比如德文郡的奥特里圣玛丽镇，尤其引人注目的是东萨克西斯的刘易斯。即使在今天，在刘易斯城的街道上仍能够看到教皇保罗五世和盖伊·福克斯的雕像，每年都会引发论战，似乎和1605年的情景一样；还会上演大型的历史剧，来纪念玛丽时期被迫害的信徒，向人们展示宗教冲突对这个国家的深远影响。

“火药阴谋”的具体细节在这儿已不重要，但重要的是，这个阴谋案例在这个国家的历史纪元中占有重要地位（它承袭了前几次阴谋）。因此英格兰历史被公认为是阴谋频发的历史。那么，为什么现在的情况就不是这样呢？单从证据看，那种认为阴谋仅仅会在很久以前发生，而今天的人们已经从中吸取了很多教训的观点难以立足。

有些真理探索者可能会说，“火药阴谋”仅仅是一次暗杀企图，它代表着少数受迫害人一次失败的蛊惑人心的阴谋，与今天的阴谋论意义不同，不能算作欺骗民众的计谋。不过，由于1605年事件有多种因素缠绕一起，使得“火药阴谋”有了另一种解释。

卡特斯比和他的那帮合谋者最终没有实现这桩阴谋案，因为男爵蒙蒂格尔议员接到了一封匿名信，警告他想活命的话就不要参加国会会议。蒙蒂格尔于是发出警报，随后，在国会开会之前几个小时，福克斯在看守火药桶的时候被逮捕。同以往一样，随之而来的是拷问、折磨、撤退、枪战，最后处死的人数之多，让人震惊。“火药阴谋”随之结束，但真相或许并未大白。

是谁将那封重要的书信送给了男爵？这个问题至今都没有让人满意的答案。人们都认为，这个匿名的送信人很可能是弗朗西斯·特瑞山姆，他也是密谋者之一，不过他是蒙蒂格尔的表哥，他这样做可能出于对自己前途的考虑。但特瑞山姆在伦敦塔监狱服刑时死于一种奇怪的疾病，直到临死前，他还是拒绝承认自己是信使，因此他的嫌疑也就无从证明，这也是为什么有人称之为“伪装的行动”。

甚至在当时，就有人提出，正如玛丽·斯图亚特与合谋者交往的事被告密而遭到监控一样，“火药阴谋”很可能也有人从中积极怂恿，甚至是由詹姆士的谋士一手策划安排，不管有没有他的直接许可。当时，主张建立严厉立法限制天主教的人为数不少，可以肯定的是，一旦这个可怕而具有毁灭性的阴谋被揭露的话，罗马教会就可以光明正大地采取最严厉的打击。尽管随后没有像强硬派所希望的那样，进行疯狂大屠杀，但大部分民众还是欣然接受了政府所颁发的法令：每年的11月5日，用钟声和炮声提醒人们，天主教曾经给这个国家带来过可怕的危险——这就是如今已经为人所熟知的篝火和焰火狂欢节。

如果“火药阴谋”确实是个阴谋，哪怕不具有虚假的成分，它的结果也是成功的——这同西方国家趁九一一事件制造借口出兵中东地区的做法如出一辙。但是，人们对于索尔兹伯里第一代伯爵罗伯特·塞西尔一直持有怀疑，他身份复杂，既是国务大臣，又是国王的耳目，同时又诱骗弗朗西斯·沃尔辛厄姆，还受到玛丽·斯图亚特的保护。他谋求建立对天主教更严厉的立法，同时还积极寻找借口对西班牙和葡萄牙开战，以提升英格兰的影响力——随着大英帝国的崛起，100年之后，这成为了事实。也有人说卡特斯比密谋者之一的托马斯·珀西是个双重间谍，此人积极为塞西尔干活；还有人说特瑞山姆在伦敦塔监狱里实际上是被人毒死的，为的是消除可以证明其清白的证据——如果不是他给蒙蒂格尔写了那封该死的告密信，那又得调查其他人了，这真的很麻烦。

约翰·杰勒德是一位基督教牧师，他也被牵扯到这起密谋中，虽然他坚决否认，不过没用，因为他和卡特斯比的圈子有往来，杰勒德一直认为这是官方发起的一起恐怖行为。随后，杰勒德被驱逐出境，之后的1606年，他出版了一本名为《火药阴谋的记述》的小册子，在书中他写道：

> 出于国家政治的考虑，当时的政府要么寻找办法，怂恿阴谋者为信念而采取行动，要么至少可以在阴谋策划的初期有目的地、不遗余力地煽动疯狂的计划，从中获益。虽然不可否认，密谋者们，或者说大部分密谋者确实想对现政权予以重击，但又谈何容易。他们的罪行根本就没有像所说的那样得到减轻，反而都被判成重罪，他们不知不觉地就被卷入了密谋者——那些更加狡猾的密谋者——的游戏中。

现在的一些阴谋论研究者对基督教徒疑心很重，但是在1605年阴谋的官方描述中确实很蹊跷。36个巨大的火药桶是怎么被轻易地运送到了上议院的附近却没有引起怀疑？大部分的密谋参与者可能是——几乎可以肯定是——不知情的都很容易上当受骗，他们认为自己很安全，可事实上，直到被捕前一刻，他们虽然有自由，但是实际上他们的行动都受到了监控。（情况并非一直能控制得这么好：在联邦调查局双重间谍伊马德·塞勒姆的案例中，据说1993年，要他为一群伊斯兰极端分子提供哑弹药，这样就可以指挥他们陷入到用汽车炸弹炸毁世贸大厦的阴谋。然而，在那起案件中，塞勒姆说那帮人莫名其妙地获得了真正的炸药，而且炸弹爆炸了，导致六人死亡，一千多人受伤。）

还有人指出，需注意士兵约翰·斯里特，他先是在围攻霍尔贝克宅邸时开枪打死了卡特斯比和托马斯·珀西（据说是用同样的子弹）；后来逮捕了福克斯，就为此他获得了特殊奖金，这也很反常。活捉他们，让他们受审恐怕应该是当时希望得到的结果吧。难道是对他除掉这两个人的奖赏？因为假如两人受审，可能会供出一些让人尴尬的情节？——在审判中，没有被捕者提及是官方策划的。假如狡猾的珀西是个双重间谍，却又被塞西尔出卖以防止供出事实，或者他的死亡仅仅是个不幸的巧合，那又会怎样呢？

毫无疑问，这些说法中还是存在一些悬而未决的问题。假如珀西是为政府秘密工作的话，那阴谋败露后他为什么不马上逃离现场，而是冒险留下来继续战斗（除非他察觉到塞西尔已经背叛，而自己需要苦撑大局）？如果阴谋已经真正暴露的话，这样的事情难道不是很奇怪吗？发生在1605年的诸多阴谋事件虽然越来越为现代的阴谋理论学家所熟知，但是仍然有很多问题有待澄清。其实在当时就有很多指责，但专业的学者却并不重视这些，这也不足为奇。

如同罗马大火一样，事件的最终真相如何，在这儿已经不重要，重要的是如此多的人宁愿相信那些最简单的或最让人心安的说法。当时的天主教支持者们很快就转而赞成杰勒德关于此事为国家责任的看法，而新教大部分人对这个阴谋事件的评价趋于表面化，他们充分利用这个事件，将天主教贬为下等宗教，有些地方为此确立法律禁止天主教。这种情况一直到

20世纪早期才有所改观。

这一切的曲解让人称奇，但有趣的是，近年来福克斯却逐渐演化成积极反叛的领军人物，成为追求自由的象征，再也不是以前那个阴暗的叛国者的角色。——这主要归功于2005年依据艾伦摩尔和大卫·劳埃德的漫画小说所拍摄的电影《V字仇杀队》。不管是反对资本家的人，还是人权积极分子，都将电影中福克斯的塑料面具当作社会持不同政见者的统一道具。当年福克斯和他的合谋者代表的是少数受迫害的人，他们追求正义和自由，这些戴上面具的人说他们也会这样做。然而，毫无疑问，福克斯也具有恐怖主义的心态，他为了信仰可以肆意滥杀，这不免让现代人不快，而"V"字符号意味着既可以为复仇而杀戮，同时也扼杀了人们的思想。这种悖论让人很难接受，虽然修改后的福克斯，其象征意义在上扬，但这个问题仍未得到满意解决。

可以肯定的是，假如"火药阴谋"（如果有这个阴谋）成功了的话，那些阴谋者也不大可能获得多少真正的同情，因为这一巨变毫无疑问充满着阴险欺诈和受到道义谴责的大规模屠杀。如果没有来自他国入侵力量的鼎力支持，可能遭到彻底屠杀的将是英格兰的天主教，而不是新教，因为阴谋会产生与最初愿望相反的效果。

不管从哪个角度看，这个案例都是一个不折不扣的阴谋，这一点毋庸置疑。这个案例在很长时间里都将会被人提及，而且会由此产生出很多其他的阴谋——或者至少说是关于阴谋的理论。

"稻草人"理论

阴谋思维存在一个公认的难题，那就是，阴谋思维有时会完全不顾证据，出现一种极端的倾向。一些固定的思考方式，在某种情况下，可以对产生的怀疑提供合理的依据，而在某一种情况下，也可能为严重缺乏证据的事件大开绿灯。

举例来说，一个诚实可靠的目击者说看到UFO，对于那些易激动却又缺乏辨别力的人来说，他们为了急于证实该事件的真实性，往往高声附和，而且为数颇多。一些研究者也会欣然添油加醋，引发轰动效应。然而，一旦有人揭露这些说法只是些恶作剧或不实报道，其实那只是很平常的现象时，公众立刻就会对起初那个人的说法产生怀疑，从而使整个事情都失去了真实性。所以，为了追求轰动效应，将真实的现象与虚假的现象掺和在一起其实是个弄巧成拙的方式。

记住这一点，有些荒诞的阴谋论很可能就是“稻草人”理论——也就是说，容易烟消云散，这些阴谋论经过媒体和官方的蓄意渲染，引得充满好奇心的民众进入更加离奇的寻求事实真相的死胡同，通过简单联想，使所有的阴谋思维名声扫地。例如，我们有理由认为，2008年，在关于戴安娜王妃之死的最终结论刚出来时，有些英国小报一直在无休止地报道官方对于戴妃之死的所谓秘闻，就颇有阴谋论的味道。事实上，他们采用的就是这个方式。事实表明，当最终报道与这些观点格格不入，而且直指现实的时候，所有黑暗的勾当就会曝光。说是发现丑闻，却突然证明很荒谬、很无聊，这本身就向持有疯狂想法的民众传递了清晰的信息。这难道不是为了多卖几份报纸而设计的阴谋？还是什么更重要的东西在起作用？

还有一些关于其他方面阴谋论的推测，从九一一阴谋到登陆月球疑惑，几乎都被指为阴谋策略，很多离奇的因素似乎引人注目，使得本来让人信服的地方也变得讳莫如深。因此，创造阴谋论自身就会引发阴谋，显然，历史上有很多的例子可以说明这一点。

提图斯·奥兹茨阴谋

从躁动的兴奋不安中找点真正让人关注的东西并非易事。17世纪40年代英国的内战是由英国国会和国王之间由来已久的摩擦，而发展起来的公开冲突，最终酿成的结果是，查理一世被处死，整个国家都陷于战战兢兢、混乱不堪的境地。显然“火药阴谋”的结局让人们对天主教产生了抵触情绪并持续了很久，有些人对于查理二世也持保留态度，查理二世是在短命的清教徒共和国的创立者奥利弗·克伦威尔死后的1660年才恢复王位的。查理本人坚持信奉新教，但他的弟弟詹姆士·斯图亚特（他也是王位继承人）则公开接受天主教，对于原天主教既同情又害怕的心理又一次渗入了民众饱受创伤的心里，这在1666年发生的席卷伦敦城的那场大火事件中体现得淋漓尽致。危机发生的时候总需要找些替罪羊，历史上霍乱或瘟疫的大爆发常常会归咎于是地方宗教或少数人在水源中投毒或诸如此类的事。“伦敦大火案”也一样，很快就有人指责暴动的天主教徒（尤其是基督教徒）要对大火负责。

在重重迷雾中走进了两个可疑的人物：以色列·汤奇和提图斯·奥茨。汤奇是一个教堂的牧师，他的教堂在大火中被烧毁，因此他对天主教深恶痛绝，公开发表观点说基督徒应该对这起灾难负责，而且着手写一系列带有煽动性的小册子，抨击罗马教会，指责其策划了许多阴谋。然而，就是这些小册子的另一作者奥茨，打算策划“天主教皇阴谋”案——这是英国历史上最阴险也是危害最大的阴谋案之一。

提图斯的背景一直受到争议，有报道说他是一个没有头脑的偏执狂，缺乏主见，靠诋毁别人起家。他曾经诬陷他的校长鸡奸，而且涉嫌伪证被判入狱。不过他还是在英国国教中谋得了牧师的差事。曾经一段时间，他发现自己对天主教很感兴趣，并且到法国圣奥梅尔的一家基督教会学习过。提图斯后来称这只是潜伏窥探基督教秘密的策略，不过后来在1678年他被从圣奥梅尔驱逐，这让他对这家教会心生怨恨。

汤奇和提图斯1678年出版的小册子——《真实确切的记录：教皇党为了反对政府和新教而策划的可怕阴谋》——可以从两个方面解读：一是为充满个人宗教仇恨的愚蠢行为；二是为当局阴险的方案，利用公众的无知散布谎言，煽动人们对天主教的恐惧，阻止其影响。这本册子甚至声称，有人正在酝酿一系列针对国王的暗杀阴谋，而且还有效忠于教皇的大批外国武装在教皇的教唆下将入侵英国。

不过这次与以往那些未揭露的阴谋不同，没有证据表明汤奇和提图斯的说法成立。这些说法似乎完全是两人凭空猜想，或仅仅是基于当时公认的可以制造恐慌的各种谣言——在英格兰的有些城市，谣言常常使得人心惶惶。即便查理二世本人听到这些所谓的阴谋的说法，对其真实性也表示怀疑，没有足够的证据，他可不愿意采取行动去应对。

虽然没有实质内容，但奥茨的谣言传播得仍然很快。不久，有关“教皇阴谋”的流言就在民众中间散布开来，民众都在责怪这位宿敌，对于天主教又添新恨，于是死亡、折磨和迫害便又接踵而至了。政府对这些恶毒的流言并没有置之不理，地方法官埃德蒙·贝瑞·戈弗雷爵士1678年9月召见了奥茨，后来他在枢密院说服了那些人需要采取行动了。奥茨散布的流言越来越多，而且还不分青红皂白地指出81个所谓的阴谋者，想迫使其就范（这有点像20世纪50年代美国麦卡锡参议员对共产主义者的政治迫害）。政府没有核实这些流言，而是给了奥茨一小队人马，让他追踪逮捕所谓的嫌疑人。当势头正劲的时刻，戈弗雷法官却被神秘谋杀，不过没有人因此获刑。当时人们都认为是天主教的人所为，但也有人认为，奥茨或其支持者主谋的可能性也有：只有戈弗雷死了，事情才有个交代。反天主教的狂热思潮进一步高涨，议会也宣称“教皇阴谋”完全可信。结果包括天主教议员、贵族和主教在内的15人被审讯处死，天主教信徒受到进一步镇压。

然而，在这件事背后，有些情况仍然扑朔迷离，人们对于事件策划者的武断、狂热和臆断也有些许不满。哪怕是基于子虚乌有的证据——这些证据常常是怀疑或误解，或是花钱买来的见证人胡诌出来的——涉案人就要被处死。慢慢地，尤其是1680年奥茨的家搬到白厅之后——这做得有点过火了——有些有主见的人开始提出质疑。于是便有了一些奇怪的说法，比如，那些暗杀计划是针对国王的，用银子弹的目的是想造成致命伤，这又说明奥茨已经堕落成一个狂妄之徒了——这些想法和今天的阴谋论的有些看法很相似。怀疑越来越多，有些正义之士便开始反对“教皇阴谋”的说法，慢慢地，那些所谓的阴谋者也就被无罪释放了。

提图斯·奥茨最后是在反对国王上犯了错，他在1681年詹姆斯二世当国王时被判处犯有背信弃义罪和发布煽动性言论罪，要知道，詹姆斯二世是依赖天主教上台的。接下来，提图斯被判监禁三年，并且每年都要戴上枷锁，当众接受鞭笞。1688年“光荣革命”期间被释放——光荣革命其实是荷兰人受国会邀请的一次不流血的入侵。这次革命将詹姆斯赶下台，彻底恢复了英格兰的新教统治地位，但奥茨的声誉却没有得到恢复。整个事件清楚表明，对于带有偏见的少数人只言片语的传言，人们也会努力地去想象其阴暗的一面。

持久的损害？

提图斯·奥茨之祸似乎标志着人们对于阴谋论的看法有了一个转折，至少在英格兰是这样，同时它还影响了那些对阴谋论持笃信不疑态度的一些人的看法。不过，阴谋论从未走远，在我们的时代反而愈发凸显起来，但国家不会轻易再让其兴风作浪了。今天的阴谋之说逐渐趋于隐蔽，存在于隐形。因为如此，虽然相信阴谋论的人很多，但明目张胆讨论它的人甚少，已为主流所不齿。显然，这中间平衡需要把握得很好。但不幸的是，1930年纳粹采用了与奥茨类似的做法——阴谋偏执——使其统治下的德国成为阴谋的牺牲品。当时，谎言、民族仇恨言论甚嚣尘上，镇压、嫁祸与人大行其道。诸多做法，即使是今天的阴谋论也望尘莫及。

从“教皇阴谋”案的结果我们还可以看到，人们对于天主教存在偏见，而且对于天主教的指责也远未结束。支持天主教的詹姆士二世在被“光荣革命”驱逐之前，他的两个女儿已经成人。因这两位都是在新教环境下长大，所以由她们继承王位，不会有什么危害。很多对詹姆士的亲罗马政策不满的人，希望下一代人能够恢复正常的政府。可是，詹姆士的玛丽王后在1688年突然产下一位男孩——他在法律上一跃成为第一王位继承人——这件事让人们惊慌失措：这男孩有可能被天主教人抚养，意味着英国将面临又一代天主教国王的统治，这会威胁到国家的统一，会导致官员信仰的倒退。这个事实让人难以接受，于是一个新的阴谋论说法就产生了：这个男孩其实流产掉了，后来有人利用进入玛丽王后闺房的机会悄悄用暖床器偷换一个男孩进去，乔装成新的王位继承人。詹姆士的女儿玛丽二世和其夫威廉三世进军英格兰的时候，詹姆士逃往爱尔兰，这个故事听起来似乎很离奇。不过这又与美国总统巴拉克·奥巴马不是土生土长的美国人，因而不是合法总统的说法何其相似。民众对于这类事情的关注由来已久。

很多宗教阴谋或说法即使今天仍能找到很多案例佐证，但这足以说明这样那样的阴谋已经是——或者说可能一直是——社会或政治生活中不可或缺的一部分。有些人可能会说，经历了几百年之后情况会大不相同，如今在我们更加先进的文明中，不会再有人明目张胆地使用这些可耻的伎俩。可哪怕是最近的历史也表明，情况也并非如此。

概　　要

反对者的声音

历史的记载并不精确，因此基于我们今天所了解的历史来判定阴谋论的做法并不可靠。

——过去的人要“单纯”些，因此可能会采用一些阴谋做法，这些做法在现代社会中是不会有的。

有些人说像提图斯·奥茨那样的阴谋其实根本就不存在。

如果考虑历史上的灾难，很多事件都可作为阴谋论的案例，但过多关注这些难道不是有些失当了吗?

支持者的声音

假如历史可信，孩子们可以将其作为事实来学习的话，那么历史中所包含的那些阴谋的迹象也同样值得相信。

——几百年前社会结构与现在相比，没有什么本质不同，因此，催发阴谋的暗流今天仍会出现。

——从古至今，那些欺骗、伪装的伎俩反复出现，无一不具备相同的特征。

结　论

各种形式的阴谋论由来已久，即便历史年代久远，却仍有证据表明，很多阴谋论是确信无疑的。有些案例并没有随时间推移而远离我们，在一种缺乏良知的环境下，它们还将会出现。

当然，在阴谋论方面，很多情节并不能自圆其说。但是这些情节却提供了大量证据，证明那种认为在现代社会，阴谋事件不会再发生的主流看法显然难以立足。

第三章　伪装阴谋

如果历史充满了无数确定或不确定的阴谋案例的话，那刚刚过去的一百年提供的案例最多。20 世纪充满了那些佯装攻击或人为操纵的军事事件，因此认为 21 世纪初九一一事件同这些案例在手法上如出一辙的主张也就有理可循了。

第一节　“卢西塔尼亚”号的沉没

现代版阴谋思维中经常讨论的主题就是，战争通常都是由佯攻或设计好的滔天罪行触发或引导出来的。或许讨论最多的就是九一一恐怖袭击，但 1941 年的珍珠港偷袭可能是较早的典型案例（见下文）。然而，再往前看，就是 1915 年“卢西塔尼亚”号沉没这一案例了。正如我们所见，这种有争议的事件似乎常常会涉及海事活动。

1915 年 5 月 7 日，时值第一次世界大战初期，载有约 2000 名游客的英国远洋邮轮“卢西塔尼亚”号在从美国返回到英国利物浦的途中，此时正经过爱尔兰南部海域。下午 2 点 10 分，德国的 U 型潜水艇发射的鱼雷击中了“卢西塔尼亚”号，船上旅客在惊慌失措中涌上了救生艇。当时秩序极为混乱，18 分钟之后，只有 764 名游客幸存下来，而邮轮则消失在大海之中。被击中后，邮轮上电力随即中断，妇女、儿童，还有很多高官都没来得及逃生就被困在黑暗的走廊和船舱中。

沉船在国际上引起极大的愤慨，德意志帝国成为邪恶的象征，国际社会一致认为，一定要彻底击溃正在沿西欧一线挖战壕的德国。不久，印有一对被困水底母子图像的海报见之于众，海报上仅有两个字："征兵"。这是寻求战争支持的最好宣传工具，很快原先犹豫不决的美国加入了战争。这看起来很公平，那些对平民犯下的暴行，尤其是对手无寸铁民众的杀戮，连最起码的提醒都没有，确实让人不齿。那为什么这么多年来，"卢西塔尼亚"号沉船却成为阴谋论关注的焦点呢?

如果意识到"卢西塔尼亚"号事件宣传的重要性，那就很容易理解为什么有些人认为它不仅仅是巧合。许多阴谋理论家认为在战争初期发生这样一个敏感事件，会使冲突升级加剧，会成为改变世界新秩序格局的重要之举（见第八章）。

官方的立场是，"卢西塔尼亚"号仅仅是一艘载有平民的邮轮，但有人则指控这艘船实际上满载炮弹和烈性炸药，目的地是欧洲。这就使其成为德国U型潜艇的目标，注定将有超过半数的无辜乘客葬身鱼腹。虽然"卢西塔尼亚"号邮轮上有大量的步枪子弹和其他小型的军火，但至今对于该邮轮上是否存有弹药的争论仍未有定论，至于是否存在大量的炸弹已无从考证。德国的记录是，潜艇U-20只发射了一颗鱼雷，然而许多幸存的目击者说听到有两次巨大的爆炸——间隔时间很短。如果只发射了一颗鱼雷（当时是这样认为的），那么是什么导致了第二次爆炸，并使"卢西塔尼亚"号船体解体？人们普遍认为，与堆放在货舱不具有爆炸性的步枪弹药相比，这可能是更致命的证据，不过更多的正统观点则认为，邮轮上高压蒸汽发生装置的烟道导管爆炸致人死亡的可能性更大。

无论是哪种可能性，最重要的一点是，德国政府确信，这艘邮轮是用于秘密军事运输，而且在“卢西塔尼亚”号尚未离开美国时，德国政府就下令，将其作为一个监视目标。德国大使馆注意到当时船上有几个德裔美国人，并对其发出了危险的警告信息：

> 打算乘坐大西洋航线的旅客请注意：目前德国及其盟友与英国及其盟友正处于战争状态……乘坐英国船只穿越战争地带的旅客……处境危险。

在“卢西塔尼亚”号起航前，德国至少在50家美国报纸上刊登了这则消息。然而，也许很有意思———一些说法认为是由于由于美国国务院的干扰——没有一份报纸引起人们的关注，大多数乘客出发时兴高采烈，根本没有意识到，在战争时期，载有平民的邮轮将会受到攻击。在被鱼雷击中时，人们意识到了战争的规则突然改变了。

阴谋论观点认为，德国政府已经接到密报，“卢西塔尼亚”号载有大量的爆炸物，最终是要对付德国，所以他们使用U–20迫使其现形。通过观察，人们提出了更多怀疑，可以确定的是，在“卢西塔尼亚”号邮轮从纽约出发的时候，它并没有接到无线电台关于危险的警告，当时有23艘英国船只遭到袭击（3艘沉没）；而“卢西塔尼亚”号邮轮当时正经过相同的海域——爱尔兰南部海域。它并没有偏离航线以躲避危险区域可能来自敌人的攻击，更没有高速航行，如果船长知道周围有危险的话，他就不会这样做了。“卢西塔尼亚”号最后一次航行中和海军部交往的记录如今已被列为机密，这只能更让人联想到阴谋。

将所有这些都斥为“无能”、混乱不堪，或情报不准吗？这些解释通常都不具有说服力，但却十分有效（如九一一事件和伊拉克的“大规模杀伤性武器”灾难）。然而，正如“卢西塔尼亚”号邮轮莫名其妙地进入危险区域这一事实一样，同样真实的是它的护航舰“朱诺”号神秘撤离了，据说撤退的命令是英国海军大臣温斯顿·丘吉尔爵士发出的——这不得不使人联想到一系列奇怪事件。仅仅两个月前“卢西塔尼亚”号邮轮初次航行，在接近英国水域时，有三艘军舰护卫。而在“卢西塔尼亚”号邮轮沉没当天，“朱诺”号却离奇失踪，这无法解释，因为根本不是什么“无舰队可用”，当时在米尔福德港至少停泊着四艘护卫舰。

很多寻求历史真相的人认为，丘吉尔不能被视为这个国家的英雄，他在挑起重塑“世界新秩序”的活动中扮演了重要角色。丘吉尔有没有主宰“卢西塔尼亚”号的命运已无从知晓，但有记录清楚表明，非军事船只沉没的悲剧使战争向他们所期望的方向发展，这让丘吉尔非常高兴。1915 年 2 月 12 日，丘吉尔在给商业公会主席沃尔特·朗西曼信中这样写道：

> 为了将美国卷入对德战争，至关重要的是要将中立国的船只引向我们的海岸，……对于我们来说，我们需要这样的船只，越多越好，如果有船只陷入麻烦，很好！①

因此，船只遭到攻击对于丘吉尔来说是将美国拖入战争的最好诱饵。但这会公开威胁到本国船只的安全吗？对阴谋论持批评意见的人认为，该信件直接针对的是中立国船只，而不是英国；而且，他们还质疑说，这位出了名的政治赌徒会如此热切期待自己国家的船只遭到鱼雷的攻击？不过这样的想法肯定在他脑海中出现过。历史表明，连我们委以生命去信任的人也认为，危急时刻的“必要牺牲”常常是合情合理的。

纵观历史，不管是谁应该对“卢西塔尼亚”号邮轮的沉没负责，它的安全受到蓄意破坏的说法都很难被完全驳斥。很明显，英国和美国领导人事先肯定知道这个事件会引发可怕的冲突。如同第二次世界大战一样，官方的说法是，美国一直热衷的是“置身于大战之外，直到其国民受到攻击的那一刻才被迫卷入战争”。然而，经验丰富的真相探索者则认为“脚本”其实早已写好（正如新美国世纪计划预测九一一事件那样），这个脚本旨在创建一个“世界政府”，他们还认为这些事件绝不是什么偶然发生。“卢西塔尼亚”号事件发酵时期，有人记录下总统伍德罗·威尔逊的一个高级政策顾问——陆军上校爱德华·曼德尔·豪斯，与英国的外交部长爱德华·格雷之间的一次对话，格雷问道：

如果德国人击沉了一艘载有美国游客的邮轮，那美国人会有些什么做法呢？

豪斯这样答复：

我确信愤怒的火焰会席卷整个美国，这足以将我们带入战争。

显而易见，如果这种事情出现，可能很快会导致冲突发生，上述如此肯定的答复暗示有些事情已心照不宣。

有些人暗示，有关“卢西塔尼亚”号还有另一种可能，船也许是被英国部队自己发射鱼雷击中的。如果考虑到阴谋论历史上其他的无耻时刻，这种可能性也不能完全排除，但在这个案例中似乎不太可能。既无告密者也没有令人信服的证据拿出来支持这种说法，而且来自发射船U-20的记录也清楚地表明德国海军应该对袭击负责。

但值得怀疑的地方在于，“卢西塔尼亚”号邮轮出现的位置，使它容易受到攻击，却没有护航，它像是为了某个更大的目的而出现在那里的牺牲品。在一个对受害者漠不关心的更大的游戏中，人被作为简单的棋子而被牺牲掉了。

第二节　珍珠港事件

在接下来的一轮全球冲突中，很多怀疑者认为，1941年12月7日，日本竟能成功偷袭美国在夏威夷的珍珠港海军基地，这本身就是一个阴谋。与“卢西塔尼亚”号情况相似，这个事件也有被操控的痕迹，它又一次让“不情愿参战”的美国积极投入到战争中去。

毫无疑问，美国政客们很清楚，如果对日本在远东地区的战争行为做些挑衅的话，与日一战迟早会来。这就包括1941年初禁止石油出口日本，以及其他有助于触发战争的一些做法。

官方认为，敌人首先会在菲律宾开始行动，因此美国人对于日本竟然选择偷袭珍珠港诧异万分。不过多年积累的证据——包括对情报和日本传输密码的解密——表明，当时如果给夏威夷提供更好的保护措施的话，完全可以避免。公众已经广泛意识到这次致命攻击乃为蓄意默许，这已不只是阴谋了——这让爱国人士非常愤怒。

众所周知，美国总统富兰克林·D. 罗斯福——被阴谋论研究者们认为是“世界新程序”另一个主要倡导者——渴望加入到打击日本及其欧洲纳粹盟友的战争中去，但却面临内部的政治阻力。许多美国人在德国有重要的商业利益，而且不相信德国在战争中会失败。而日本偷袭珍珠港使近2500名美国军人丧生，损失极为惨重，18艘军舰、200多架飞机被毁——这很快就促使美国人参战了。

即便是在当时，也有一些观察家认为这个事件人为操纵的可能性很大。偷袭后的那段时间里，海军中将弗兰克·E. 比蒂这样写道：

> 12月7日之前，很显然……我们正在把日本逼向死角。我想正是罗斯福总统和丘吉尔首相想让我们卷入战争，因为他们觉得如果我们不参战，盟军就无法获胜，但我们迫使德国人向我们宣战的所有努力都已徒劳；而且我们给日本开出的条件非常苛刻——比如说，让其撤出中国——我们知道日本是不可能接受的。我们对日本逼得太紧，我们应该知道它会反抗美国。日本人所有的军事准备都是冲着这一点而来。②

所以当时偷袭发生的政治环境就是这样，再清晰不过。问题在于，为何能准确地将珍珠港定为行动地点？关于这一点，争论仍在继续。就当时掌握的线索来看，人们很难相信，美国的情报部门竟得出珍珠港不可能遭袭的结论。还有引起争论的就是，那天美国舰队最好的战舰都不在夏威夷，就好像特意躲避轰炸一样，尤其军事怀疑论者强烈质疑这一点。不管细节如何，很显然，正如一战中丘吉尔那封关于中立国船只遇到险情的信件一样，在很多方面都可以有所作为的罗斯福只不过在等待反击的机会，尽管他的副手声称这样的机会来得比预料的要困难。关于总统的反应，他的行政助理乔纳森·丹尼尔斯写道：

> 打击的损失比他期望的要重……但是风险还是有回报的，即使遭受这些损失也是值得的。

这段话本身就明确表明，尽管官方从未公开宣布过，这是一次受期待的挑衅，以便他们采取行动。从很多其他的军官的评述看，可能很多知情者都已经知道这次打击发生的时间和地点了。海军中将利比这样写道：

> 我至死都认为是罗斯福下令让这次偷袭发生的，他肯定知道一切。

当然，在战争时期，总会存在迷惑，总需要向敌人隐藏情报。但从大量像珍珠港事件这样的例子可以看出，为了掩盖事情的真相，他们会反复使用“战争迷雾”手段，这些手段是具有一些战略目的，但却牺牲了大量人员的生命。可一些人认为，在危急时刻做这样的牺牲是必要的。然而，这其中的底线在哪里？表面上正义凛然的一方采用这种做法，难道不也同样面临着越过底线变成法西斯主义的风险吗？利用人们对类似珍珠港偷袭事件的愤慨来获取支持（用公众安全的名义排除对集权政策的反抗），同样类似的一些事情在20世纪40年代可能已经提升了欧洲敌人的地位。

第三节　国会纵火案

在第二章我们已经看到罗马时代统治者是如何利用民众对可疑大火的愤慨来镇压叛乱、煽动迫害的——而且不止一次——一方指责另一方纵火，1666年的伦敦灾难情况也很相似。20世纪30年代也发生了同样的事件。

第一次世界大战结束，协约国索取了大量赔款，这给德国的经济造成了极大的破坏。成千上万的德国人幻想破灭，生活极度贫困。这却给法西斯主义的崛起提供了条件，法西斯主义者解决问题的方式浅显易懂，抨击时政言辞犀利。果然，到1933年，集幻想破灭的老兵、被判刑的暴动者、反犹太分子、自封为国家的救世主等各种身份于一身的阿道夫·希特勒，带领他的国家社会主义德国工人党——纳粹党——在执政联盟扮演了重要角色，但是开始时他仍没拥有终极的权力。让纳粹走上至高无上权力顶峰的是掩藏在军国主义和社会秩序华丽外衣下的无情恐吓：希特勒在同年的一月宣誓就任总理。但是，纳粹党期望通过《授权法》，规定总理可以不通过议会自行制定规章代替法律，这将使总理具有凌驾于德意志帝国国会之上的绝对权力，不过这也遇到了正义力量的阻挠，尤其是共产党的反对。《授权法》只有在紧急情况下才能生效，如果没有事件催化的话，对于只在国会中持32%议席的纳粹党来说，要想通过这个法案是很困难的。然而，一次意外事件却使该法案轻而易举地得以实现。

1933年2月27日凌晨，柏林的德意志帝国大厦发生了一场火灾。大火很快吞噬了大厦的主体结构并造成了严重破坏。在建筑物内部，警察逮捕了荷兰共产党人马里努斯·范·德尔·卢贝。很快，共产党四个主要领导人被逮捕。纳粹党的舆论宣传将情况定性为，纵火显然只是第一阶段，标志着共产党人想要威胁破坏国家稳定，颠覆国会。紧急法案几乎立即生效，同时在全国范围内大肆拘捕共产党人，本来就已经衰微的民主权利似乎一夜之间消失殆尽。共产党不仅被挤出内阁，同时也淡出政坛，这使得纳粹党赢得了其孜孜以求的地位。阿道夫·希特勒毫无阻碍地获得了他梦寐以求的绝对权力。

关于国会纵火案人们一直有疑问，它是纳粹党的阴谋操纵，还是共产党的密谋？如果残酷迫害不可避免，那为什么共产党要牺牲其在议会中的席位？事实上，现在“火烧国会大厦”成为让“受委屈”一方受益的阴谋手法的代名词，而且已经成为阴谋论的主题了。

对于这一切，尽管纳粹党臭名昭著，不太可能引起别人对他们的信任，但是却没有完全的证据表明他们对火灾负有责任。人人都知道了马里努斯·范·德尔·卢贝是纵火犯，虽然他这样做的确出人意料。大多数人都认为，他至少可能与纵火案有牵连。其他被告在审判后都无罪释放，而马里努斯·范·德尔·卢贝被判有罪并处以死刑。据在现场的一位英国记者说，希特勒视察被烧毁的国会大厦时，对于所发生的事情表现得很茫然，不知道这对德国来说意味着什么，而他的宣传部长约瑟夫·戈培尔，据说从电话中得知纵火消息的时候不相信是真的。这些人物生性狡诈，善于欺骗，他们这些表演也不能洗脱嫌疑，但至于是谁煽动这个事件，人们还是提出了很多疑问。

马里努斯·范·德尔·卢贝是支持纳粹的懦夫，还是只是一个孤独的持不同政见者？还是如纳粹官方所宣传的那样，是共产党一个不很明智、不善密谋的马前卒？据说，为了使火烧得更快更大，有一大群纵火犯肯定已经到了纵火现场，而且使用可自燃的燃烧弹。有些研究者认为，从现存于莫斯科的盖世太保档案中获取的线索表明，纳粹对大火负有直接责任，但有人持怀疑态度。假如这的确是一起伪造事件，当然也不一定就说明希特勒和他的亲信们会意识到发生了什么事。如果这是

“世界新秩序”始作俑者所为，如有些人所说的那样，那纳粹党却不知不觉地成了密谋方案的受益者，这个方案旨在提升纳粹地位，让欧洲当时冲突的局面继续下去。不管是哪种说法，这场大火对于希特勒来说无疑都是礼物，他形容是“从天上来的神迹”。德国因此陷入长十多年的独裁统治而不能自拔。

有趣的是，尽管仍有很多悬而未决的问题，但总的来说，主流都认为纳粹应该对国会纵火案负主要责任。然而对于如九一一事件使用了类似的伪装的政治暴行的说法，尽管有更确凿的证据，仍被媒体嗤之为疯狂的妄想，当然这也是因为目前自由仍然存在诸多限制。而且社会受大众的“好人”和“坏人”标签的思维模式影响很大，因此我们也很容易受影响。

然而有时操纵冲突、引起世界大事件的潜在的密谋未必总需要事先计划。

第三节　美国“自由”号

1967年6月5日至10日，中东地区酝酿已久的紧张局势终于导致冲突发生，史上称为“六日战争”，以色列为冲突一方，埃及、约旦和叙利亚为另一方。以色列决定，与其被动等待，不如先发制人，发动空袭打击其阿拉伯邻国，这样可以让犹太人占上风，拖住敌人以确保胜利。然而，在众多关于战争的复杂争议中——至今仍然引起分歧——有个事件尤为突出，在阴谋论研究中也尤为显眼。这个事件虽然以失败告终，但大多数寻求事件真相的人认为这是最具现代特点的一次伪装阴谋尝试。

1967年6月8日，战争在如火如荼地进行，美国海军技术研究船“自由”号在西奈半岛北部的国际水域巡航。按官方说法，美国在“六日战争”中保持中立地位，但尽管如此，它仍在监控战事进程。那天早上，几架以色列战机飞越“自由”号上空，船上所有人都认为其美国船的标志清晰可见。然而，大约2点钟后，这艘船突然遭到了以色列军队来自空中和海上的攻击——的确是武装攻击。先是幻影战斗机用各种致命的武器轰炸甲板——包括凝固汽油弹——随后三艘鱼雷船抵达该海域并进攻“自由”号。一开始“自由”号无法确定谁在攻击他们，而且这艘船没有配备大型武器，所以它只能用机关枪回击。但以色列发射了五颗鱼雷，其中一颗击中了船，洞穿了船上的研究室，造成重大人员伤亡，这艘船随后还受到炮火的攻击。幸运的是，“自由”号没有沉没，要不是另外四颗鱼雷打偏了，它肯定已经沉没了。

在这次意外事件中，34名美国船员死亡，171人受伤，船体受损严重。罪责无可推脱，以色列很快就向美国当局表示了道歉，声称这完全是一个可怕的错误，接收到的情报让他们误以为“自由”号研究船是一艘埃及军舰，在局势高度紧张的情况下，他们无法冒险，所以就果断采取了行动。以色列很快就有了补偿措施，而且两国开始举行了多轮外交。尽管很多美国高层军事人员和政要均表现出疑虑，总统林登·B.约翰逊还是很快就接受了以色列的道歉，而且还表现出想让整个事件尽快成为过去的意愿。有趣的是，约翰逊在后来的自传中，对“自由”号事件只是一笔带过；而让人不解的是，甚至事件伤亡数字与真实数字相比也大幅降低，好像在故意降低该事件的严重性。

然而，其他人不同意以色列提供的解释，尤其是“自由”号上幸存下来的大部分船员仍然相信，以色列军队肯定清楚地知道是艘美国船。阴谋论者一直认为这次袭击企图使局部战争升级为全面的国际危机，只不过是搞砸了而已。它是一次拙劣的尝试，企图升级当地的战争（如果是一次严重的战争），使其变成一次国际危机。不过，虽然美国人，尤其是美国军方，普遍支持以色列人对事件的解释，但值得注意的是，美国“自由”号退伍军人协会却坚持认为这是伪装欺诈，并且一直要求做更彻底的调查而奔波。

大型军事冲突中经常会不可避免地发生“友军交火”的悲剧和灾难性的情报错误，那将“自由”号事件视为误伤案例会遭遇到哪些反对意见呢？

船员们认为以色列人肯定能识别“自由”号的美国船身份。事实是，在攻击发生前几个小时，以色列飞机做过几次低空飞行——飞机飞得很低，噪声将船上的设施震得沙沙作响。有些人说飞机飞过时看到飞行员甚至向甲板船员挥手。记录显示，清晰可见的美国国旗迎风飘扬，而且船上还有清晰的英文标记，这与阿拉伯字母截然不同，但以色列的报告中没有提到这些。以色列的鱼雷艇，至少接近“自由”号时也应该意识到这不是一艘埃及的军舰。

可以确定的是，在攻击前至少有一位以色列飞行员报告说这是艘美国船，位于贝鲁特的美国大使馆拦截到了这一无线电信息——然而，以色列仍下令战机开火。以色列已经暗示，即使涉事的飞行员和海军船长知道船是美国人的，他们的情报可能没有及时告知指挥系统，因此未能及时阻止攻击，但这种说法受到了很多调查结果的质疑。

以色列空军常采用的一种战斗技术就是，应用信号干扰设备阻止目标的紧急信息传输。“自由”号船上的记录显示，在遭受攻击时也遇到这种情况。但只有敌方频率被精确锁定后，才能进行这种干扰，而这需要攻击前做大量的信号监测。美国海军的每一艘船为了防止干扰一直使用单独的传输频率，“自由”号船的传输频率事先一定被监听、分析而且被准确锁定了，否则不可能发生干扰。很多研究者都将这至关重要的一点看作证据，足以证明“意外”假说不能成立，以色列指挥官应该清楚地知道他们是在朝谁开火。值得注意的是，他们从未对信号干扰的问题做出回应。

人们在其他方面也对官方的解释版本提出疑问，单就“自由”号巡航的速度也不可能被看作是一艘军舰。以色列情报部门据说比对了早晨低空飞行时侦察到的“自由”号船图像和国际军用舰船（简氏战斗舰艇）的数据。以色列声称其联系了在特拉维夫的美国海军武官核实“自由”号的身份，得知在该区域没有任何美国船只，因此认为攻击的必然是一艘埃及入侵者的船只。但是美国人却否认以色列曾有过这样的联系，似乎是有一方在说谎。这就让人怀疑有两种可能，要么是美国人中有股潜在势力，出于自身邪恶的目的希望“自由”号受到攻击（和“卢西塔尼亚”号一样），他们秘密操纵着“自由”号，使其陷入易受攻击的境地，要么是以色列人在说谎，以掩盖其纵容攻击的行为。

然而为什么以色列要对其忠实的盟友发起攻击呢？有好几种观点。一种假说认为，“自由”号搜索到的通信显示，以色列计划通过戈兰高地进入叙利亚，如果美国“自由”号无意中将这个消息泄露给叙利亚，那以色列就会失去偷袭的优势。证据表明，对戈兰高地的攻击（这是以色列人取得最终胜利的一个关键因素，越早越好，不过美国反对这一行动），本应该推迟到“自由”号研究船受攻击之后，这样攻击行动就可以不受监控如期进行。

另一种说法是，以色列人要屠杀埃及战俘，可能已经由以色列国防部队（IDF）当日在西奈半岛北部埃尔阿里什小镇上执行完毕，但以色列人急于隐瞒这一事件。这样的暴行——以色列国防部完全不承认——一定会激怒国际社会，因此以色列需要道义上的支持。“自由”号的无线电监控可能已经监听到了这个消息，因此非常有必要让这艘船保持中立，不参与其中。虽然大屠杀一直未被证实，也没有出现杀人凶手，但是2008年在相关区域却发现了埋有30具埃及士兵尸体的乱葬岗，这很可能就来自于1967年。

然而，“自由”号事件背后最让人难以释怀的一个观点是：这个事件通过击沉舰船吸引美国人的注意力，嫁祸于埃及，其中存在一种将局部冲突升格为反对埃及的国际化战争的企图。以色列要取得胜利，完全不需要外界的帮助，但“六日战争”中这个事件的影响远非如此，任何有损于敌手声誉的事情对于以色列的持久安全都不无裨益。

当然，不管是哪种说法，美国情报部门都是这一事件的受害者。然而，因为“世界新秩序”理论并未过时，一些人就认为这一事件是“氰化物行动”的一部分，这一行动的目的是悄悄扩充以色列的军事实力，让美国在中东有个更强的立足点，以阻止苏联在该地区日益增长的影响。从这一观点看，“自由”号就是美国提供的必要牺牲品。据说，这个事件的初衷是要将苏联——而不是埃及——卷入其中，或许意在挑起第三次世界大战。

还有一种反对的观点值得关注，如果让全球局势紧张是其真正动机的话，那从本质上看，这次攻击的确是场严重的失误。如果要执行一场彻头彻尾的骗局以左右世界舆论就需要更多证据了，比如船体完全被毁坏，无一人生还，这样才会使人对攻击者身份产生怀疑。可是，为什么“自由”号没有沉没，而且大部分船员还是幸存下来了呢？也许，以色列的飞行员对他们任务的真正目的已有怀疑，或者他们至少在怀疑这次任务的正当性，他们总不能将怒火发泄在他们的盟友——几乎是手无寸铁的美国人身上。为什么对一艘已经重创的研究船，五颗鱼雷中有四颗都没有击中它？是不是攻击中的漫不经心无意中使命令的意图打了折扣？如果攻击的确是打算让这艘船沉没以引发更大的反响的话，那可能是军事上的无所作为，也可能是前线士兵不情愿，让这个行动的效果大打折扣了。

从另一方面看，如果这次行动仅仅是为了削弱“自由”号研究船侦测信号的能力，那打击力度应该有所节制才说得通。有人也可能说，以色列不应该采取这样极端的措施，而是可以向最亲密的盟友解释它的计划，但是，如果华盛顿不支持它制定的战略，那以色列就没有机会可言了。

不管攻击的最初目的是什么，其中肯定是有某种目的的。据“自由”号上的船员说，攻击机上什么标记也没有。幸存者说他们登救生筏时有鱼雷船攻击他们，企图将他们消灭殆尽，不过执行得似乎不彻底。但是，如果这些船只清楚地涂有以色列标志，这又说明不是每个参与攻击“自由”号的人在执行相同的计划——否则，为什么不将鱼雷艇伪装起来，并且将所有人都消除，让人和船永远消失在波涛之下，岂不更干脆？

不论是何种原因，没有摧毁“自由”号研究船，就说明肯定及时做了计划调整。有些人说因为需要重新规划“世界新秩序”，以色列此时就放弃了由美国人支持的入侵埃及的计划。

毫无疑问，在“自由”号神秘事件中仍然存在一些灰色地带。但是，很可能是某种形式的阴谋在起作用，除非你相信以色列人的说法，即这是一次不幸的失误。不过承认这种说法也就意味着你对很多难以解释的异常现象人云亦云。

尽管有约翰逊总统的默许，事件发生时，美国国务卿迪安·拉斯科显然不相信官方的结论，他写道：

> 我对以色列的解释一直不满意。他们不断攻击，就是要击沉“自由”号，根本不是什么意外攻击或某个当地指挥官乱开火。我们通过外交渠道拒绝接受他们的解释，我至今也不相信他们的说法。这次袭击真让人忍无可忍。

许多其他官员也有类似的观点。随后美国海军军事法庭在袭击发生之后匆忙开庭，并草草做出结论，说这极有可能是一起“身份识别失误”的事件，但人们普遍认为，这个听证会如果不是公然掩饰，那就是在隐瞒什么东西。大多数官方的质询未能找出一些关键证据，也没有听取以色列方面的陈述——这显然非常重要——也没有确定罪责归属，因此庭审毫无意义。

至于约翰逊总统，他首先要做的事似乎就是掩饰整个事件，即使在事件发生时也是这样。一些证据表明，约翰逊总统在听说“自由”号受到攻击时，就肯定地认为袭击者是埃及人，并且命令停泊在地中海军事基地航空母舰上的战机对开罗发动报复性攻击。后来才知道，这艘船没有沉没，而且无可置疑是以色列人该为袭击负责时，轰炸机才在最后时刻被召回。如果情况属实，那么这些做法便可做三种解释：一，事件发生一如官方版本描述；二，以色列觉得摧毁了“自由”号的监控能力后目的已经达到，并将其定性为偶然事件，或许因对美国打击埃及所带来的后果心存疑虑；三，在“伪装论”“世界新秩序”论看来，约翰逊正要加紧使冲突扩大化，这时却传来“自由”号研究船和它的船员没有完全消失的意外消息，这迫使他对计划做出快速调整。

不管怎样，现在看来，约翰逊对其国民的利益关注甚少，与拯救生命相比，他考虑更多的是不让以色列蒙羞。当“自由”号研究船遭到攻击，而且很可能是来自以色列“友军炮火”的攻击时，据说约翰逊总统封锁了营救命令，并命令已被调出增援研究船的飞机返航，似乎乐于见到“自由”号沉没得无影无踪。2003 年进行的对该事件的一项独立调查中[3]，海军少将劳伦斯·盖斯引用约翰逊的话：

> 我希望那艘该死的船沉到海底。不增援——召回所有战机。

劳伦斯·盖斯说还有一句话也是约翰逊说的，当时约翰逊让他告诉第六舰队指挥官，如果船沉了，他不“介意”：“我们不能让盟友为难啊！”

如果说有些回忆可能存在演绎的成分而不能完全相信的话，那么各种评论的态度则是明确的，这些评论表明：华盛顿显然很少有对“自由”号上的船员给予同情的，而这些幸存者显然已经成为外交上让人头疼的一群人了，因为他们对事件记忆犹新却又疑问重重。在无数不确定的东西中，阴谋论总是会清晰地揭示出让人沮丧的东西来，那就是欺骗性的权力博弈给人类带来的苦难。

有人说在冷战的顶峰时刻，也许是约翰逊迫不得已做出的艰难抉择，他担心这一事件可能存在激怒与美国紧张对峙的苏联的风险（如果美国起初认为是苏联搞的攻击的话）。莫斯科是以色列敌人的公开支持者，为其提供武器和情报，有些人甚至提出，苏联可以谨慎地加速推进“六日战争”进程，为他们提供基地，轰炸以色列在迪莫纳的核设施，只不过由于后来以色列很快取得胜利而没有这样做。但这在很大程度上也只是推测，这让“自由”号事件更加扑朔迷离。

非常像俄罗斯套娃，我们看到伪装指责中还套有伪装指责。这样的悬案很多，比如 1898 年的美国船缅因号的沉没，该船在古巴反对西班牙统治期间停泊在哈瓦那，结果却神秘爆炸了，造成超过 270 名船员死亡，并挑起了美西战争。有人说这就是一起简单事故，也有人说这船是西班牙人凿沉的。当然，还有一种流行观点认为是美国自己弄沉了该船，作为战争借口而已。各种说法猜测都能找到让人困惑的证据，这个悬案至今未解。但对于所有此类事件的分析的确揭示出一个不断重复的模式，让人很难轻易将它们视为巧合。

第五节 东京湾事件

尽管在细节上存在争议，“自由”号受攻击事件至少的确发生过。然而还有些大的冲突起于传闻，传说好像有攻击，事实却扑朔迷离。阿以冲突之前的 1964 年，越南战争爆发，紧张对峙演变为全面战争，北越军队随后攻击了美军在东京湾的驱逐舰。1964 年 8 月 2 日，航空母舰“马多克斯”号和三艘鱼雷艇之间发生了一次规模不大但异常激烈的冲突，之后鱼雷艇被轻松击退。但在 8 月 4 日，第二轮更猛烈的攻击使约翰逊总统决定第二天一早就公开轰炸越南北部的目标——尽管在同一天他已经正式知会苏联，无意使越南局势升级。由此战争爆发，双方都有成千上万人死于战场，这场战争使西方社会产生了不同的看法，并且使美国国内产生了史无前例的大范围意见分歧。

然而现在普遍认为，那场触发一系列惊天事件的第二次东京湾事件压根就没有发生过。

这怎么可能？2005年解密的美国国家安全局内部文件清楚地写道：

> 事情并不像所说的那么简单；还有一种说法，那就是那晚攻击根本就没有发生……事实上，河内的海军什么也没干，就是打捞了8月2日损坏的两艘舰船。

所谓声波定位错误和异常天气条件显然是为航空母舰“马多克斯”号和“特纳·乔伊”号向子虚乌有的目标开火寻找的借口。它可能会说，和“自由”号受到攻击一样，在紧急情况下，人们会原谅国家为防卫而采取的哪怕是鲁莽行动，而且有时重要情报来得总是很迟。但在这个案例中，他们很快就知道这的确是“搞错了”的情报几个小时之内就发到了华盛顿，完全有时间阻止这场战争。但是，如果需要战争借口的话，似乎没有什么可以阻止冲突升级的脚步，即使是真相也不能。但约翰逊总统，这位曾经的和平主义者，对这些重要的信息置之不理，在全然知道真相的情况下签发了如下声明：

> 此次袭击让人愤慨之至，全体美国人对南越人民和政府恪守承诺之决心比以往更甚。

声明发布不到两小时，轰炸就开始了。显然，战争需要借口。所以一旦借口找到，就是歪曲事实也无所谓，随后关注的便是战争迷雾了。直接的结果就是，开始是流言，但很快就被媒体充分歪曲，“东京湾事件”被大肆渲染成为邪恶的共产党人在公海发动先发制人攻击的证据。

甚至在当时就可以找到确凿的证据表明，“东京湾事件”根本就是个骗局，即便是有某个投机分子为偶然出现的军事错误承担了责任。围绕该事件的阴谋论研究在几十年里揭露出的真相中发现，被掩盖的事实与事件本身一样多。他们在被重新篡改过的信息——赤裸裸的谎言——左右下的公众舆论中，还原了一个重要的历史事实。

然而，有趣的是，对于由当局与其串通一气的媒体共同制造的骗局，民众的看法并不总是像一开始他们所想象的那样可以轻易被左右。从近代历史上其他的事件也可看到，尽管官方不承认，普通民众当中仍会产生阴谋论者，我们将在以后探讨这一话题。

概 要

反对的声音

民众很难相信政府会为了政治利益将其国民置身于危险之中。

——受人爱戴的爱国精英温斯顿·丘吉尔爵士或富兰克林·罗斯福，为了引起敌方的行动真的愿意牺牲自己的舰船或军事基地？

——当然，只有像希特勒这样的暴君会考虑用伪装阴谋策略。

——美国“自由”号事件只是个异常情况下发生的令人遗憾的错误。

——而误传的“东京湾事件”可能也是在面对共产主义势力威胁时所采用的必要手段罢了。

赞成的声音

历史表明，政府，或者至少政府中的某些潜在势力，在政治需要时，确实存在有将人命当作牺牲品的记录。

——许多阴谋理论家认为，备受瞩目的政治家们的一举一动常常是更高层面的“世界新秩序”安排所决定的，在面临更高的目标时，允许他们抛开个人的顾虑。

——"自由"号研究船受到攻击，可疑迹象很多，几乎让人难以相信这仅仅是个偶然事件。

——东京湾假警报事件也显示了他们对真相和生命本身的无情漠视。

结　论

环绕在最近历史事件中的那些灰色地带——往往由于故意隐瞒所造成的——让人有理由相信，阴险的诡计会持续成为地缘政治格局的主色调，必要时哪怕是伪装阴谋策略也可被视为公平博弈。对于特定事件很难找到所谓的绝对证据，但其周围却存在有足够的线索让人看到阴谋的意图。

东京湾骗局事件本身说明了我们民选领导人的本质，说明在权力岌岌可危时他们会做些什么。或许民众太天真，他们一直天真地认为即便情况再危急，这些领导人也绝不会牺牲人民的利益。

第四章　政治阴谋

有些阴谋论说法已经被主流所接受，媒体已不再渲染。发生在20世纪70年代导致美国总统理查德·尼克松辞职的水门事件无疑是一个阴谋。这其实都不值得一提，但它随后所产生的后果——民众幻想破灭——使人们对当局政府公信力广泛质疑，即便是诸如登月之类的巨大成就也受到怀疑。其他事件，包括伊拉克大规模杀伤性武器、维基解密曝光、国会开销曝光、造成更广泛影响的新闻国际电话窃听事件等，都进一步腐蚀了政治领域的信任基石，让阴谋论大行其道。

第一节　水门事件

从传言到新闻

当局一般都会让其民众相信它所宣传的一切都真实可靠、无懈可击。但大多数人心中都清楚，那些依靠外交冒险政策和游说策略登上权力巅峰的人，其人品可疑，他们几乎都不会让真相大白于天下。人们要挣钱生存，要养家糊口，所以人和人之间关系冷漠，无时间交流，这是政治迷雾和金融乱象大行其道的主要原因。有人认为这种局面公开推动了“世界新秩序”计划的进一步实施。

然而，常常会发生一些无可争议的事件打破的常规，事件真相泄露之后，会引发一轮又一轮的媒体恐慌。这时，阴谋就会跨越分歧，很快为主流所接受，但有趣的是，在这个过程中，“阴谋”一词消失得非常快。不愉快的事情常常首先使人们感到异常愤怒——这样的事情绝不会发生第二次——然后就被贴上“丑闻”的标签——并且常常冠以《××门》的新闻标题，使人容易记住。在对近些年来的阴谋的研究中，下面这一事件尽管比较有名，不过它起初并不显眼。

揭秘水门事件

1972年6月17日，有人发现，有五人闯进位于华盛顿水门大厦的民主党全国委员会总部办公室，遂将其逮捕。至于他们闯进来的真实目的，他们从未给予令人满意的解释，但很明显，他们怀有某种政治图谋，因为这些蟊贼被抓时正在安装窃听设备。随后对于这些涉案人员的调查和审讯很快就揭示，他们是在为共和党效力，而且与时任总统理查德·尼克松关系密切。

让人难以相信的是，尼克松直到去世时也不承认知道这个事情，但在随后对这一案件的继续调查中，尼克松政府里的许多人被陆续揭发出来，并直接涉及尼克松本人。尽管有一些媒体说他无辜（“我不是骗子”），但1973年所披露的关于尼克松下令在几间重要的白宫内阁会议室和私人办公室安装秘密磁带录音设备的证据给了他致命一击。当对参议院委员会的调查进行到最后听取磁带录音时（尼克松阵营的人做了很多阻拦），他们发现大量的谈话牵扯到许多有名有姓的人，这也证明了尼克松在企图隐瞒非法闯入的相关细节中所扮演的角色。他自己的会议室里是否装有窃听设备不得而知，但是这事造成的伤害已经足够大了。

对于该案曲折的法律调查和媒体调查每天都能揭露出更深更广的腐败，这些腐败不仅涉及政客们，律师们也不例外，有人劝说律师去做伪证来保护总统。这一案件不仅对美国民众的集体心理产生了深远影响，同时也在某种程度上第一次在一个这样大规模上对整个西方世界的心理产生了影响。民选的领导人如果没有约束，便可为所欲为，程度之甚，令人瞠目。也许更可怕的还有，随着每天对这些掌权者的揭发，总统和他的阁僚们在公布于众的华盛顿录音磁带中所说的粗鲁语言和麻木不仁，让普通民众惊愕不已。民众对越战的正义充满疑惑，因此幻想已然动摇——那种原本认为当局会爱民如子、维护正义的牢不可破的幻想很快就烟消云散——正如我们在前一章所看到的，越南战争一开始就是个巨大骗局。

更多的牵连

透过水门阴谋所揭示的腐败不只让人沮丧，而且让人感到低劣，同时也暗示出了一些更黑暗的阴谋层面。比如，在几次谈话录音中尼克松都使用了术语“猪湾”，可能就是指约翰·F. 肯尼迪在 1961 年的那个臭名昭著的计划，该计划企图部署美国中情局训练古巴流亡者来反抗古巴政府（为了打败菲德尔·卡斯特罗的统治），不过最后没有成功，但它似乎可作为神秘而全面的参考，来解释其他针对卡斯特罗的暗杀阴谋，或刺杀肯尼迪本人的阴谋，有些阴谋研究者一直认为刺杀肯尼迪一案与尼克松有关。

名头最响的要数已经被判刑的“水门事件”窃贼弗兰克·斯特吉斯，此人有很长时间都在走私军火，最初支持卡斯特罗的革命，据有些人说，他后来又反对卡斯特罗，之后便成为中央情报局双重间谍。斯特吉斯还与枪杀肯尼迪的其中一个枪手经常来往。不过在他去世前的 1993 年，他正式否认了这一点，却声称知道刺杀的内幕，说是卡斯特罗下的命令，后来还说苏联的克格勃也参与了此事。斯特吉斯坚持说，他和另外几位参与“水门事件”的同伴真正要找的东西，是在 1963 年约翰·肯尼迪被暗杀时拍摄于达拉斯的迪利广场的那些可能是罪证的照片。1977年，斯特吉斯告诉《旧金山纪事报》：

> 我们之所以窃听水门办公室，是因为尼克松想要阻止和照片相关的新闻泄露，这些照片透露了我们在约翰·肯尼迪总统遇刺事件中所扮演的角色。

这显然将尼克松卷入到肯尼迪总统谋杀案中，使其成为幕后黑手之一。如果情况属实，也许更能解释为什么尼克松要不顾一切地掩饰说他对“水门事件”毫不知情。对于肯尼迪刺杀阴谋案的某些观点，斯特吉斯的证词显得非常重要（见第五章）。当然，也有其他人强烈反对他的说法。

那么，“水门事件”看来要远比主流社会所说的寻求政治得分复杂得多。在白宫的磁带中听到的还有一些其他人的名字，比如“得克萨斯人”，尼克松指的是得克萨斯州共和党筹款的一个大企业集团，其中包括乔治·布什（自1989年任总统，也是乔治·W.布什的父亲），这位也被一些人牵连到更广泛的“世界新秩序”计划之中。录音可能提供了更多证据，但非常蹊跷的是，关键录音带中有18分30秒的内容显然已经被尼克松的私人秘书“不小心”洗掉了。后来分析表明，他们使用了一种更系统的方法删除了该内容。

随着对“水门事件”及尼克松本人调查的深入，肯定还会有其他的发现。但后来调查却戛然而止，副总统杰拉尔德·福特（1974年尼克松辞职后成为总统）正式赦免了他的前任——使尼克松免于受到任何针对他的刑事诉讼，因为这些指控可能使很多重要内幕的细节浮出水面。福特的赦免饱受诟病（有人说这可能是为了他下次选举），大部分人都不相信事情只有这些，但这一赦免似乎确实达到了其目的——禁止做任何更多有意义的调查。

因此也就产生了经典的“××门”的说法，用来指与腐败或掩盖真相相关的任何事情——很多场合都取代了“阴谋”这一说法。对于那些试图阻止调查的人而言，“水门事件”却给公众对当局的信任感以重重一击——可能永远也无法弥合。在大众目光聚焦之下，如此狭小的领域都暴露出这么多复杂情况，这么多纵容默许，让人突然觉得任何东西都不可靠、不安全。

1986年披露的反对伊朗的事件——“伊朗门事件”——使这种日益增长的不安情绪进一步加剧。在这一事件中，陆军上校奥利弗·诺斯和其他里根政府人员将美国武器非法出售给伊朗，还给一群不可理喻的尼加拉瓜叛军提供资金。这些事件引导喜欢寻求根源的人去重新评价那个时代中已有定论的事情，从而引出了很多有名的阴谋论说法，即使是所谓人类最伟大的成就都会受到他们的质疑。

第二节　登陆月球

在月球上行走

1969年7月21日是现代历史上最具标志性的时刻之一，尼克松总统拨打了迄今仍然是历史上距离最远的长途电话。与他通话的是来自阿波罗11号的人类特使尼尔·阿姆斯特朗和埃德温·巴兹·奥尔德林，两人均为美国国家航空航天局的宇航员，此刻他们正第一次驻足于另一个行星，尼克松和他们说话的声音跨越太空：

> 你们好，尼尔和巴兹！我正在白宫的椭圆形办公室跟你们通电话，这无疑是最有历史意义的电话。对于你们所做的一切，我感到无比自豪！对每一个美国人而言，这是我们生命中最自豪的一天。对于世界各地的人们来说，我相信他们也会和美国人一样，认为这是一个伟大的壮举。正因为你们的所作所为，天空才变成人类世界的一部分。当你们在安宁的太空和我

> 们交谈时，这也激励我们加倍努力把这份和平与安宁带向地球。在整个人类历史上，这是一个无比珍贵的时刻，地球上所有人真正成为一个整体：一个为你们所做而骄傲的整体，并祈祷你们平安返回地球[①]！

这一刻，整个世界为之自豪。不管怎么说，真是太了不起了。不过那时越南人正在愤怒，大量的人员伤亡，财产损失，所以对有些人来说，将“和平与安宁带向地球”的通话显得有些空洞。几年后，尼克松陷入丑闻，美国面临棘手的现实——权力腐败，人们开始用截然不同的思维来看待整个演讲的背景，即使是人类文明最辉煌的壮举也需要重新评估。

有少数人无法接受人类登月的事实，因此也找理由质疑美国国家航空航天局的声明，说明明看见所谓月球表面图像里有可口可乐瓶子在滚动，而且真空中不可能有风，所以彩旗不可能飘动，但持这样极端观点的人已经被视为疯子。然而，随着“水门事件”给人们造成的巨大心理打击，许多新的阴谋论产生出来，人类登月事件也成为其中之一。

尽管正在进行的越南战争花费巨大，而且造成了大量人员死亡，但是让人陶醉的“花儿权力”（美国嬉皮士口号）时期所鼓吹出来的全球意识让人确信，单是代价昂贵的阿波罗任务就是造成财政枯竭的唯一原因，这在贫穷与饥饿的时代突然引起了人们的关注。当有人还在因为最基本的生存需求得不到满足而死亡时，怎么能够花那么多钱去做这样一件无聊而又风险巨大的事情呢？一些其他的担忧也在悄悄形成：“登月”计划，远非人类的“一次巨大飞跃”，它真的会对苏联形成压倒优势吗？一如已经持续很久的冷战策略，以及荒谬而又危险，并让整个地球一直处于核毁灭威胁的对峙状态那样？

然而，月球任务是 1961 年约翰 · F. 肯尼迪在其著名演讲中发起的，他宣称美国的计划到 20 世纪 60 年代末[②]“送一个地球人登陆月球，并安全返回地球”。带着对这位总统英年早逝所表现出来的悲伤，难道爱国人士不希望看到这一愿望得到实现，以避免国家在“太空竞赛”中蒙羞吗？（虽然科学家们为不同国家效命，有的为苏联，有的为美国，而且很多人都是从已被赦免的曾为纳粹德国做火箭研究的那些人那里获取了材料。很明显，这些科学家私下里也交换了许多空间科学的研究成果，只不过当时没有承认而已。）

因此，对一些人来说，1969 年到 1972 年间的六次登月任务为人类点燃了短暂的希望灯塔，是依靠地球人的团结与和平才能实现的积极范例；而对于其他人来说，这些任务则仅仅被视为是美国的又一次爱国教育运动，是在恐怖时期所采取的分散人们注意力的做法；甚至有人觉得这一成果过于出色了，以至于让人难以置信。于是很快就开始形成了一种当时最有名的、也最好笑的，并且持续时间最长的阴谋论，即：阿波罗号一系列登月活动有没有真正发生过？

而且让人惊讶的是，竟有相当多的人认为，这个月球探险真的很可能是一场为挽回颜面而精心策划的骗局，因为科学水平未达到，成功无法保障，所以当时就在实验室里完成。情况会是这样的吗？更有可能的是，计划一开始就是一个巨大的心理战噱头，意在利用美国虚假的繁荣景象迷惑大众，让民众的激动兴奋来填补金库亏空，那样，军事太空项目的黑色预算便不再有人追究，有这种可能吗？还是美国国家航空航天局确实已经成功抵达月球，但却未能带回足够令人信服的证据，还需要再次登陆让世人相信的确抵达过那儿？——因为 X 射线和极端的温度，拍摄的照片很模糊，而且在六次任务中一个问题都没有解决。

这些质疑受到了天文学家和科学家的尖锐抨击，不用说，这些猜想一开始似乎就是疯狂形式的否定，把对权威的不信任发挥到了极致。然而，说法能否持久，终究要靠事实说话，登月阴谋论的人所提供的有些证据至少是很难完全置之不理的。

登月球骗局假说的观点

进入 20 世纪 70 年代，美国坊间开始出现一系列关于登月事件的小册子，一般都是自己掏钱出版，而且都带有政治宣传的性质。他们提出了离奇的假说，认为阿波罗任务是精心设计的骗局；他们披露细节，质疑美国国家航空航天局，要他们提供更多证据表明宇航员确实站在月球之上。随着时间的流逝，这些质疑越来越引起公众的注意，一些更专业的出版物开始出现，进一步提出了一些假设。20 世纪 90 年代互联网的飞速发展，为“少数声音”提供了更多的发言权，使其挣脱了束缚，不再需要寻求出版商或支付出版印刷费用，因此，登月事件质疑者们也就获得了一个更大的讨论平台。到 1999 年，一项盖洛普民意测验显示，6% 的美国公民（几乎是美国素食者比例的两倍）认为，月球着陆事件系伪造，还有 5% 说他们“难以确定”。十年之后的 2009 年，即阿波罗 11 号探月 40 周年，一项由《工程与科技》杂志所做的民意调查表明，25% 的英国人对于官方的说法不再相信[③]。比例之大，让人吃惊。

主流社会对这样的民意调查结果早有预料。学术界的反应，正如我们在第一章所见到的那样，武断地去分析人们普遍否认这一事件时的深层心理原因，而天文学家则倾向于认为这是由于人们对这一领域知识匮乏造成的，因此很有必要“普及知识”。但这是公正的立场吗？“普及知识”通常理解为揭穿谜团，但这种策略总是落入“稻草人”谬误的陷阱，这理论其实很容易应对（月球照片里看不见星星是因为相机曝光水平有限，旗子飘得直是因为他们穿了线，等等），但未能解决一些更严肃的问题，后面会讨论这些问题。

所以，是不是每个对美国国家航空航天局的记录有质疑的人——有些人本身就是学者、资深的工程师和摄影专家——都只是需要再教育或要做心理治疗呢？或者，是否更直截了当地说，官方证据中很多异常现象其实需要更详细的解释，而不仅仅是例行公事般地敷衍呢？

实物证据

对阿波罗任务提出疑问的证据通常很复杂，也比较专业，在很多地方都能看到，但基本要点还是可以概括的。

在已有的能证明美国国家航空航天局到过月球的三个方面证据中，只有一个真正经得起检验。首先，阴谋论者认为宇航员的证词是不可靠的，因为在命令、誓言或威胁之下，军方人员有长期说假话的传统（如“东京湾事件”等）。宇航员其实属军方，因为美国宇航局只是用民用机构做幌子。这些飞天先锋的说辞相互矛盾，一些人说从太空上看星光灿烂，而有些人说这些星星很让人失望，几乎看不见；有些人对登上另一星球显现出富有感染力的情感震撼，而另一些人似乎显得很平淡，对他们的经历保持少有的沉默（已故的尼尔·阿姆斯特朗尤其如此）。难道仅仅是因为性格不同吗？或者还是另有其图？不管怎么说，说辞总不能成为证据——比如，几个早期登山者声称他们征服过某座高山，后来有人发现他们是在说谎。

引用的第二个方面的证据是宇航员收集的石头。但是，即使声称石头是来自月球，事实上又有多少人知道其中的区别呢？不管怎样，其中一些送到实验室分析的样品或用来展览的石头结果证明更像是地球上的石头。朴茨茅斯大学的天体生物学家安德鲁·斯蒂尔最后获准检验据说是来自月球上的泥土，他惊奇地发现，泥土实际上含有地球上的污染物（聚四氟乙烯、微生物的遗迹等等），这在无菌条件下严密保存的样品中本来是不可能存在的。与此同时，荷兰阿姆斯特丹国立博物馆很恼火地发现，40 年后对 1969 年到访的美国高官赠送的那块“月球岩石”仔细分析，结果证明只是块硅化木。这些难道仅仅是疏忽？除了这些争议之外，真实月球上的材料可能要靠无人驾驶探测器获取（像俄罗斯所做的那样），而且据说十亿年来降到地球上的陨石数量非常可观，所以即便拥有月球岩石也并不能证明是宇航员捡到的，而因此作为一个可靠的证据。

考虑到这些证据的缺陷，我们还有可以证明美国宇航局到过月球的最明显的证据——照片。这些照片乍一看真的很辉煌，内容真实，显现另一个星球上色彩鲜明的地貌特征。然而，照片受到的批评攻击却最多。

摄影证据

最近公布的旨在平息月球骗局说法的卫星图像，声称可以显示登月飞行器的残骸和“漫游者”月球车留下的踪迹等等，其实就是一些让人疑惑的斑斑点点。但现在这样的一个时代，即使是最原始的图片都可用软件来进行轻松处理，一张照片——更何况是美国国家航空航天局拍摄的照片——不足以构成可以证明事实的证据。即便这些航拍是真的，拍的东西也的确来自月球，但也并不能确切证明这些斑斑点点是几十年前人类活动时直接留在月球上的，特别是现代技术还能控制远程飞行器。这也不意味着我们看到的这些图片是人类在月球上拍的，即使他们的确在月球上行走过。通过杰克·怀特在 www.aulis.com 网站上对阿波罗图片库的解析，我们可以发现，许多宇航员的照片都存在争议，其引发的问题远多于答案。

许多疑问都是围绕照明提出的。美国国家航空航天局声称，他们没有使用过人工照明，那也就是说，所有照片的拍摄都是在未经过滤的太阳光的情况下进行的，没有云或大气等条件改变均匀的光线。然而在许多照片中，光线根本就不均匀，而且集中在主要物体上显示出很多让人费解的光圈。其中最著名的照片之一——阿姆斯特朗拍的巴兹·奥尔德林站在月球上的那张——就是一个很好的例子。尤其是将照片的对比度增加，就会发现在奥尔德林的右后方就有一个更明亮的区域，越往后方的地平线，光线明显越暗，这就很奇怪，往前几英尺对着镜头的位置也是这样。这张月球照片给人的强烈印象就是，可能使用了聚光灯增强了光线。

同样反常的是，这一光区似乎在奥尔德林的左前方投下了一个黑色的阴影，阴影较暗，看不清月球上的尘土——然而奥尔德林的身体轮廓却很清晰，服装上的特征被拍得也很清晰。如果像美国国家航空航天局解释的那样，是他面前的地面所发射的光造成的话，那为什么没有足够的光线显示地上影子的特征？可以承认相机的曝光可能有助于显示服装前部的特征，但如果在奥尔德林周围都有光线的话，那应该是很亮的，而且阴影中的细节特征毫无疑问会看得清楚。在美国航空航天局所拍摄的照片中，这些异常反复出现，这就使很多的研究者猜测，要么是使用了人工照明，要么照片根本不是在月球上拍摄的，而是在地球上的实验室里拍摄的。

那张奥尔德林照片还引出了另外一个问题——在很多其他的照片中也同样可以看到——即地平线的高度线，从平面的角度看，正好穿过他身后的头盔，反射的地平线与帽舌在同一水平面上。然而，就像大多数月球照片那样，很明显，阿姆斯特朗是站在平地上，照相时相机高度与胸部持平。简单的实验（见玛丽贝内特和大卫·珀西 1999 年出版的书《黑暗月亮》）证明，用挂在胸部的相机拍照，地平线高度不可能与头盔持平。如果计算一下可以得知，地平线要低得多，应该与奥尔德林的胸部持平。所以这张照片与其他照片一样，拍摄时事实上可能是比人的头要高，属于俯视拍摄，因为奥尔德林背包的顶端都能够看见，这不可能是在齐胸的高度拍摄的。因此阿姆斯特朗可能并没有拍这张照片。如果是这样的话，当时月球上只有两个人，是谁拍的？怎么拍的？因为阿姆斯特朗的头上、身后看不到人也看不到相机，那这些出版了的照片是怎么出来的？官方对于这些问题难以做出令人信服的解释，不过这些问题也常常被人忽略——那些做伪证的“稻草人”所犯的错误却受到嘲笑。

如果再审视月球登月舱的那些背光照片，光线异常的现象会更加明显。很多照片显示，来自登月舱后方的太阳光线在其前方的空地上投下了一大片深黑色的阴影——然而，登月舱本身阴影的一侧却被照得很亮，在一些其他照片中也是这样，这很可笑，这一侧发射出的光线不可能这么强这么亮。事实上，从宇航员靴跟上发射出的光，或者从登月舱表面光亮金属片上的闪光就可以看出，这光线是直接从一侧发出的，而不是地面的反光——这又说明确实有人工照明存在。

相机问题（哈苏 500 Els）也引发了人们关注。虽然相机质量高，但是只有基本配置，没有取景器，只能挂在胸部使用。宇航员们戴着厚厚的加压手套和头盔，拍照时没有办法低头看，更无法保证所有取景都在镜头里，甚至需要考虑广角拍摄。一般认为这不是最佳的拍摄高质量照片的做法。然而阿波罗号的照片中有大量完美的作品，曝光技术相当专业。

许多专业摄影师都对照片作品中几乎完美的曝光水平表示怀疑，对于第一次登陆月球的阿波罗 11 号尤其如此，要知道，只有首先拍了几张照片之后，才能真正了解一个陌生星球上的光线条件。然而，记录显示，尽管包围曝光技术（指拍摄三张等差曝光亮的相片，如不足一级、正常、过度一级，适用于复杂光源或相机不易正确测光之场合）在只能手动测光的情况下非常有必要，但他们在整个过程中均未使用这一技术。任务中所有带回的相版表明，这些宇航员只是走出登月舱，然后就开始“咔咔”拍照片，根本就没有考虑什么光线条件。而且幸运的是，他们几乎每次都拍得很好。如果说宇航员们训练有素，但这好像并不能解释为什么任何摄影师摄影时都需要有的基本步骤他们却没有。

其他的影像问题

其他对阿波罗照片的质疑涉及有斜坡的背景和远处的山脉，还有其前方的一些物体。那些奇怪的线条似乎将靠后方的地平线和凸起的地面分割开来，一些怀疑者认为要么是使用了平面取景技术，要么是由于正面投影需要而抬起的大屏板所造成的缝隙。正面投影是一种摄影技术，该技术通过将图像以一个斜角度投射到巨大屏幕上而获取高质量的图片（斯坦利·库布里克1968在他的《黎明人》的经典系列电影《2001：太空奥德赛》里成功地利用了这一技术），演员可以在前台表演而不留下影子，不用后来再叠加拍摄。

美国国家航空航天局解释说，明显的线条只是表明地面的自然凹凸不平，但有证据表明，很多照片中相同的背景却处在相互排斥的位置或角度上，这表明要么一个场景被重复使用，要么用的是同一张幻灯片。也许月球上的地形要比地球上更单一，但这并不能解释类似登月舱之类物体特写镜头的背景在很多照片中看起来是完全一样的，而且这些照片应该是在离物体有几百米的地方拍摄的，角度、高度和视角却都没有变化，这看起来很奇怪。一些质疑者还指出，即使承认月球直径比地球的要小，地面上山脉看起来要比实际显得近一些，或者模糊一些，但没有大气层造成的雾气的影响，它们看起来应该非常清晰。

同一地点拍摄的不同照片显示的距离却不同，有些特定的物体与其旁边的物体比起来有时大，有时又小，真是让人困惑。有人可能会说，这是因为周围缺少参照物所造成的视角错觉，但阴谋理论学家声称，如果他们事实上用很先进的模型技巧摄影的话，这同样也能解释，这种摄影中，不同模型的相对尺度是很不一样的。（眼尖的观众在科幻电影中会注意到这一现象。）甚至宇航员自己的照片也显示，在某些场景中他们也可能用了模型，因为在有些系列的照片中，航天员衣服的细节很明显不一致。显然，同样的航天员同一次月球行走时所拍摄的照片中，有些不该去掉的东西却很奇怪地不见了，或者是重新出现在别的地方，这就无法解释。

视频资料

一些忠实的捍卫者声称，如果照片可能有问题的话，那么那些著名的视频资料完全可以证明人类的确在月球上行走过，视频中航天员在低重力条件下在月球上跳跃，还有“漫游者”在尘土飞扬中游走。然而即使这些资料，人们也认为不可靠。宇航员头顶上偶尔出现的闪光明显暗示有电线吊在什么上面，而且有时人“悬挂”的方式非常令人费解，即使在低重力的条件下似乎也不可能，这在“阿波罗 16 号”一个宇航员试图从地上爬起来的视频中显示得尤其明显[4]。

2009 年庆祝登月 40 周年的时候，BBC 主要以揭秘为题的黄金时段电视节目《The One Show》，决定搞清楚在工作室里使用线缆和慢动作的技术到底能不能成功地拍摄低重力视频。这个节目的初衷是要设法揭穿荒谬的“登月骗局”论，可结果恰恰相反，即使连幽默的主持人也不得不承认，模仿美国国家航空航天局视频拍摄的镜头几乎堪称完美。实际上，月球拍摄的视频如果播放速度稍快一点，结果显示这就是非常正常的动作了，在地球条件下拍摄视频之后再将其放慢，造成是在另一个星球上拍摄的假象，完全是有可能的。

在月球漫游者视频中，重力问题显得尤为受人关注。有传说月球上尘埃非常干燥，而且颗粒微小，他们会在宇航员头上飞扬几分钟后才落地，但在他们拍摄的视频中却找不到证据证明这一点。我们看到，“漫游者”飞行器在月球表面“行走”时搅起灰尘，但这些灰尘很快就落到地面上，如果将视频播放速度加快到“正常”速度[5]，这个现象更加明显。其他漫游者的资料也呈现出这样的异常现象，尤其在一些静止的镜头中，地面的灰尘中竟然看不见车轮留下的痕迹，这只能说明这些是人为“放置”在那里的布置而已。

视频拍摄的时间与照片拍摄的时间是一致的，这可以为官方解释提供证据支持，但同时也让人产生怀疑。在著名的“跳起来敬礼”视频中，“阿波罗 16 号”的宇航员约翰 · 杨跳离地面约一英尺高并悬在那儿，向美国国旗行礼。据说这段视频是从后面拍摄的，而照片则是从前方拍摄的。然而，将高分辨率的静止的照片与视频做一简单对比就发现，这两个材料肯定不是同时拍摄的，因为很显然旗子的角度不同（在照片中旗子是竖起的，而在视频中旗子是平的）；而且灰尘也异常（在视频中脚下灰尘清晰可见，而在照片中却没有）。或许这是个小问题——跳了不止一次，拍了两种影像资料——但美国国家航空航天局说它是一回事，真相显然不是这样，这也就难怪会出现阴谋论的说法了。

美国国家航空航天局造假的证据

如果可以证明美国国家航空航天局从来就没有篡改照片，自然可以对主流媒体所坚持认为是疯话的说法也不予理睬。然而，令人不安的是，情况并非如此。那张经过重新处理的照片应该是宇航员迈克尔 · 柯林斯 1966 年从“双子星 10 号”宇宙飞船出来，开始在太空行走时拍摄的，近年来却被爆出为伪造出来的，因为有人在美国国家航空航天局的图片库里意外地找到了原始照片——表明是在航天飞机中零重力的情况下拍摄的。只是将柯林斯的图片剪出来，然后粘贴到一个黑色的背景上，给人造成一种在太空中的印象。奇怪的是，自从有人发现这一点之后，这张照片就再没有出版过。

同样，另一张“阿波罗 14 号”宇航员在月球表面上打高尔夫球的著名照片也被发现有明显的“剪切、粘贴”痕迹，它是由很多张不同的照片拼凑而成。这张照片无论怎么看都似乎不可能：两个宇航员是从一个很高的角度拍摄的，身后还有登月舱（没有自动静物照相机，那会是谁拍摄的？从哪儿拍的？）这张拼凑的照片被识别出来之后，也很快从公众的视野里消失。

甚至前面提到的那张最著名的照片——巴兹 · 奥尔德林的那张，一开始为了出版也改过。只要将美国国家航空航天局发表的那张与最原始的那张简单地比对一下就可以看出来，这张“经典”版本的照片两边都裁剪了，而且在顶部添加了大块黑色的太空。

因此，美国国家航空航天局为了达到宣传目的，不排除篡改收藏的影像记录可能。问题是，如果它可能发生过两次或三次，那为什么就不会有四次或五次——或者更多呢？

其他观点和问题

月球骗局假说不断受到主流媒体攻击。这一事实本身就说明，这一观点有很强的吸引力，而且也引发了强烈的震惊和愤怒。一系列的登月活动真的从来就没有发生过吗？还是这种想法很疯狂荒诞？在这两种极端的想法中间有没有一个妥协的地带？

值得思考的是，隐藏在大小不等的各种登月骗局之后的真正动机是什么。这些任务真的就绝对没有发生过？登月的雄心是因为飞船技术难题没有得到解决而挫败了吗？毕竟，在地球上训练时，并非所有的登月舱都运行成功，有一次失误差点要了尼尔·阿姆斯特朗的命。在阿波罗1号失火（造成3名宇航员死亡）之后，在当时的政治气候条件下，如果再有宇航员死亡的话，那就是不可接受的灾难，因此便有了B计划——演一出戏——的想法。

或者相反，如美国国家航空航天局所说的那样，他们以某种方式成功地实现其目标，但因为X射线和宇宙辐射无法拍摄照片原因，未能带回足够令人信服的证据，所以需要仓促设立工作室制作“备份”材料？有实验模仿月球上极冷或极热的条件，而且还模拟了月球上完全无辐射过滤的效果，结果表明，胶片在这些条件下不可能被保存下来。即使低轨道的国际空间站也是将其拍摄的IMAX（最大化图片）胶卷保存在厚厚的铅匣子里，但在阿波罗飞船上看不到这类保存措施，它们可是远远超出了地球的保护带的。

在整个骗局中，没有人怀疑火箭是否发射——那是不可否认的，公众都看到了发射场景——但火箭上是否有人；如果有，他们真正是去哪里，这是争论的主题。这些宇航员会不会在地球轨道上转了几天，或只是在发射之后就悄悄坠落下来，后来又出现在新闻招待会上？那些对整个事情经过持怀疑态度的人指出，除了胶卷保存的效果之外，如果这些宇航员真的去了月球，那他们自己则暴露在大量辐射之下，会受到致命的影响。然而，与常人一样，这些月球探访者似乎都没有患癌症的迹象。

有些人甚至对令人印象深刻的“土星五号”火箭所携带的重物质量提出质疑，质疑还包括从发射残骸的颜色到技术参数等等。同样，人们关注到散落在太空中的推进器残骸的一些很有趣的异常现象。因为用的是同样的燃料，所有的美国国家航空航天局的太空探险都明显发出同样的光晕。可以设想，当阿波罗登月舱的顶部从月球表面上升时，火箭理应是全速推进的，但阿波罗照片中却看不到这样明显的光晕。

登月的告密者？

就所有上述确实让人惊奇的观点而言，史上还存在有比美国国家航空航天局任务更大的谎言吗？成千上万优秀的人才参与其中设计了这些任务，很显然，他们有美好的愿望，而且坚信这一切都将成为可能，那这么多人会轻易被人操控吗？如果是这样，那为什么还要想尽一切办法设计一个有六次任务的骗局呢？要知道，次数越多，被曝光的危险越大。有些真相寻求人士会辩称，那当然是一步一步地曝光的——因此这种阴谋论很是引人注目。甚至有人暗示说，那些被迫参与这起骗局的人很不安，他们的确偷偷地留下一些线索，等后人及时地去揭开骗局，人们现在正在分析挖掘这些线索。那些制造骗局的人可能没有想到，连如此重大的事情也会有人提出质疑。但是有时宇航员也会说出一些意外的话，这往往被解读为他们在不满时有意无意地留下的线索，这些线索可能是说话人精心设计的。比如，阿波罗 12 号的皮特·康拉德，在谈到太阳时使用一些非常夸张的说法，说它“像有人用一个明亮的聚光灯在照射你的手”！

为什么没有人自告奋勇地站出来公开揭露这样一个大规模的骗局？有人一直反驳说，事实上只需要少数几个同谋者就可以捏造一个工作室计划，然后保密（正如彼得·海姆斯 1977 年的那部虚构的登陆火星任务电影《摩羯星一号》一样）。在任务开始之前，非常逼真的一些模拟月球景观是用来训练的，这也很容易成为后来照相的道具。只需一个小小的摄像组，一两个主管部门，再支付一些钱，发几个誓或加以威胁，就有可能使这些事情成为秘密，仅为几个人知晓。另一方面，如果整个登月任务彻底为一个真实骗局的话，也可能从匿名工作室搞一个现场直播，事先精巧的设计完全可以使人认为任务控制合理，工作人员协作，而且信号来自月球。如实际情况一样，设置在全球各地的一系列复杂的中间站承担着月球信号传输的任务。

而美国国家航空航天局的工作人员会认为，对研究项目提出质疑的做法不明智，而对阿波罗第一阶段推进能力提出质疑的两个工作人员的结局都不妙，这也许是为什么没有人揭穿谎言的原因。维吉尔·格里森是位经验丰富的宇航员，原本是安排第一个登月的，但他对登月技术十分怀疑，并公开向媒体表示对这个项目可行性的质疑。他也知道这样做会使自己的处境很危险，他的妻子甚至还接到过警告，有人企图要他的命。巧合的是，1967 年格里森死于“阿波罗 1 号”训练中。当时富氧的驾驶舱起火导致发射台大火，还有另外两位航天员也送了命。更奇怪的是，多年之后，他的儿子，当时已是工程师的斯科特·格里森，在检查太空舱残骸时发现，有人蓄意制造电气故障而引发了火灾，遂公开向媒体宣布，他的父亲系遭人谋杀。

同样，美国国家航空航天局的检查员托马斯·罗纳德·巴伦认定在整个阿波罗计划中存在难以接受的技术失误——在他看来，这威胁到这个计划的实施。但他的调查也没了下文，因为他和全家人都死于一次车祸——非常蹊跷，私家车竟与火车对面相撞。他全部的500页报告一直没有出版。这些可疑的意外让其他人再也不想对阿波罗计划的缺陷做过多关注了。

悬而未决的问题

几乎登月的每一个方面都有人提出疑问，限于篇幅，本书无法一一列举。争辩的双方都存在些悬而未决的问题。比如，如果这是一个骗局，为什么要连续执行六次任务（如果算上“阿波罗13号”的那次夭折的任务的话，应该是七次。）？要知道，就连一次任务的保密都存在很大风险。是他们希望总有一次能让世人相信才重复这样做吗？或者这些持续的冒险只是公关的需要——利用登月计划的幌子将财政预算源源不断地偷偷投入到军事项目中去吗？毫无疑问，近太空探索大部分具有军事目的，现在在我们头顶上，有越来越多的间谍卫星和实验武器在地球上空绕行，只不过没有公布而已。

然而，与常见的阴谋论不同，有人提出，在阿波罗之前，事实上就已经有个秘密且成功的太空计划，而且已经正常运行多年。但因为目的邪恶，所以其所取得的很多结果都没有公布于众。（1977年，英国独立电视台的纪录片《第三选择》对这件事做了调查。）看来这个观点原本打算提供一些东西让我们高兴高兴，但所提供的东西远没有惊人的现实那样让人印象深刻。另一观点认为，真正在月球上找到的证据是不能给人看的，它会揭示有外星人造访地球、正在从地球卫星呈上观察我们这一不可否认的现象（见第七章）。而且，一直声称这将给人类带来惊喜，而美国国家航空航天局为什么突然终止了登月的计划了呢？

近些年来，我们定期听到了很多有关登月的信息，有些是来自许多不同的国家，甚至商业企业，但为什么都是些模糊未实现的方案？尽管有一些秘密计划，20 世纪 60 年代我们的前辈们不能做，但我们现在就有能力做吗？还是人类飞跃太空所需要的技术至今仍未达到，因此而犹豫不决？所有这一切皆有可能，非这区区几页纸所能尽数——看来互联网对于这件事情又要讨论一段时间了。

尘埃落定

这个经典的阴谋论，虽饱受诟病，却历久弥新，然而它的真相到底是什么？如果我们自己没有亲自去过那儿，要想就人类到底有没有真的去过月球的问题下定论似乎没有可能，或许某一天有位公正的人会做到。然而这个事件果真如此让人难以释怀吗？现在看来，只能靠美国国家航空航天局所提供的实物和那些标志性照片来解决问题了。当然，仅有这些还不够。

据我们所知，至少关于登月的某些传言还是有些证据的，有些也许比想象的还要强。无疑，那种认为这种阴谋论说法没有任何证据支持的说法是不公平的。

要这样一个把戏会带来哪些恶果，这是要思考发掘的，因为这对许多其他领域意义颇多。有人不愿认真严肃地思考这一问题：如果我们所熟知的这一历史性登月事件没有发生，那会怎样？无论如何，民意调查显示，怀疑者越来越多。之前的章节也明确提到，有很多惊天骗局的案例尽管在当时归于平静，但在现在却受到众人审视。对于历史上越来越多需要质疑的事件，人们越来越关注，这无疑会鼓励人们寻求真相。真相虽然潜伏，但是它却一直在我们的身边。

第三节　大规模杀伤性武器、维基解密、议员报销、电话窃听和其他主要事件

削弱的当局政府

越南战争和水门事件极大地损毁了公众对政府的信任，使人们对很多诸如登月之类重大的事件都产生了质疑，那么此后几十年来揭示出的一些其他事件可能还会有哪些累积效应呢？尤其是自九一一以来，至少在西方社会，源源不断发生的事件进一步侵蚀了公众对于政客们的信任，这就能够解释，为什么在该事件十周年纪念的时候，很大一部分的世人不再相信官方所做的报道。

美国在九一一之后发起的“反恐战争”，使恐惧感和爱国主义在许多领域都黯然失色，因为它从根本上削弱了长期建立起来的公民权利，催生了具有多米诺效应的一系列中东战争，极大破坏了人们对政府的敬畏之情，而且情况愈演愈烈。

伊拉克和大规模杀伤性武器

奥萨马·本·拉登已经被官方确定为九一一案的主犯——虽然一直都没有提供明确的证据，但是阿富汗战争旨在将他绳之以法，并且要削弱来自基地组织恐怖的危险，所以在一定程度上具有了合理性。但是当战争以很牵强的理由向其他国家扩展的时候，很多问题就出现了。伊拉克——一个无疑由独裁者萨达姆·侯赛因统治的国家，在2002年前后，陷入了战火之中，文明受到了严重威胁，人们开始普遍感到不安。事实上，所谓伊拉克与基地组织有联系的说法几乎站不住脚。人们觉得，发动这次战争的主要因素是石油和西方帝国主义，而不是对恐怖主义的担忧。阴谋理论家们也再次从中闻到了“世界新秩序”计划的气味。

在世界各地，反对入侵伊拉克的人士纷纷走上街头表示抗议，规模之大，已经多年未见，因为这样，所以显然需要提供更多的理由，以说服民众。仅仅是侯赛因反人权的统治这一理由还不够，企图创建美好世界的愿望也未能操纵民意（有很多其他的没有石油的国家受压迫的情况更糟），于是，美国总统乔治 · W. 布什和英国首相托尼 · 布莱尔便开始寻求老套的手段——利用公众的恐惧心理，吹响了战争的号角。这一次为了避免再用伪装事件，他们捏造了一个"情报"（现在看来有点无耻），声称有情报显示萨达姆准备使用"大规模杀伤性武器"，45 分钟时间内就可以部署打击西方国家，可能是化学武器，也可能是核武器。至于这个证据，对于民众来说当然非常敏感，所以不能公布。但由此产生的不确定性已经足够改变美国和英国民众的看法了，因而赞同对伊拉克采取军事行动，这场战争到 2003 年 3 月已经造成了毁灭性的后果。

这场导致几千人（大部分是伊拉克人）伤亡战争的结果却令人沮丧，使战争本身黯然失色。几乎连一个使其恢复重建的计划都没有制订，伊拉克变成了一个充满内讧的蛮荒之地，战后多年来，成千上万的人死于疾病、饥饿和宗派混战。许多研究"世界新秩序"的理论家认为，这掩盖了一个明确的目的：建立一个软弱的伊拉克政权，这样就可以在该地区更自由地实行宏伟的"世界新秩序"计划。

无论是真的无能还是预先设计好的，让公众大为震惊的是，随着对"解放"后的伊拉克进行认真仔细的调查，人们逐渐发现，大规模杀伤性武器——当时对伊战争的主要借口——并不存在。更糟糕的是，人们很快发现，当时那些重要情报是编造出来的，更可笑的是，它是来自互联网上某个学生为了哗众取宠的一篇论文。托尼 · 布莱尔和他的首席顾问阿拉斯泰尔 · 坎贝尔似乎要对事件负主要责任。最终以情报失误为由将这个事件搪塞过去，但是很少有人对此买账，因为无论从哪个方面而言，这次战争造成的破坏实在代价太大，而且似乎没有任何理由可言。

甚至在濒临战争的时刻，有些知名度很高的外交官和情报官员还在试图暗示大规模杀伤性武器计划不可能存在，其中有个联合国武器核查员叫戴维·凯利博士，还曾经到BBC电台表达了他的担忧。可是布莱尔政府攻击凯利，说他与此事毫不相干，结果凯利不堪其辱，不久就自杀身亡了。事情果真如此吗？大多数人们更相信凯利有可能被暗杀，因为他是一个很危险的而且有发言权的知情人（见第五章）。

显然他们希望有一场战争，不论证据如何，专家的意见也好，投票人的意见也好，能发动战争就行。尽管现在同情萨达姆侯赛因命运的人不多（他最终被逮到，2006年被伊拉克法律处死），但是赞同布莱尔和布什的人也寥寥无几，这两人在英国被普遍认为是说谎者和战争罪犯。对于伊拉克战争，它无疑是受到很多人认可的另一版本的阴谋，不管官方调查赦免了多少罪犯。

有关伊拉克的诡计

对伊拉克的战争很可能就是通过欺诈的手段实现的，即使人们知道了也不要感到吃惊，这以前已经发生过一次了。早在1990年，就在伊拉克入侵科威特的那次臭名昭著的战争之后不久，前线士兵之间就开始流传一些关于暴行的消息。有个消息讲的是一个叫作娜伊拉的十几岁女孩的亲身经历，遭遇很悲惨，这也成为联合驱赶伊拉克军队的主要原因。1990年10月，在美国国会人权小组会议上做证时，娜伊拉含泪描述了伊拉克士兵如何进入科威特的一家医院，将早产儿怎样从育儿箱中拖出来，扔在地上任其死去——语气令人信服。娜伊拉的描述产生了广泛的恐惧，西方媒体一致要求采取行动。几位参议员，当然还有总统乔治·布什，在要求采取军事行动时都振振有词地引用了这段描述，这是成为获得公众支持的主要因素。

然而，令人信服的确凿证据至今也没有找到，1991年科威特最终解放，但随后的调查却只发现了逃离科威特的医生抛弃婴儿的证据，而不是伊拉克士兵所为，“育儿箱”的描述开始不太像个真实的故事，倒更像是经典的“暴行”宣传，总是在面对入侵者不道德的行为时广为传播。不过，它的目的达到了。

对“育儿箱”故事的各种疑惑最终还是被证实，据有关报道，现场唯一真正的目击者——那个叫娜伊拉的女孩，被爆料是科威特驻美国大使沙特·纳西尔·萨巴赫的女儿，她绝对不可能见到此事。关于这一点，有人谴责她一直受人指使捏造具有煽动性的谎言。尽管其家人否认娜伊拉撒谎，但事态很快变得明朗，其所说的大部分故事已经至少被一家叫作希尔伟达的公关公司提前处理过，据说这家公司代表自由科威特公民的意志——如果这个组织真实存在的话（有人认为这是家奉美国情报机构之命成立，专门用来应对暴行之说的机构），那它就不可能做出不带有偏见的报告。

这起可能的骗局最终由克罗尔公司所做的联合调查做了总结，这家公司受科威特政府委托，寻求传言根源。克罗尔进行了约 250 次的面谈，包括对娜伊拉所做的那次详细的盘问，在盘问中，她最初的那种描述显得前言不搭后语，很明显，即使她曾经出现在那家医院，她也许见证了一个婴儿被拿出了育儿箱，但是时间极短，极有可能和士兵没有任何关系。与她最初的说法完全不同的是，她不是医院的志愿者，而只是“到访几分钟”，到访原因不明。一直以来都没有可靠的证据支持“育儿箱”故事，但是一家公关公司的发言人仍然将克罗尔不受重视的结论称之为“希尔 + 伟达的无罪辩护”。

关于利比亚的宣传

科威特“育儿箱”故事经过好多年之后才得以曝光（《纽约时报》掩藏了很多真相），那时，这事件似乎已是个历史了，虽然引起公众的某些不满，但已还远不能激起公众的愤怒——这似乎才是当局寻求的结果。因此后来的大规模杀伤性武器策略与早期关于伊拉克明目张胆的宣传模式如出一辙，今天西方对愈来愈多的其他“流氓国家”要采取行动几乎无疑都会使用这一策略。

然而，人们对于美国和英国政府的限制大规模杀伤性武器的使命已经不抱什么幻想，尽管如此，美英政府指责或攻击别国政策的做法依旧，而民众，要么因为已经感到无聊，要么是出于绝望，反过来又会纵容他们为所欲为。这个世界并没有向积极的方向转化，或许我们该深深自责。还有媒体，大多数真相探索者都认为其有意无意地与政府串通一气作恶或掩藏阴谋，因此也难辞其咎。

2011 年 8 月 24 日，随着西方资助的利比亚“内战”进入关键时刻，反对派士兵将卡扎菲上校的残余军队逼入死角，BBC 一频道的《早餐秀》播出“实时”画面，表明人群在的黎波里的绿色广场庆祝其前领导人政权即将垮台；但是，稍稍靠近一点看看，你会发现，画面里人们挥舞着的旗帜不是利比亚的……而是印度的，这群人显然也是印度人。它似乎明显是在滥用以前存储的镜头来填补空缺，从而给人造成假象。

几个眼尖的观众向 BBC 投诉，说这是厚颜无耻的宣传——这已不是第一次——这段视频然后悄悄被撤掉。BBC 制作人的声明称，这只是现场直播时的一个失误，不小心将“国际部”的新闻视频播放了，这是印度集会的视频。但还是有很多人怀疑，感觉这是企图在向全世界显示，卡扎菲政权快要垮台了，只不过提前播放了而已。不管是不是失误，它的确对舆论宣传有利，或许为利比亚的反对派活动起了推波助澜的作用。

印度的集会（为了支持反腐败活动家安纳·哈扎雷而举行）发生四天之后，他们误认为是来自的黎波里的新闻而将其播放，但怎么就会选了这段视频上 BBC“现场直播”的画面了呢？当时有很多严格的程序可以阻止那些可能是暴力的或是不合适的画面进入直播的，所以这段直播画面在播放前为什么没有经过审核？很显然，如果控制室的人稍微看一眼国旗和面孔的话，就应该知道这根本不是来自利比亚的场景。更令人不安的是，这段录像很可能就是特意从不起眼的新闻档案中制作出来的。但是，哈扎雷的新闻并非那一天的重要新闻，也不应该是，为什么就用到它呢？尽管有人几次尝试要求解释，但BBC对镜头细节问题的关注并没有做全面的回应。⑥

阴谋论观点认为，有人肯定很清楚为了推进利比亚战争进程（这普遍认为是另一个“世界新秩序”动作，类似于叙利亚和伊朗的情况），哪些视频材料是急需的。并且有了最合适的备选材料，他们认为大多数观众不会注意到差异——实际情况的确如此。这不是第一次发生这样的事情：在九一一事件发生的当天，在美国CNN广播网上疯传着一个视频，主题是巴勒斯坦穆斯林庆祝双子塔的倒塌，似乎在点燃人们对伊斯兰教的仇恨。然而这个场景据说是几年前的纪录片，和九一一事件没有丝毫关联。

印度和利比亚的广播电台不可能是制造骗局的始作俑者。1988年，泛美航空103号航班成为恐怖袭击目标，飞机在苏格兰边境小镇洛克比（Lockerbie）上空爆炸，270人罹难。人们普遍认为这是当时卡扎菲指使所为，2001年，一个利比亚人最终被判有罪。然而即使主流出版物如英国讽刺杂志《私家侦探》也已经对此提出强烈质疑，官方调查得到了很多相反的证据。如果103航班不是利比亚人炸的话，那该是谁干的？自然，巴勒斯坦激进分子、摩萨德特工、伊朗，或者是南非，都有可能。但有其他人认为，从长远来看，这只是又一个战略安排，一个通往“世界新秩序”之路的精心安排。

维基解密的披露

再回到伊拉克和宣传问题，正是对西方军事行为的解密才使公众第一次关注到“维基解密”网站。最近，大部分人的注意力都转移到该网站创始人朱利安·阿桑奇个人所遇到的危机以及他抗议被引渡到瑞典的事件上——他声称给他加以性行为不当的罪名简直是污蔑报复。这真不幸，维基解密无疑是首个公正地唤起人们注意军方在伊拉克滥用武力情况的网站，在这之前，它还曾广泛揭露其他暴行。

维基解密提供一个开放数据库，可以自由访问，匿名告密者和内部消息资源在此都可以就公众关注的各种话题“泄露”机密文件。自2006年网站开始访问以来仅一年时间，据说已经收到了一百多万份文件，而且随着时间的推移和人们兴趣的增长，这个数字还在扩大。

有些报纸如《卫报》以及其他的全球性媒体，2010年与维基解密达成协议之后——可以宣传一些不那么敏感、但仍然让人难堪的信息，尤其是关于美国国务院外交通信的信息——网站的文件和相关的数据就扶摇直上，并引起轩然大波。当局大为震惊，而舆论对这种做法的正义性大为震怒。甚至有些人关注这对国家安全的广泛影响，因此许多敏感的参考信息被删去，不过并不是所有的信息都被这样处理了。

这一切是否值得？将大量草草归类的信息洪水般倾泻出来，是否如一些真相探索者曾希望的那样，真的会揭露出一些重大的阴谋？对“流氓国家”的政府要员实施暗杀计划当然会引起人们的关注，关塔那摩湾的美军监狱和诸如此类事件的细节也当然会引起人们的关注。然而，对于2007年美国阿帕奇直升机空袭巴格达叛乱分子的那段视频，人们却没有表现出太大的愤怒。对于武装人员和手无寸铁的平民不加区分地一通扫射，附近还有孩子，这让观众震惊，而录制的音频却反映了他们对人类生命的漠视（“将他们都点燃了”）。一些其他的让人质疑的军事行动，特别是在阿富汗，也让观察家们大失所望，那些观察家在之前一直认为：他们的士兵所做的工作虽然艰难却有必要，而真相却是，某些杀戮背后透露着罪恶的动机。他们似乎从越战中没学到什么教训，在越战中人被变成没有感情的机器，给整整一代美国大兵造成了巨大的心理伤害。

然而，除了有意掩盖这类让人恶心的事件之外，对寻求问题真相的人来说，这并未成为阴谋论的证据。那么，维基解密材料里还有什么其他的东西吗？

2010年，“维基解密”网站曝光了大量美国绝密的外交电报，邮件内容涉及很多绝密的谈话或会议内容，在很多方面吸引了人们的注意力，也同样证明人人都心知肚明的事情——政治家和他们的助手对其同僚或者他国的同行不会有真诚的感情，他们同大多数人一样，都喜欢恶意诽谤、说长道短。对于一些备受瞩目的人来说，这很让人难受，但事实就是这样。其他维基解密信息，内容涉及从气候变化的宣传、银行违规操作，到有毒废物倾倒、极右翼组织资格等，都引起规模不等的骚乱，但它所解密的内容似乎绝对是主流社会所关注的主题。

计算机黑客盛行，以及看似无止境的文件泄露这些情况，这些是否就是维基解密所透露的全部内容？有些寻求事实真相的人会问：一些事件比如说九一一、其他的伪装阴谋、不明飞行物和秘密军事技术，等等，它们的细节是怎样的？一些阴谋理论家们不久就觉得“维基解密”也只是转移了人们的注意力，让人们不再关注那些真正的热点话题，而去讨论一些次要的话题。难道维基解密事实上从一开始就是个完整的计划？还是它还没有触及真正隐藏信息的重要层面，而只能发布一些官方没有禁令的消息？如果看看其提到的有些文件中存在哪些漏洞，这些猜测还具有一定的合理性。但这也许忽略了一点：维基解密彻底揭示出文明自身的本质，这一点是显而易见的。任何认为军事或政治运动中充满着诚实和善意的幻觉都会被所披露出的信息击得粉碎。此类信息还在不断增加。

如果有观点认为“维基解密”违背了其本意图而被操纵了的观点有

道理的话，那么2011年以前，它还在为其目标而努力，而且遭到了当局的猛烈攻击。2010年，美国陆军士兵布拉德利·曼宁被逮捕，受到的指控是泄露了与伊拉克和阿富汗有关的最重要的一些资料，这似乎成为该网站的一个分水岭。虽然迄今为止，“维基解密”利用法律上的漏洞和远见成功地规避了国际法律的制裁，但随着一些处在美国重压之下的银行和信用卡公司拒绝合作，维基解密的畅通运作也受到了一些影响。与此同时，对阿桑奇的指控以及人身攻击，还有对其反犹太主义立场的指责，都削弱了维基解密的威信，其巅峰时刻似乎已经过去。阿桑奇后来与网站合伙创始人之间发生了纠纷，选择了单飞。他发出威胁，一旦他在厄瓜多尔大使馆获得避难，他就会解密出更多更可怕的政治阴谋。与此同时，曼宁要面临美国军事法庭叛国罪的指控，并处以单独拘禁，不过，支持他的人仍在为他奔波。然而维基解密对政府的信任产生了久远的负面影响。

议员报销丑闻

议员报销丑闻虽然不是传统意义上的阴谋，但毋庸置疑它是一场腐败。2009年，媒体获悉大量的英国议员存在奢侈的费用报销情况，从而爆发了那次事件，给人们对当局的信任造成了毁灭性影响。随之而来的愤怒席卷全国各地，抗议持续一周之久，这也反映了一个很奇怪的现象：人们可以原谅议会让成千上万的士兵因骗局而去战场送死，却不能宽恕其通过欺诈手段挪用公共财产。

有些花费报销实在可笑——如报销嫖妓费用；但也有些稍正经些的报销，如冒领第二套住房和抵押贷款，这都是将国家的钱放进自己的腰包。议会腐败算不得什么新鲜事，先前就有通过说客和其他权威人士给议员金钱以换取机密信息的丑闻，但这次暴露出的报销犯罪丑闻规模之大，还是让许多公民震惊。现在恐怕没有哪个英国公民会说他们信任英国议员了。

这次报销丑闻的结果就是，有些怀疑论者发现他们的注意力又被引导到了其他的方面，要知道，哪里有腐败，哪里通常就可能有阴谋。2009年英国发生了“气候门”事件——邮件和文件显示，一些科学家在操纵数据，伪造科学数据来支持他们有关气候变化的说法，人们的焦点开始转向全球气候变暖的可信度上。有人就会理所当然地认为，那些对连晚餐费用都撒谎或肆意为那些虚伪的科学家做掩饰的议员很有可能会设计更大的骗局。

果然，很快在关键时刻就有了关于开支丑闻是阴谋论的讨论，一些人就认为，理由远不止人们所看到的这些。尤其是媒体对所谓的抵押贷款等事情的无休止纠缠，转移了人们的注意力，因为在这关键时刻还有件非常重要的事——欧洲议会选举，从而可以使人们避免去争论一些焦点问题，比如说，暗地里签署《里斯本条约》，该条约旨在建立一个更加严格的欧洲联邦，成员国不再能一票否决。同时，它破坏了人们对英国宪法本身的信任，却需要与欧盟保持更多的一致（没有注意到腐败似乎在欧盟内部和在其他地方一样普遍）。很多寻求真相的人认为，欧洲一体化方案是通往奥威尔式超级国家的途径之一，这也是“世界新秩序”所渴求的目标，但欧元货币的困境在于，其并未取得一体化的地位，只是设计出的一种替代品，在既定时间可能会为了一个更严格的协调和联邦系统自行崩溃。

在某种程度上，报销丑闻所引起的失望无疑帮助人们意识到，如果他们对如何改善世界多做一些思考，那世界就会健康良性地发展。但糟糕的是，对事件做一些愤世嫉俗的批评，会引发人们的更普遍的冷漠，人们不愿再站出来表达自己的想法——有些人认为，为什么要大费周章去改变那迷雾重重的状态？何况腐败早已根深蒂固！

默多克：规则的代理人

2011年，当媒体大亨鲁伯特·默多克的新闻集团（新闻集团，全球公司）主管——下属的一家英国小报《世界新闻报》，被爆出对大量名流、政客和其他知名人士的电话进行了非法窃听的丑闻时，就有人预测公众将会非常愤慨。后来的情况是，连寻常百姓都成为这家报纸窃听的目标，包括谋杀受害者及其家庭，人们由愤怒变成了恐惧。可实际情况是，许多愤怒的读者其实也是多年来一直在津津有味地品读着窃听来的不义成果，尽管如此，人们觉得这还是越过了底线。当人们得知已经有比所提到的多得多的人都受到这种阴险的方法侵扰而成为新闻线索的来源时，意在推迟对新闻集团作进一步调查的保护（如他们说只有极少数的记者做过窃听的事情，而且也已经在几年前受到了起诉）也被打破。《世界新闻报》的前任主编安迪·库尔森，还有《世界新闻报》总编丽贝卡·布鲁克斯和其他高管人员均被逮捕，然后是警方的调查、询问。慢慢地，一个隐藏于英国公众生活背后、危险而又卑鄙的阴暗面逐渐浮出水面。该事件相当复杂，因为连警方都因过去曾经向这家报纸卖过新闻而受到指控。

鲁伯特·默多克和他的儿子詹姆斯，同时也是他的生意伙伴，据说很快就出现在议会委员会面前。虽然有抗议者抗议，两位也表示非常遗憾，但至于责任归属却迟迟没有下文。默多克关闭了《世界新闻报》，希望此事能很快被公众遗忘。但公众的愤怒依旧不减，新闻集团其他的一些报纸也相继被拖入泥潭。

随后，大法官莱韦森主持了一次政府委托的民众质询，主题为“新闻出版的文化、实践和道德”，民众进一步要求调查整个新闻媒体的风气。出席质询的不仅有默多克、库尔森和布鲁克斯，还有其他的编辑、记者和受害者，其中有些是娱乐圈的明星。这个团的成员构成，不可否认很吸引人，但也容易喧宾夺主，使一些重要议题黯然失色，因为公众的注意力会发生某种程度上的偏离。

在某种意义上来讲，安迪·库尔森在过程中的作用显然是揭开了整个事件过程的盖子。2010年首相戴维·卡梅伦在库尔森面临阴谋指控（这曾导致其辞职）的情况下仍然任命其为新闻主管，这非常引人注目。但是与以前的托尼·布莱尔一样，这同时也揭示了新闻集团与政府间的密切关系，首相如此竭力地为其掩饰是值得的。

披露出来的新闻细节还表明，尤其是布莱尔与鲁伯特·默多克之间长期存在很密切的关系（默多克2010年成为他的一个女儿的教父，当时，丑闻还没暴露，因而此事没引起轰动），这表明这位权势人物已经暗地里对英国的政事影响了十年有余。[7]至于卡梅伦，仅仅在他任期的第一年里，新闻集团的高级主管与首相或高层内阁大臣例如乔治·奥斯本（彼尔德伯格会议的固定出席者）举行的会晤就达100多场。卡梅伦本人与查理和丽贝卡·布鲁克斯的关系十分密切（2012的“赛马门”事件披露，警方借给布鲁克斯的马使其周末过得很惬意），并且在就职后首批要会见的人中显然有鲁伯特·默多克。[8]有指控说在新闻集团试图获得英国天空广播公司电视网全部所有权（丑闻暴露之后中止）的过程中存在秘密交易，虽然指控被否决，不过这件事无疑留下了擦不去的污点——这明显表明政府存在偏袒。

毫无疑问，缘起于电话窃听的调查表明，在英国以及其他新闻集团帝国强大的国家里（尤其是美国，默多克的福克斯新闻网络以其右翼言论而闻名），规则代理一直长期存在，选民的需求要让位于真正受益人的需求。随着局面最终被打破，甚至连议员和高级警察都站出来投诉这些年来受到默多克集团的私下威胁，揭露其恃强凌弱、恐吓威胁的做法——这些做法竟遍及全国长达几十年。大家都松了一口气，能够感受到这个邪恶的集团离坍塌已为期不远了。尽管人们知道所有政府都可能存在这样那样的裙带关系，但这些关系表现得这样赤裸裸，的确是件新鲜事。有些受害者一直抱怨这种情况，但却无能为力，如果试图引起他人注意，又担心自己的私人生活遭到报复性曝光。

有个寻求真相的版本说，对默多克帝国诸多真相的披露，其实是有目的、有预谋的行动，旨在进一步严厉限制新闻自由、言论自由；而很多人则相信，就是由腐败导致的大量阴暗龌龊的事情累积爆发，使这个狡猾的阴谋得以披露，情况就这么简单。

尽管出现了如此大的波折，但媒体仍然需要倾听政府的意见，政府也要支持媒体。卡梅伦的突然转变，使他及其同事与默多克团队拉开了距离，但这并不妨碍其支持媒体。不过改变后的情况可能更危险，媒体高管与当局之间的秘密会谈可能会转入地下，而不是那么公开了。同样，2011 年意外披露的一则消息——当时的英国国防大臣利亚姆·福克斯和军火说客亚当·韦里蒂之间存在不健康的亲密关系可能影响到政府国防合同——似乎只是表明生意就是那样做的，没什么异常。这又再次说明，揭秘虽然很有必要，但也可能引发更多的秘密，而非开诚布公。

在第八章我们将会深入探讨媒体与军工业、银行业和政府之间的复杂联系。但哪怕是扔一枚小小的石子也能激起如此错综复杂的利益冲突，此刻人们就不可避免地对当局产生疑虑，我们在这里已经就其影响谈了很多。

神秘的记者肖恩·霍尔

在所有涉及参与电话窃听丑闻的主流媒体中，有个让人难以理解的事件却不包括在其中，这事和《世界新闻报》的前记者肖恩·霍尔有关。2011 年 7 月，就在他准备对其前老板安迪·库尔森的审讯提供不利证词之前，有人发现他死在家中。霍尔多年来一直是新闻集团典型的黑客，擅长挖掘名人的八卦新闻，哪怕这些事情纯属子虚乌有。不过后来他越来越偏爱毒品和酒精（霍尔也将这归咎于自己老板的纵容），结果他于2005年被解职。霍尔对这样的结果感到愤恨，正如他2010年对《纽约时报杂志》所说的那样，库尔森的人曾经胁迫他和新闻集团的其他记者同行，让他们去做那些不道德的窥探的勾当，他说，库尔森曾直接命令他进行手机窃听。

霍尔酗酒的习惯无疑导致媒体对他的证词不予重视，但他在最后几周时间里，特别告诉他的朋友，他担心有人为了不让他说出真相，想要杀人灭口，而且他也收到恐吓和威胁。奇怪的是，2011年7月18日，在他的家中发现了霍尔的尸体，警方描述他的死为“不明原因”，但死因并无可疑。这让一些人非常困惑，既然他的死无法解释，那如何排除死因的可疑情况呢？

可以预见，人们会普遍认为霍尔的死是其自己不幸的毒瘾或酒瘾所致，因为他一旦处在醉酒状态时就会胡言乱语，预言自己会被暗杀。警方对其死因的调查显然有逃避的嫌疑，几个月都没有公布结果，这几个月中，关于霍尔或对他的英年早逝的叹息也很快淡出了人们的视野。最终死因调查结果终于（有些悄无声息）出来了，是不太确定的“自然原因”，或许是因为肝叶损伤，但没有做进一步详细说明。

不用说，霍尔作为调查焦点而进行的质问草草收场，以及他的不明死因，都让许多人相信，有些可疑的东西在暗中运作。但是和戴维·凯利博士的死一样，公众没有产生大的恐慌，一切照常运转，世界很快又恢复如初，这个故事很快就淡出了大多数人的视线。

对阴谋论反对者尽情地嘲笑阴谋论者对霍尔死亡的解释，认为接受警察调查以及媒体广泛认可的酗酒才是证据，是可靠的原因。然而，警察自己都曾被指控腐败——霍尔曾经说过，警方实际上不仅向新闻集团的员工透露过消息，而且还向其传授过移动电话跟踪技术——媒体本身的信誉不再，霍尔和其他人提供的证词，还使媒体面临被起诉的危险，所以警方的调查结果并不能被视为可靠的依据。很显然，阴谋理论家认为要么是默多克的帝国、腐败的警察和政府的情报部门，要么是这三者一起，该对霍尔的死亡负责。毒理学的报告和法医报告只能从那些本身还存在嫌疑的机构那儿获取，故而寻求真相的人只能对这所谓的调查嗤之以鼻了。

阴谋论者的心理

这里存在一个核心问题就是：当局的确在说谎，也的确存在骗局。正如我们所发现的，历史堆里随处可见证据确凿的阴谋，或者是可能的阴谋。阴谋有时可以变形，公众凭良心已经知道这点，所以他们对官方的信息一直不太信任。特别是在关键时刻，或者在有疑问的方面，调查显示，假如有知名公众人物突然远离尘世，人们几乎都认为这其中必然存在阴谋。

肖恩·霍尔的新闻曾经也被炒作，但公众还没有来得及理解这样一个所谓的经典的暗杀事件，它就淡出人们的视野。然而，大多数人在事发当时似乎还是有所怀疑，也有一些人，会在可疑的情况下保持沉默。下一章将会讨论这个问题。

概　要

反对者的声音

——水门事件也好，国会议员报销的丑闻也好，无非是些心胸狭隘的人为了维护个人影响力，去说谎或从事间谍活动，从而变成了政治丑闻，并不能大到可以称之为政治阴谋。

——而更大一些历史性事件如人类登月活动，太过庞大，根本不可能去伪造，那些持有骗局观点的人只不过是因为政治理想破灭之后，陷入了愚蠢的偏执而已。

——伊拉克大规模杀伤性武器的新闻，即使当时明知不能确定，采取行动也十分必要，无论如何，这会导致暴君的统治垮台。

——维基解密透露的也只是些小打小闹、军事上的常规行为。

——在当今世界，政府与媒体必须保持和谐关系，因此英国政府与新闻集团之间的关系或许可以接受，这很正常。还有，默多克丑闻的重要证人之死也只不过是个巧合而已。

赞成者的声音

——在回顾过去事件时，几乎总能看到政治丑闻，它为很多人掩盖了许多不端的行为，其实，涉及人员远比当时曝光的要多。

——至少一些登月的证据显示，登月在某些方面难以让人相信，不管当时真正发生了什么，但美国国家航空航天局所提供的照片中有一两张无疑是假的。

——设计登月骗局可能不需要牵扯那么多人。

——早在盟军入侵伊拉克时，人们就都已经知道伊拉克大规模杀伤性武器的证据并不真实，维基解密所提供的文档和镜头清楚表明，西方人在中东地区的行动真相对公众并没有公开。

——民主原则无疑妥协于暗地里任人唯亲的做法，这在西方政治体制中已经非常流行，最近组阁的很多政府很明显都受了媒体游说的极大影响。

——重要证人死亡也似乎很符合常理，虽然这让人感到可怕。

结　论

政治领域是包括那些合法企业，金融操纵者以及阴谋制造者在内的握有真正权力的暗藏的力量，与社会日常管理机构相互交接的领地。在这一领域腐败和粗劣的造假屡见不鲜。引起公众注意的“丑闻”似乎经常发生，因此，对于那些复杂的阴谋诡计以及暧昧交易，人们的信任又从何而来？如果考虑到那些欺骗、滥用权力而且代理制定规则等等情况，登月计划证据中存在部分不实其实也只是冰山一角。用人们对大规模杀伤性武器的恐慌来为其在伊拉克的军事行动提供口实，对媒体渠道太过寻常的操纵，等等，这些厚颜无耻的做法表明，为达到目的，就没有这些政府当局想不到的手段。

第五章　暗杀阴谋

当公众人物在令人费解或有争议的情况下死去，阴谋论就会不可避免地出现，也许人们一时还无法接受这一现实。然而，众多被认定是谋杀的事件则需要人们更深入地思考。当今世界，那些冷酷的大人物必然会用伪装的阴谋为手段，把人当作棋子玩弄或摆布，或在必要时将其干掉，似乎没有理由怀疑他们会毫不犹豫地让某些人出局。但是想要实现阴谋企图并且不引起怀疑并不是那么容易的，这是有很高要求的，也许需要把谋杀掩饰为意外事件或自杀。有两个凸显这方面的著名案例，但即使人们接受了它们是暗杀的定论，情况也不像表面看起来那么简单。

第一节　约翰·F.肯尼迪

一个标志性的偶像被谋杀

它普遍被认为是“阴谋论鼻祖”。地球上几乎没有人不知道，1963年11月22日，在达拉斯的迪利广场，美国总统约翰·F.肯尼迪骇人听闻的死亡引发了轰动。恐怖的时刻印在人们的记忆中（主要是通过亚伯拉罕·泽普鲁德用8毫米摄像机拍摄的重要的电影胶片）：肯尼迪的头部爆裂，身穿粉色套装的杰奎琳仓皇地指引着轿车司机驱车离开了现场。

无疑，肯尼迪是被人用子弹击中遇难的，只是在“谁开的枪”和“为什么要向他开枪”等问题上一直未取得一致结论。这么多年来的猜测，“究竟发生了什么”一直没有答案。再次仔细探寻事件中的每一个环节也不可能有所突破，但至少有重要的几点值得探究。

枪击案分析

毫无疑问，曾叛逃到苏联的前任美国海军陆战队士兵李·哈维·奥斯瓦尔德，应该对射向肯尼迪的其中一枪负责，子弹是从得克萨斯州学校的书库里射出的，总统的车队会经过那里①。据目击证人说，他们听到了几声枪声（在饱受争议的警方录音带中记录了六次可能的枪声），而人们普遍认为那天至少还射出了另外两颗子弹。究竟是谁呢？官方的沃伦委员会无耻地摒弃了任何阴谋论的说法，他们推断，所有的子弹都是奥斯瓦尔德射击的，第一颗子弹射偏了，第二颗击中了肯尼迪和州长约翰·康纳利（幸存者），而第三颗则造成了总统脑部的致命伤。

然而，与委员会的推测相反，关于枪击声的证据——在卡恩顶部“青山”的栅栏旁也听见枪声——并非凭空想象。《科学与正义》杂志，一本英国司法科学的刊物，对暗杀录音做了很有趣的分析，他们的结论是“96% 肯定”，子弹是从那个地方射击出来的，尽管批评家坚持认为，枪击声只不过是回声而已。而且官方坚称，奥斯瓦尔德被肯尼迪对古巴的措施激怒了，再加上其他的积怨，造成了他的擅自行动。关于枪击有众多反常的现象：有人说一个人不可能三次射击都如此迅速而精准，也有人对射击用枪产生了怀疑。第一个到现场的警察证实说奥斯瓦尔德的武器是一把 7.65 毛瑟枪，但是沃伦委员会报告却说，那是一支 6.5 意大利产的曼利彻尔卡尔加诺步枪，与他在暗杀之前用的步枪相吻合。这就使人们得出结论，认为除了在“青山”之外，另一个枪手使用了不同型号的步枪，可能与奥斯瓦尔德同在一幢大楼内，但证明有关那个人的证据被压下来了，责任全都推给了奥斯瓦尔德。

导演奥利弗 · 斯通自从 1991 年执导电影《肯尼迪》后名声大振。关于影片中第一颗击中总统的“神奇子弹”，人们所产生的巨大疑问一直挥之不去。甚至连通常不支持阴谋论的维基百科也极具讽刺性地指出，这颗子弹不知怎么就能“穿透 15 层衣服，7 层皮肤，约 15 英寸的组织，穿过一个领结，打碎了 4 英寸的肋骨，并且震碎了桡骨”。更难以置信的是，同样的子弹然后不知怎么地飞到了州长康纳利身上，在射进他的大腿之前，竟给他胸口和手腕造成更严重的创伤。虽然是第三颗子弹造成了肯尼迪头部中弹，但关于第二次枪击有很大的争论，因为如果这颗子弹不是以像现场描述的方式那样射击，则接下来的其他射击必须在相同的瞬间从不同方向发射。那些反对者则坚持神奇子弹的说法，但对大多数阴谋论者来说，这对支持官方“孤枪侠”的定论有些好处，“孤枪侠论”现在已经逐渐进入到流行文化之中，也就是说这种说法存在大量有争议的证据面前，却打着正统的旗号而被强力推行。

如果阴谋论者的假设是正确的——根据民意调查，在肯尼迪的案子中，世界上大部分人都是这么看的——那就可以假设，那天在附近肯定还有另外一个枪手，只是没有被人发现罢了。碰巧，那天确实有报道称，有形迹可疑的人在案发现场逗留。尽管其中一些回忆可能存在偏执、妄想（总统车队经过，肯定会引来形形色色看热闹的人），弗兰克 · 斯特吉斯宣称，他们在水门事件中闯入建筑物的目的是窃取驻扎迪利广场美国特工的照片，而且因此而被定罪，而关于那三个神秘“流浪汉”（尽管胡子刮得干干净净，但不足以令人相信的人）的报道，则更使人们对于整个事件有了更多的猜想。

潜在的罪犯

虽然 E. 霍华德 · 亨特本人否认当时在场（后来的一些问询也支持

这种说法），人们普遍认为，其中一个“流浪汉”就是他，时任中央情报局官员，他的名字已与肯尼迪枪杀案多有联系。不管那天他是否在达拉斯，他一定就是在水门事件中行窃却未能得逞的那个人（他被关了33个月的监禁之后被杰拉尔德·福特总统和尼克松赦免）。2007年亨特去世前不久，他儿子声称，他的父亲私下里告诉他，他参与了策划刺杀肯尼迪的事件。这不可避免地引发猜测，肯尼迪的死也许不是由古巴流亡者、或菲德尔·卡斯特罗、或黑手党、或苏联、或一个财团的银行家、或不满的以色列人策划的，阴谋论界一直坚信，林登·B. 约翰逊也与此事有很大的牵连，脱不了干系。从这一点来看，刺杀肯尼迪的本质是一场政变。

综观种种可能，有一点是肯定的，那就是，肯尼迪的处事方法（以及多样的生活方式）与传统总统的风格迥然不同，他和弟弟罗伯特·F. 肯尼迪努力限制法律（如果只是）机构（比如美国联邦储备理事会），以及非法律机构（如黑手党之类的）的权力，这些无疑都激怒了那些不好惹的角色。与此同时，古巴流亡者也因为企图在1961年的猪湾事件中，从卡斯特罗手中夺回政权遭致失败而心怀怨恨，他们无疑也乐意终结肯尼迪的任命。还有一种说法将肯尼迪详尽地公布UFO证据的做法，作为有人对他使用各种阴谋的黑色行动，迫使他离任的又一理由（见第七章）。其中显然有受益于肯尼迪之死的派系的参与，但最可能的矛头似乎指向美国情报部门，它已经成为安排暗杀的幕后帮凶，不管是谁，只要给钱就行。

肯尼迪阴谋论有如此多的说法——有些是逻辑清晰且相互联系，另一些则相互矛盾和虚构——随着数十年时间的逝去，已经不可能完全把最有可能暴露事实真相的关键线索提取出来。这只有等到最后公布机密文件档案的那一天了，因为事实的真相不大可能那么容易显现出来。

毁灭证据和证人

有人声称肯尼迪遇刺的重要证据从一开始就被篡改。泽普鲁德拍摄的至关重要的胶片，虽然很清晰，不过它本身也不完全可靠。有几个很有影响的观点认为，公开的版本已经被删改，关键的细节可能在某些地方已经被感光乳剂划损。已故的且具影响力的阴谋理论家威廉·库珀称，其中一些隐藏的细节显示，当其他的子弹射击过来的时候，轿车司机威廉·格里尔从前排座位快速转身开了致命的一枪。其他影像证据，比如尸检照片显示了总统受伤的大脑，也被人们质疑，他们认为，发布的图片显示的不是真正的伤口，反而成了掩盖存在另外枪手的证据了。

一个有用的证人可能会透露更多，当然这证人不可能是李·哈维·奥斯瓦尔德，他在被捕后的两天即被枪杀；还有愤怒的夜总会老板，杰克·鲁比，可能代表平民进行报复。有人说肯尼迪那么容易被暗算，是因为枪击那天缺乏安保人员，之后，在奥斯瓦尔德从警察总部被带出送往县监狱时，安全保卫同样懈怠，一群新闻记者和摄影记者弄得现场混乱不堪，而这个明显的疏忽可以让鲁比轻松地挤入人群，向奥斯瓦尔德近距离射击。

鲁比与奥斯瓦尔德确有私人恩怨，并且知道肯尼迪遇刺阴谋的内幕。值得注意的是，露丝·雪瑞儿公开承认自己吸毒，并当过脱衣舞女，11 月 22 日，她提前告诉警方，她知道谋杀肯尼迪的计划。两次枪击刺杀案发生后，她还声称，鲁比和奥斯瓦尔德曾保持着同性恋的关系。怀疑者开始对她的言词不屑一顾，但她两年后“突然”意外地死在了车轮之下，这让他们对此进行反思。

鲁比很快被宣判犯有谋杀罪，在第二次即将上诉审判时，他吐露出一些重要的细节，显然他知道的远远超过他在第一次审判时被允许说的内容。不过，还没有等他有机会上诉，他就于 1966 年底死于癌症。1965 年，鲁比曾在一次电视新闻发布会上说：

一切能说清到底发生了什么证据从来没有浮出水面。世界将永远不会知道所发生的真相和我的动机。处于这个位置的我，绝不会让真正的事实光明正大地公布于众。

当一个记者接着问道："杰克，你背后都是些地位显赫的人吗？"鲁比做出的回应为："是的。"

鲁比自己也成为一个阴谋论家，他怀疑癌细胞是监狱医生故意注射到他的身体里的。后来，鲁比对精神科医生维尔纳·提特说刺杀肯尼迪是"推翻政府"的行为。鲁比声称知道"谁杀了肯尼迪总统"，但他担心身遭不测，于是声称：

我注定要失败。我不想死，但我没有疯，对于杀死奥斯瓦尔德这件事，我是被陷害的。

还有很多其他棘手问题的答案，很容易就可以从目击者那里获得（见下文），但超过半数的与暗杀肯尼迪有关联的关键证人似乎都遭遇了离奇死亡[②]。1968 年，罗伯特·F. 肯尼迪在洛杉矶酒店被枪杀，很快便死亡，这被人断言又是一起阴谋。

沃伦委员会

为了完整系统地调查整个事件，仅在肯尼迪遇刺后几周内就成立了沃伦委员会，该委员会所做的结论断定，奥斯瓦尔德和鲁比是仅有的两个参与者。仅在迪利广场惨案十个月后就提交了最终的调查报告。报告中凌乱而又矛盾的分析遭到了人们严厉地批评，而所有的调查都是在隐密的场合下进行的，这本身很让人怀疑。值得注意的是，在 94 名证人的证词中，其实只有一个人的证词被所有委员会成员浏览过，但为了能做出正确的判断，每一个人都理应看完所有的证词。总的来说，沃伦的报告不能令人信服，除了那些最坚定的爱国人士外，组建委员会的人正是那些可能对枪击总统负有一定责任的人。这样的结论，无论对错，在某些人看来丝毫不奇怪，因为他们坚信是在情理之中。

水门事件的丑闻已经让公众对政府的信任崩溃，因此，公众就对沃伦报告持普遍怀疑的态度，最终演变成了对社会的破坏。这或许可以解释为什么后来政府再一次进行调查，在20世纪70年代后期，设立了众议院遇刺案特别委员会（HSCA）。1979年的最终报告，对沃伦委员会有关子弹和伤口的调查结果做了备份，也的确试图将其他的私下流行的一些说法纳入考量范围，虽然最终认为主要的责任还是在奥斯瓦尔德身上，但也接受了另一个枪手参与的可能性。众议院遇刺客特别委员会所做的主要让步，表明其承认存在一个更广泛的阴谋，不过它未能继续追踪这一结论可能产生的结果，它倒似乎更希望，历史很快将整个事件尘封在黑匣之中，永远隐藏，然后继续前进——这一策略似乎已经奏效。

重要的教训

也许从肯尼迪枪击事件调查中得到的最大教训是：虽然仍然有人坚持“孤枪侠”的说法，认为其他的猜测均有叛国之嫌，而加以摒弃，但更多的人仍然坚信，一直是有更阴险的阴谋在实施，而且这种阴谋论无疑很快就成了主流。不过，大量围绕着“肯尼迪的魔咒”的神话也开始流传开来，所有的绯闻和丑闻，古巴导弹危机，玛丽莲·梦露和黑手党，早已经淹没了那颗神奇的子弹，长满草的青山和神秘的流浪汉，使很多更严肃的推论不再为人所重视。令人担忧的是，如果存在一个秘密阴谋集团，它连世界上最大的超级大国领导人都能暗杀，那么如今它到底在干什么？当所有人都指向约翰逊和中央情报局等之类的人时，其想表明的观点是：除了有自私的个人意图，还应该有更宏大的“世界新秩序”计划正在实施之中。

如果绝大多数人认为肯尼迪的死是一个阴谋，而且觉得太多的时间已经流逝，太多的混乱被搅和进去——就像所看到的那样——那么就可以推论，类似的手法以后有可能会经常使用，即：经过一段足够长的时间，一件罪大恶极的事件在人们脑海中慢慢变得模糊不清，最终成为遥不可及的过去。通过这样的策略，反思谋杀变成了怀旧。在对待九一一恐怖袭击事件上，同样的手法也被采用，这使得寻求真相的人们有了紧迫感，他们要趁公众仍然对这些暴行有深刻记忆的时候，有责任将所有的疑问存留下来，并不断进行反思。

某些事件，特别是肯尼迪事件，使我们大多数人都变成阴谋论者。问题是，这些理论可以产生确凿的证据来及时防止此类事件的再次发生吗？下面涉及了英国皇室成员的暗杀论，离我的结论虽不是很远，却也已经渐渐褪色，淹没在朦胧的神秘王国之中。

第二节　威尔士王妃戴安娜

大规模的哀悼

那些坚持肯尼迪事件只有一个持枪者假说的人，可能争辩说，因为没有他人参与暗杀的确凿证据，所以不能将它描述为一个阴谋。可是，没有人怀疑总统就是被阴谋杀害了。但要使这一观点确立不倒，就要与官方的立场进行一场艰苦的斗争，我们很好奇，公众关于阴谋思维的自然倾向竟然没有消失。

在最近所有的历史乱局中，威尔士王妃戴安娜因车祸而死对英国及其他国家的民众产生了最直接的冲击。1997 年 8 月 31 日午夜，巴黎的阿尔玛桥地下通道发生了车祸，戴安娜当场死亡。消息公布时，虽然对事故描述做了弱化处理，可仍然引起了公众歇斯底里的反应，全国哀悼氛围极为强烈，这现象在近一个世纪前自维多利亚女王逝世之后从未见过。葬礼在电视直播中结束，全国的街道空空无人，安静得可怕，悲伤甚至在禁欲主义者身上都流露出来。

人们无论如何也不会想到，戴安娜会走向生命的尽头。在她嫁给王位继承人查尔斯的光辉岁月里，她那天真、富有同情心的天性，似乎给一向高高在上的皇室带来了清新的气息。戴安娜的人气因此急剧飙升至梦幻般的高度，没有哪个公众人物可以想象能够做到这个程度。但是，毫无疑问，因为婚姻的破裂、她对皇室成员的批评，以及各种风流韵事的传闻，与情人通话的电话录音，在书籍和访谈中公开披露自己，这些都已经损害了戴安娜的形象。她有脆弱的一面，再加上她经常承认失败的做法，还是让民众对王妃产生了很大的同情。她死亡的消息令人震惊，给世界增添了难以想象的悲痛，这是一个巨星的陨落。因为狗仔队摄影记者疯狂地追逐，可能是促成其发生车祸的原因，但这也增加了世人的伤痛。这位“人民的王妃”突然逝去，在民众的心里留下了空缺，这一现象清楚地表明，曾有多少集体幻想投射到了戴安娜身上，对几乎没有意识到这一点的人，她的离去是一个更痛苦的打击，他们间接感受到了她从平民到万人瞩目的女人所经历的一切。

民意调查

有确凿的证据表明，这次造成了戴安娜及她的情人多迪·法耶兹和司机亨利·保罗死亡的毁灭性撞击，是一个看上去像是人为制造的交通事故。事件发生十年后，2007 年的民意调查中显示，多数的英国人认为戴安娜是被谋杀的。一些报道声称，90% 的人坚持这一观点，而客观的民意调查显示，三分之一的人都坚持这一观点。后来公布的所有官方调查，这方面的答案也几乎没有改变。在英国之外，这些观点的支持率稍弱，但那些人坚持己见，似乎不在意外界的看法[3]。这个值得注意的统计数据使人相信，关于戴安娜的暗杀事件，在任何国家、任何时间都是被讨论最多的阴谋论，甚至超越了美国前总统肯尼迪。

不过，统计数据就能证实这个看法是正确的吗？至少三次法国和英国的审讯判决或司法部的调查，似乎弄清了到底发生了什么：司机亨利·保罗，超过了法国允许驾车酒精限度的三倍，他试图加速逃离疯狂的摄影记者的追踪，因此车失去了控制。这一说法似乎合情合理。但是，正如我们所看到的，事情往往不那么简单，戴安娜案件中，在其撞车及其随后的细节方面，向人们提出了一些值得思考的反常现象。

暗杀证据是什么

官方裁决的主要根据是，他们对亨利·保罗做了血液测试，许多人声称，血液样品或许已经与同一晚上入院的自杀者调换了，这种说法已受到多方的严厉指责。而且当局坚称，后来对保罗DNA和眼液的检查，证实那晚他体内酒精浓度很高。另一方面，其中一个血液样本的一氧化碳浓度很明显地显示，保罗那晚不适合驾驶，然而没有人认为他有什么不适或异常行为，这再次让我们对样本或分析程序表示怀疑。

调查报告中所说保罗身体出现的状况，无论是闭路电视，还是大部分证人的回忆，都没显示保罗有任何醉酒的表现。酒吧账单明确说明他与戴安娜、多迪和保镖特雷弗·里斯·琼斯离开丽兹酒店前喝了两杯酒，但他似乎清醒和冷静。奇怪的是，2006年对戴安娜的死因展开调查的史蒂文斯爵士，在一次会面中坦率地告诉保罗的父母，他们的儿子没有喝醉；然而五周后，在他的报告里，却陈述了相反的事实，这一转变显得很突然，也毫无理由。保罗的父母认为，没有证据说明他过度饮酒。事实上，保罗（刚刚具备担任私人飞行员的资格）没有酗酒的历史，在法耶兹家族工作了11年，从没出现过违纪行为，这表明，酒后驾车与他的性格不符。

有人对保罗的真实身份提出疑问。他不仅是戴安娜的普通司机，而且与法国安全部门有联系，或许级别比较低。有消息表明，他也可能为军情六处工作，这个部门的道德行为记录并不好。据报道，军情六处曾参与了很多策划暗杀一些主要政治人物的活动，包括暗杀利比亚前统治者卡扎菲上校[4]。这就使得那些局外人更多联想到“满洲候选人理论”（《满洲候选人》是1962年约翰·弗兰克海默翻拍的经典同名影片。电影情节比较简单，讲述了一个被洗脑的美国士兵如何成为暗杀总统刺客的故事，片子比较偏重弗洛伊德式的精神分析，淡化了政治基调）。这么看来，保罗可能遭受了自杀精神控制计划。考虑到类似方法的成功示范，像名人如达伦·布朗的催眠术，这也许并不是没有可能。有人还发现，保罗的银行账户里有一笔巨款，但对这些资金来自哪儿却没有明确解释。有人付钱让他去自杀似乎不太可能，但是，使用催眠术也不是完全不可能，他的精神可能已经被操纵，而他却没有觉察到，甚至包括他自己的死亡。

事故的细节本身也有很多令人困惑的地方，其中一些已经逐渐转变为传奇故事。戴安娜的奔驰车进入阿尔玛桥隧道时闪过强光的传闻，车漆样品分析显示的白色菲亚特乌诺为豪华轿车的报道，都已经引发了离奇的猜想，那就是，撞击是人为策划的。使用强光让人眼睛发花，是人们熟知的技巧。有研究表明，光要么是从菲亚特车上射过来的，要么是从另一辆车照过来的，这都会使亨利·保罗什么都看不见，使戴妃的奔驰车失去了控制，最终冲向屋顶支撑柱，然后旋转弹回后停了下来。

批评者认为，即使是车灯强光干扰了保罗的视线，对于灯光的报告也是不充分的，而且有矛盾。他们还指出，在戴安娜王妃的车进入隧道之前，司机所使用的驾驶方式就是致命性的，有可能导致撞车，在高速状态下要确定事件的时间以及位置是非常困难的。这表明，将车开出路面，并且造成车毁人亡，绝对是各种情报机构使用已久的暗杀技巧，中央情报局尤其擅长。

菲亚特车主的身份从未得到确认，虽然多迪的父亲——一位企业家兼哈罗斯百货的所有者——穆罕默德·法耶兹，声称它属于一个叫珍妮·保罗·詹姆斯·安德生的法国摄影师。警察机关在追踪被盗车辆方面一向很擅长，再加上大量安装在巴黎街道的监控摄像机，但奇怪的是，法国当局尽管调查超过4000辆白色菲亚特车，却未能确定这辆汽车的神秘身份。事实上，闭路电视录像看不到撞车的画面，因为那天晚上隧道里的摄像头并没有正常工作。

调查显示，安德生在阿尔玛桥事件之前，有几年没有使用他的白色菲亚特乌诺——至少他自己声称是这样的——有人暗地里讽刺说有其他车辆在事故中起了作用。然而，2000年他死在一辆被烧毁的宝马车里。随着指控的增加，疑点再一次增多，这个潜在的重要人物最终也离奇地死了。在车上，有人发现安德生的头与身体分离了——而且留下一个极其不寻常的弹痕——在他的头盖骨上有一个小圆孔（虽然在附近没有发现枪支），然而，当局根本没有将这一事件视为异常。最后得出的定论是自焚式自杀而导致的死亡。对这一奇怪情节没有能够详细审查，毋庸置疑，这就使得真相探索者有理由坚持自己在这件事情上的看法。

事故的余波

车祸发生后，戴安娜王妃事发时的状况也受到人们的质疑。道路安全非常重要，可是车里竟然没有一个人系安全带。虽然保镖里斯·琼斯大脑受到实质性损伤，但他还是幸存下来，且是这次事故唯一的幸存者，而多迪·法耶兹和保罗当场就死了。对戴安娜本人当时的状况有着许多不同的报道，因为狗仔队几乎让人难以置信地还在继续拍照。一些目击者说她还活着，但已说不出话，耳朵和鼻子都在淌血。然而，第一个来检查她的医生（碰巧路过）说她没有明显伤痕，只是处于惊恐状态并喃喃自语。不管怎样，人们普遍认为，戴安娜被抬出车后还活了约35分钟，但她已经陷入心脏骤停状态，几个小时后便去世了。

有条新闻没有得到应有的关注，也许是因为某些人担心他们的个人安全吧。这条新闻称，在法国的 Pitié-Salpetriere 医院，有一个外科医生声称，戴安娜被送进医院的时候看上去不错，还有存活的机会。当英国的医疗团队抵达医院后，当地的工作人员安心了，并帮他们安排房间，但在刚换了医生不久，戴安娜出人意料地被宣布死亡。这样就导致一些人猜测，有人是有意置王妃于死地。有传言说，这位外科医生计划写一本书揭露这一真相，但他本人之后死于一场车祸，他的妻子也很快消失了。阴谋妄想症？也许是。但很明显，从戴安娜案子中一些细节可以看出，为什么那么多人对官方的裁定不断地提出质疑。

预兆和更深的阴谋？

如果不是因为王妃担心自己安危的事实——戴妃胆战心惊，甚至对自己的命运做出了让人心寒的预测——也许所有的阴谋推断都可能会消除。在一封 1996 年 10 月她写给前任管家保罗·伯勒尔的信中，戴安娜提到了皇室中正在上演的阴谋迫害的情形，她写道：

> 这是我生命中最危险的阶段——我的丈夫正计划着在我的车上制造一起“事故”，汽车刹车失灵，或者让我头部受重伤，这都为了扫清他的再婚之路。

有趣的是，这令人不安的求救警报指向了蒂姬·里格·布克——威廉王子和哈里王子备受争议的保姆——查尔斯王子意中的妻子，而不是人们所认为的卡米拉·帕克·鲍尔斯（现在的康沃尔公爵夫人），在信中卡米拉只是被称为“诱饵”。随着戴安娜死后该封信得以发表，但很明显，王妃已经向某人透露过，有人在对她策划一场阴谋。对莱格·伯尔克的指控是戴安娜阴谋论另一个吸引人的地方。的确，她们之间存在公开的竞争，在戴安娜的婚姻解体后，她显然嫉妒里格·布克与查尔斯及她儿子的亲近关系。

根据各种消息可知，里格·布克和卡米拉·帕克·鲍尔斯彼此之间并不友爱。带着这种想法，有些人认为，仅在戴安娜去世几周前，还存在一起针对卡米拉谋杀未遂的阴谋。1997 年 6 月卡米拉在一个乡间小路发生一起神秘的车祸，她以很快的速度撞上另一辆车，然后逃离现场的。她说是为了“安全”而离开了。这在暗示，有可能是她的刹车“失灵”，或者她因某种原因被迫撞上其他车辆，她逃离现场是害怕有人要把她干掉。奇怪的是，事故中她车里被困的另一名受害者，因撞击滚进了沟里，这个人并没有控告卡米拉，也没有警察调查这个案件，也许是希望很快忘记这件事[5]。而这件事确实很快就被遗忘了。

在这个案情中，尝试除掉一个马前卒的企图并未得逞，但之后却成功地除掉了戴安娜，可能是卡米拉命大福大。只是因为这两起致命的事故似乎与查尔斯有明显的牵连吗？无论卡米拉真的发生了什么，她显然在最后占了上风，或者，至少参与者都想在重新匆忙设计的剧本中扮演一个新角色，以避免发生更大范围的丑闻。但是，谁写的剧本？为什么要重写？也许，正如戴安娜在她的信中所写的：“从各种情况显示，所有人正被那个人（查尔斯）利用。”然而，也有一些人认为，拥有更高权力的人可能已经插手干预此事，甚至没有得到查尔斯的允认。应该指出，黛安娜认为，1987 年她的保镖巴里·麦纳基骑摩托车时死亡的事件也是有人安排的，这个人在她的婚姻里可能扮演一个情人的角色。

至于戴安娜写给伯勒尔信的内容，她的律师——米希康爵士，支持她坦率的描述，如果她的生命以她所预想的方式终结，那这只是非常巧合。主流社会对这封无疑很关键的信置之脑后，这倒不是因为后来伯勒尔的奇谈怪论所导致，他被指控在随后的调查中做了伪证，企图寻求提高自己在娱乐圈的知名度，结果反而在充满敌意的媒体面前自贬身份。尽管如此，人们认定这封信是真的，但却对一个因压力而情绪化的女人漫无边际的话语持怀疑态度。听到有人计划谋杀自己，可能多少有点紧张，“阿波罗1号”的维吉尔·格里森、记者肖恩·霍尔和武器检查员戴维·凯利博士等人的情况就证明了这一点——所有人似乎对自己命运的结局都有类似的忧虑。

为什么要杀戴安娜

如果戴安娜的死是故意安排的，而且那么多的英国人也相信是这样，那原因是什么呢？

有一些人提出很多可以理解的原因，去解释为什么一些人会竞相想尽办法打击戴安娜（例如，一些人相信，军情六处在背后撒播诽谤性的“温香软玉”磁带——1989年，戴妃把绣球抛向做汽车销售员的吉尔贝，后者亲昵地把戴妃称为“温香软玉”。1990年元旦之夜，吉尔贝向他的“温香软玉”诉说衷肠时被人录音，此即当时满城风雨的“温香软玉门事件”）。即使没有巴黎的隧道事件，也许王妃也不会活多久。人们提出各种各样的说法，来说明暗杀她绝对有必要，通常归结为以下几种假设：

> 1. 戴安娜很快（或已经）与多迪·法耶兹订婚，皇室想撇清与穆斯林的关系。穆罕默德·法耶兹一直坚定地持这种观点，但朋友和目击者都对此产生怀疑，一些人指出，他们之间的关系还不成熟，也许并不是那么和谐，戴安娜也是刚刚才结束了与哈斯纳特——一位巴基斯坦的心脏外科医生——为期两年的关系。皇室家族显然都没有公开反对戴安娜与哈斯纳特的关系，那为什么法耶兹还会提出这个问题？当然，有其他人认为，皇室家族说什么和想什么完全是两回事。
>
> 2. 戴安娜怀上多迪·法耶兹的孩子，同样，王室无法容忍穆斯林血统进入皇室家族，这次用的是比较彻底的方式。虽然这是一个普遍认同的方法，但官方对戴安娜身体的检查结果，

消除了怀孕的假说。然而，真相探索者对官僚作风十足的官方的解释几乎不予考虑。

3. 查尔斯王子希望除掉戴安娜，以使再婚之路畅通无阻，并免遭公众的责难，王妃写给伯勒尔的信中提到了这一点。毫无疑问，戴安娜的离世帮助查尔斯与卡米拉的婚姻获得了更多的认可，尽管里格·布克的难题在这里仍未得到解决。显然，必须考虑到，戴安娜清楚地表达了这个观点，然而一些温和的阴谋理论家很难相信查尔斯这样的人会支持这种方案。那些将皇室成员看成吸血的爬行动物的人，则持有不同的见解（见下文）。

4. 女王的丈夫菲利普亲王，亲自处理事务，拥有高于查尔斯的权力，并基于以上所述或更多的原因策划了戴安娜之死，因为他认为戴妃揭露的真相会使皇室家族声名扫地。穆罕默德·法耶兹在审判室试图揭露杀他儿子和戴安娜时极力主张这个观点，但是，可以预料的是，英国法庭驳回了这项指控。

5. 戴安娜越来越多地参加反对使用地雷和其他军事设备的活动，这对拥有势力的军火制造商来说日益成为威胁，他们担忧她的做法会影响他们的声誉。戴安娜王妃与多迪·法耶兹的亲密关系对有些人来说，可能已经造成了一个近在眼前而又令人尴尬的处境，因为多迪的母亲萨米拉·哈绍基是沙特亿万军火商富翁阿德南·哈绍基的姐姐。戴安娜的所作所为无疑成功地受到了公众支持，即使她死后这些活动还在进行。

6. “世界新秩序”计划也担心戴安娜日渐突出的重要性，在她坦率的访谈中和出版的书信集中，王妃已经开始提及英国皇室的内幕及其与各种情报机构的联系。从这个角度来看，在造成更大的损害之前，“世界新秩序”特工将她剔除出这个圈子，制造出一种习惯式死亡的假象。类似的说法在肯尼迪被枪杀的地方——迪利广场——也被提到——这个地点在布局上有几个神秘的推论，整个巴黎也是如此，到处都有共济会遗物和图案。事实上，戴安娜王妃车祸发生的地点是在高于地下通道的“自由之火”纪念碑的下面，那儿就是一个强有力的神秘符号，人们认为这一线索很有意义。据说，这个地方曾经是梅罗文加王朝国王的墓室或一个罗马女神……狄安娜的神庙。

7. 戴安娜是耶稣和抹大拉的马利亚的直系后裔，携带有梅罗文加王朝国王和斯图亚特王朝的血统，是温莎王室的竞争者。她这样一个圣洁的人，就有可能揭露太多隐藏的历史，从而动摇既定的政权基础。

8. 皇室事实上是居于统治地位的外星人的后裔（见第七章），他们不希望某些其他基因混入外星人的血统。

假设还有很多，几乎涵盖了一切。有希拉里·克林顿嫉妒，所以依照她的意思处死了戴妃，希拉里曾听说在一个神秘仪式上，戴妃强迫与她的丈夫比尔“结婚”；还有戴安娜其实根本没有死，整个事件只是一个局，目的是使她能够过隐士般的秘密生活，与希特勒、猫王埃尔维斯、吉姆·莫里森一样，所待的地方安静得像个天堂。

上面出现的一些可能性，无论如何，乍一看，要比其他的更合理。但在这样一个谎言满天飞的世界上，立场足够坚定的人真的能够拿一个又一个的人去寻开心吗？

信誉降低

受人关注的有关戴安娜车祸是一场阴谋论的说法，存在一个难题，那就是推动这些阴谋的根本动机到底是什么？关于皇家抵制穆斯林血统的说法存在合理因素，这些说法与穆罕默德·法耶兹有关联，因为穆罕默德这个人，无论是否有失公允，很少有媒体认为他是一个可信的角色。他采取直言不讳的方式，将他的丧子之痛变成无端而又突然的指控。法耶兹坚持认为是菲利普亲王下令策划了这次车祸——这一断言并不为那些从来就不喜欢共和政治的国家所接受。于是，媒体就认为他是一个怪人，将他抛在了一边。对于戴安娜离奇死亡的很多明显异常的现象，那些人达成默契，根本无视其重要的意义，反而对其嘲笑讥讽。民意调查证明，法耶德远不是唯一一个关心真相的人，但更冷静的质疑者往往被淹没在喧嚣的世界里。

《每日快报》多年使用许多关于戴安娜阴谋的假说作为其封面故事。每个故事都足以构成对官方说法的致命一击，不过，所有的假说在最终的质疑中都没有了下文，随后也有一些耸人听闻的说法，其中也不乏真知灼见，但都悄无声息地消失了，没有人再去讨论。一些真相探索者认为，这本身就是一个由来已久、协调一致的做法。那些当权者从公众的情绪中感受到，主流社会不能避免这次阴谋论的讨论，宁愿让民众接触多种多样的说法，有些明智，有些荒诞，最后民众也就被搞得稀里糊涂了。历史记录中可以看到，这种策略一般都能起作用；公众叹息，翻过这页，把水壶放在炉子上，他们知道这里面有什么不对劲儿的地方，但既没有时间也没有精力去进一步探询。

因此，戴安娜案的阴谋论，同之前肯尼迪的阴谋论一样，已经成为非同一般的传奇，将来，这无疑将成为格林童话中的一个故事。然而，如果阴谋的观点正确，那么官方的结论就是错误的，事实是，那些杀死王妃的人可能还活着，并影响着我们今天的世界。

虽然几年过去了，公众仍然相信，尽管伪装的方式较过去有所不同，但公开寻求真相的努力一直在持续，而且丝毫没有衰减的迹象。

第三节　戴维·凯利博士

伊拉克策略

正如我们前一章看到的，2003 年春天，联合入侵伊拉克的战争很大程度上起源于一个情报，其声称，萨达姆·侯赛因正在准备大规模杀伤性武器，可以在 45 分钟内攻击世界。随后的战争导致数千人死亡，对在中东的西方大国也造成了非常大的影响，但结果却没有发现所谓的大规模杀伤性武器。这对于那些外交官和知情人士来说，丝毫都不奇怪，战争爆发之前，他们就曾试图唤起人们的注意，绝没有所谓的生化武器。前微生物学家和联合国武器核查员戴维·凯利博士在这些人中的表现就很抢眼。

凯利有令人印象深刻的职业资历，他曾为英国国防部设在波顿镇备受争议的秘密研究实验室里工作，是一个在化学的、生物的以及常规的武器研究方面有地位、见多识广的观察家。有人听说过他的担忧，担心对抗伊拉克的战争会仓促地开始，没有深谋远虑的思考、缺乏证据，但显然决心已定，战争的车轮无论怎样都会继续前行。甚至早在 2003 年 2 月，即在战争前六日，凯利就通过公开出版有关重要档案提供了有关信息。他说出的事实，使编造者承受了很大的压力，他们要编造一个更震撼而非真实的事件作为战争口实。

随着入侵的风波结束，烟雾散去，表明了没有任何大规模杀伤性武器。到 2003 年 5 月，凯利不用再隐藏自己的观点了，他向 BBC 电台记者安德鲁·吉利根提供了资料信息——没有留下记录的信息。吉利根觉得这个事情很重要，于是他综合以前收集到的观点和凯利提供的信息，在 BBC 第四频道播出的《今天》节目中提出了一些耸人听闻的说法，他说，有高官告诉他，一直有人在故意“捏造”情报。报告中并没有提到凯利的名字，但是他的名字并没有隐藏多久[⑥]。

官方的愤怒

布莱尔的新闻办主任阿拉斯泰尔·坎贝尔在代表布莱尔政府对BBC假说反应时，大发雷霆，因为这些假说很有可能直击软肋。吉利根的报告被他抨击为“谎言”，坎贝尔还提出一个异常敏感的要求——要BBC道歉。媒体嚷着要知道谁是主要的线人，国防部和布莱尔的助手动用了狡猾而无情的手段，很快就让核心人物凯利浮出水面。这个极其不合常规的举动似乎是一个报复性的举动，旨在尽可能地让一个人蒙羞，似乎试图通过诋毁举报人的方式来分散人们对信息的注意力。政府发言人开始称凯利是“沃尔特·米提”式的人物（詹姆斯·瑟伯的小说中虚构的做白日梦的人变成幻想曲作曲家），一个星期前，凯利还被公认是在他的领域里数一数二的人，而现在牢牢地沦为廉价的攻击对象。

受到记者和政府恐吓的包围，凯利，一个文雅而又孤僻的男人，对突然爆发的骚动大吃一惊，这可以理解。2003年7月11凯利被叫去对英国的议会外交事务委员会做出说明，在显然是惩罚性的公开审问中，他受到严厉的拷问，这无疑是一次充满压力而又艰难的经历。

所有这些也许能解释为什么一个星期后，即7月18日，凯利的尸体就被发现在牛津郡他家附近哈罗顿山的林地中。他死于割腕自杀，身上还有一只乙酰氨基酚镇痛药的空盒子（几乎是空的）。对于凯利来说，承受的压力似乎太大，导致其自杀，凄惨离世。布莱尔和坎贝尔等人脸上悲伤的表情及俨然以恩人自居的神态，明显地表明一点：这个人因为自己的所作所为才走上了不归之路。但情况果真是这样吗？

公众的怀疑

戴安娜黯然离世引起的伤痛及其所有悬而未决的问题在英国公众的

脑海中尚未退去，戴维·凯利的案件又很快就引起了人们的深思。甚至在所有可疑的细节曝光之前，普通民众几乎是立刻提出了怀疑。凯利死的太是时候了（大规模杀伤性武器的调查危机迫在眉睫），从某种角度看也太过明显。在他死后的几天，不难发现有一些人在谈话中提及他。也许，这样大惊小怪的谈话似乎像不得要领，只不过是近代历史的欺骗和失望所导致的结果。各种民意调查以及2010年的一次关于凯利的调查显示，只有五分之一的人相信他是自杀身亡的[7]。和对戴安娜案件的民意调查一样，这样的统计数据，要么说明对当局的普遍不信任，要么说明政府发起的调查存在缺陷。

与沃伦委员会调查相似，由赫顿主持的调查也发表了凯利属自杀的结论，但是因它没有能够询问关键证人或对特定关键点给予解释而受到严厉的批评。调查仓促地展开本身就耐人寻味。当有人将凯利的死亡消息告知托尼·布莱尔时，他正在飞往日本的航班上，然而，赫顿勋爵甚至已在飞机降落前就被任命负责调查，仿佛这个悲惨的事件早已意料到的。人们通常认为赫顿不是这个职位的最适合人选，因为他之前从没有主持过任何此类调查。合理的假设是，选择他是因为他（作为一名北爱尔兰的前高级律师）在英国政府受到“违规”指控时，有看维护英国政府的记录，而不是因为他有完成这项任务的能力。

可疑的情况

如所发生的那样，凯利死亡的时间对布莱尔政府来说很凑巧。那天，正逢议会夏天休会，凯利最后一次在林中散步，这样可以避免使政府蒙羞的画面出现在电视上。更凑巧的是泰晤士河谷警察局对凯利的死亡调查，根据警方记录，在有失踪案报告之前梅森行动就已经进行了九个小时——这个矛盾从来没有得到令人满意的解释。这再一次表明，有人已经提前知道有谋划的事件即将来临。警方的行动名称也引起了真相探索者们的怀疑，因为这一名称与秘密社团的影响有关。

凯利失踪后，他的妻子首先报了警，而接到报告后，警方的行动也很难解释。他们抵达后，在凯利家的花园里，竖立起一根长达45英寸的无线电天线（有说不同尺寸的）。这一细节，从未有人解释原因，在失踪案件中也从未听说过有这样的事。一些人认为安装天线可能是帮助警方与飞机上的布莱尔进行直接联系，正是因为这一点，人们认为这是一个有趣的暗示，暗示直到那时，官方知道，凯利很有可能仍然非常健康地活着。他们粗暴地将凯利的妻子詹妮斯赶出了房子，而且晚上被迫站在花园里，虽然警方与警犬搜查了房子（甚至一度检查了空橱柜，好像凯利可能躲在那里）。然而，很明显，凯利确定失踪了，因此他的妻子才打了报警电话。奇怪的是，那晚他们客厅的墙纸被撕去——这是搜寻人时极不常用的做法。凯利尸体被发现的两天前，一架直升机降落在附近的丛林里，这是梅森行动的又一个未解之谜，从未有人解释这样做的目的，《每日邮报》甚至质疑，飞机是否到那儿“放下了什么或是取走了什么”⑧。

凯利的尸体被发现后，事情反而变得更加令人困惑，他尸体出现的地点以及尸体的状况最有争议。正因为存在这些问题，很多人认为，这一案件是现代最有可能的暗杀阴谋之一。

路易丝·霍姆斯和保罗·查普曼是两个当地搜救队志愿者，他们首先发现了凯利的尸体，他们都做证说，发现凯利时，他斜靠在一棵树上。然而，当警察赶到后，凯利的官方记录中写的是，凯利卧躺在地上，完全不是靠在树上。而且，在现场很明显有一把不怎么锋利的园艺用刀、一只手表和一个喝了一半的矿泉水瓶——但是根据霍姆斯和查普曼的说法，这些原本都不存在。这就让阴谋观察家怀疑，要么是那架不明来历的直升机里乘坐的人，要么是警察自己重新布置了一个谋杀现场，使现场看起来更像是自杀的样子。

水，当然可以解释凯利怎么能够吞下30颗镇痛药中的29颗（包里剩下的药片引起了更多的怀疑，仿佛是故意留下被识别的）；而那把凯利已经使用多年的刀，也许可以解释他左手腕动脉上的伤口。然而在这方面，官方的自杀结论还存在一些主要问题。

赫顿调查团坚持认为，其主要的死因是失血过多以及服用过量药物。然而，那些目睹了哈罗顿山上凯利尸体的人，无论在尸体所在的第一处还是第二处，都只看到了少量的血。批评阴谋论的人声称，尸体发现时，血大部分可能已经渗透进地面，但争论的焦点主要是在第一处地方，这样细小的尺动脉能不能流出那么多导致其死亡的血液，要知道，在寒冷的夜晚，伤口的闭合通常会更快一些，未必会导致死亡。

对于自杀裁定结论的主要质疑中，有一个是来自三个独立医生的联合声明，它通过给《卫报》的一封信表达了对凯利之死的怀疑。2009年，其他的医疗专家加入了重新调查的活动，他们主要关注是对手腕刀口失血的检查，认为这是主要的死因。有人反驳，凯利有心脏病，这使他的血管动脉异常狭窄，比起常人，他更容易因失血而致命，但其他因素让那些怀疑者议论纷纷。

尽管想起来很可怕，但那些选择割腕自杀的人通常切割前臂内侧的主动脉垂直的血管，这样可以引起大量的失血。凯利，一个生物学博士，很可能已经意识到这一点。另一方面，腕动脉是非常结实的动脉，割腕动脉会很痛，而且难以割穿，尤其是用现场被警察发现的那把有凹口的不锋利的刀，更是难以成功。无论凯利处于哪种精神状态，他都没有自我伤害的历史，这可能暗示，他不会选择这样一个极度痛苦的方法，而且这方法也不一定奏效。2003年，在英国还没有过用这个笨拙的“技巧”自杀的报道。此外，凯利一个叫梅·佩德森的朋友，在警方的询问中透露，凯利的右臂长期无力，这意味着他在吃饭时甚至连切牛排都很勉强。那么，为什么凯利会选择这样一个困难的方式呢？

乙酰氨基酚加右丙氧芬药片本身也存在问题。不仅发现凯利血液里药物的含量仅仅是能致其死亡的三分之一（根据官方调查），而且发现他胃里只有五分之一的药物，剩下的大概已经被吐出，或根本没吞下。凯利博士古怪的性格使人对他选择这一离世方式产生了怀疑。和他关系亲密的人都知道，在正常情况下，他很难咽下哪怕是一点点的药片。

官方对此的权威解释是——凯利思维模式已经不太正常，因此，他采用了比我们预想的奇怪方式结束了自己的生命。这一解释所依据的荒诞的假设是：凯利博士很沮丧，以至于走到了这一步。朋友和家人的证词表明，情况应该不是这样的。毫无疑问，凯利因为聚焦到他身上意想不到的注意力而感到压力很大，但他的妹妹——莎拉·佩普，一个整形医师顾问——在告诉赫顿调查团她与哥哥的最后一次闲聊时，是这样描述他当时的情况的：

> （他）累了，但从其他方面看，这其实是一次很平常的交谈。相信我，我有很多个夜晚都难以入眠，一直在脑海里盘问，我是否错过了什么重要的事。在我工作的这一行里，我的确会和那些可能有自杀倾向的人打交道，即使是在电话交谈中，我也应该能够识别出这些人。我在脑海中一遍又一遍地重复着我和他的两次交谈，他的确很累，这一点我能看出来。但是他确实没有向我表达他沮丧的情绪，绝对没有让我警觉到他可能已经在考虑自杀的事[9]。

事实上，凯利逝世之前，他的生活中似乎仍有很多有趣的事。很多事情会让他心情愉悦：最糟糕的议会质询似乎已经结束；女儿的婚期临近，据报道说这是他很期待的喜事；还有，尽管有那些小题大做的事，但在伊拉克做武器检查员是他喜爱的工作，会给她带来全新的工作经历。

愤世嫉俗的人可能会指出，谁都可能策划一起凯利伪装自杀案，因为在许多方面——比如：他割臂的姿势；在他死前的几天，他反感吞咽药片，而且他心情越来越愉悦——都说明，凯利不会考虑去自杀；就好像是那些策划者拿到了一份错误的脚本，尽管他们想上演一出合乎逻辑的阴谋剧情，但他们却选择了一个持有巴哈伊信仰的跟随者——一个坚决谴责自杀行为的宗教徒。

方式与原因

如果凯利是被谋杀的，那么是怎么做到的？这只能靠猜测，而且没有——至少在官方是这样——其他的法医验尸报告。尸检应该显示可能存在中毒或窒息症状，尽管人们一直认为，情报部门可能有诱发心脏病的电磁设备。阴谋论家说，前外交大臣罗宾·库克和工党领袖约翰·史密斯可能成为这种技术的牺牲品，因为他们阻挡了布莱尔阵营蓬勃的野心。为什么不使用这个可能很有用的武器去悄悄清除所有既定的目标？如果这样的行动不反复出现，并不明显，这个问题是不会有人认真思考的。有人指出，在面对一个很明显的自杀案时，人们是不会留意其他更奇特的死亡形式。

奇怪的是，戴维·凯利似乎是另一个好像能预知自己最终命运的受害者。据报道，凯利曾向伊拉克官员保证，如果他们接受联合国武器核查，就不会对这个国家采取军事行动，但他担心，如果这样的军事行动确实进行，可能对他个人的生命构成威胁，他曾告诉英国大使大卫·鲍彻，如果伊拉克遭到侵略，那么他将“可能死在森林里”。

英国政府当然很高兴，这个报道听起来好像是在说，凯利是一位能自主掌控自己命运的人，尽管对于这样一个据说是缺乏热情的人来说，这似乎是一种无奈的选择。凯利是否真的知道，在这样的情况下，如果他的出现不合时宜，那么当权者就会阻止他的出现吗？——大多数阴谋论者相信是这样的。或者是，正如许多温和派所指出的，要么伊拉克人对凯利的明显背叛很生气，要么是流亡的持不同政见者对免除侯赛因政权罪责感到不满，这些人可能采取报复行动，情况是这样吗？无论哪一种推测，他那太精确的预言与近代史上其他有疑点的意外死亡事故有着本质上的一致。

程序异常

尽管关于他的死亡存在疑点，也有少数人不承认戴维·凯利之死为阴谋的说法，他们对所有难以解释的异常现象都拒绝深究。在被赫顿调查团忽视或排斥的重要因素中，验尸官出具的死亡报告本身就是一个让人不满意的原因。要进行调查的原因就是要确定凯利的死因，那么，为什么仅经过一个星期的听证会后，当地的登记员就奉验尸官之命，签发了死亡证明书，直接说死因是切割左手腕造成的大出血呢？这个非常不寻常的举动竟然发生在调查团调查之前，这表明，不管证据是什么，从一开始就有人施加压力，要求尽快查清事情的真相。经过对国会议员诺曼·贝克在国会上提出的问题的探讨，最终揭示，在调查展开前不久，验尸官、内政部及官方的病理学家召开了两个秘密会议。这些可疑的会谈可能使死因显得更清楚，所以死亡报告可能是经过了商议的结果。事实上，在戴维·凯利案子中，围绕死亡报告存在矛盾的地方很多。

一位为真相而斗争的国会议员

如果说，对戴安娜之死的质疑，没能受到主流社会的认真关注，其中的重要因素之一就是那位知名度极高的穆罕默德·法耶兹怪异的性格的话，那么，公众所提出的关于戴维·凯利的疑问，则因诺曼·贝克的支持而强化。贝克是东苏塞克斯郡刘易斯市议员，他因在很多众议员不敢涉及的事情上坚持不懈地斗争而赢得了公众的尊重，他直言不讳地宣称，拒绝接受官方在凯利事件上的解释。他决心将这个案子弄个水落石出，他因此辞去自由民主党的领袖人物一职，彻底深入研究和调查了一段时间——在很多方面超过了赫顿做出的调查。

贝克的结论发表在2007年的畅销书《戴维·凯利的离奇死亡》上，影响巨大。这使得贝克成为了关注的对象，他几乎可以确定凯利是被谋杀的，公众也压倒性地站在他这边。贝克说，他受到了网络的攻击，有一次，他硬盘的所有内容被删除了，这表明某些人觉得他的调查已快接近真相了。毫无疑问，贝克所坚持的调查有助于披露很多事情的真相，但他如果没有国会议员的地位，这些证据可能永远也不能披露，更不可能强行发布[10]。

赫顿的时间锁

要得到关于戴维·凯利博士案件的进一步重要信息而需要等待一段时间。在提交了最终报告之后，赫顿勋爵下令，所有发出的重要文件、医学报告和法医证据等必须封存，封存时间惊人地长达70年之久——他声称，这是为了不让凯利的家庭受到过多的影响。

对于这则可疑的公告，一些人做出了强烈的抗议，也激发了更多的医学专家和有关公众人物参与进来，他们要求应进一步施压，这导致在2010年10月官方做了让步：公布了赫顿的全文尸检报告，以平息民愤。很显然，这也只是更为详细地重申了官方的立场，很多人认为它远不能称为全面的证据，应该公开真实的图片，尤其是需要解释为什么调查还未开始之前，就发布了那份死亡报告，这份报告显然已经影响了随后的调查。在这个世纪即将结束之前，也许我们可以听到更多的议论，还是有人坚持认为，凯利博士不是死于自杀，而是他杀。

阴谋论者还将矛头指向了凯利的一些朋友或熟人，在这些人看来，谋杀的说法似乎让他们更伤心，因此他们不愿承认那些谋杀说法的解释，说他完全可能自杀。然而，真相探索者认为，这些观点过于保守，他们是用否认掩盖了悲痛。同样，凯利的家人也都保持了沉默，他们对暗杀的说法不做回应，他们很可能掌握了一些重要的信息（特别是凯利的妻子）。一些人认为，是恐吓、劝说，甚至花钱封口等手段使他们选择了沉默。胡说八道？很荒谬？也许吧。但如果是这样的话，很多人认为那才是荒谬呢！

大规模暗杀

目击者一个接一个地离奇死亡，从阿波罗任务到肯尼迪遇刺，再到戴安娜之死，都不断发生，这表明，那些认为生命是廉价的人几乎没有良知。

在这几个例子中，好像成群成群的人都成了“清除”计划的受害者。例如，《进步评论》网站上，“阿肯色州突发性死亡综合征”，统计了50个左右难以置信的死亡事故，死亡者都与美国政治巨头比尔·克林顿和希拉里·克林顿多年来有商业或个人关系的人[11]。死亡原因有谋杀、事故和自杀，甚至有人因喝国产漱口水致死的，凡此种种，不一而足。

在公众的眼中，死亡人数如此多、性质如此重大，其中的问题怎么能够简单地视而不见？最终，我们还是想到了九一一事件的阴谋论说法。

概　要

反对者的声音

——杀害肯尼迪是很久以前的事，且在细节方面有太多的疑点，即便是现在也不能得出任何有价值的结论。

——如果这是一个明显的阴谋，政府后来为何不公开？

——关于戴安娜车祸酒驾的说法，已经被许多调查询问证明是假的，所有其他的猜测只是扭曲的偏执或基于间接证据。

——戴维·凯利博士的家人没有参与暗杀议论，他们肯定相信官方的结论，所以别人也应该如此。

——国会议员诺曼·贝克，有阴谋论的倾向，而且人们也没有将他当一回事。

赞成者的声音

——绝大多数人相信，不止一个刺客参与了肯尼迪的刺杀行动，这一点后来官方调查也认同，因此枪击事件无疑是一个复杂的阴谋的结果，应该重新认真调查。

——后来政府可能庇护了背后的实际暗杀者——官方关于戴安娜之死的听证会没有关注很多重要的环节，关于司机的血液测试不可靠，还有其他因素肯定也发挥了作用。

——凯利死亡中的异常现象太多太明显，不能忽视，家人和目击证人可能已经被说服，所以选择了保持沉默。

——诺曼·贝克并没有阴谋论的背景，他仅仅是对凯利案件周围的明显反常现象进行了追查。

——太多关键人物死在了神秘情形之下，死亡人数太多、死因太离奇，绝不能说是巧合。

结　论

即使在今天，西方仍支持对中东国家“恐怖主义”领导人实行公开的暗杀活动，但在整个历史上，对于那些要除掉有名无实的领导人的政权或地下势力而言，暗杀已经成为一个主要手段，第二章已引用罗马时代的阴谋做了说明。现在，那么明目张胆的行动永远不能容忍，所以，对于那些企图让关键线人或信息消失的人来说，很有必要去寻找替罪羊或伪装某些场景，而在这个过程中，他们隐藏自己的行踪。一旦将生命当作牺牲品，那多除掉一个让人烦心的人，也就不足为奇了。

如果那些未经解释的因素、似乎可预见的黑幕，一而再，再而三地将本来清楚明白的事故或自杀的证据弄得含含糊糊，这很难不让人产生怀疑。甚至无可争辩的暗杀案件起初往往并不是看起来那样的，有关的调查总是闪烁其词，或者草率马虎，让人生疑。那么，公众宁愿按照自己的思维去思考，也就不足为怪了。

第六章　九一一事件以及相关的阴谋

如果把肯尼迪遇刺比作“阴谋论之母”，那么九一一事件一定是它的孩子。对官方说法的普遍怀疑是过去几十年来民众对政府信任幻灭的表现。从整体来看，也恰好提炼出了主要阴谋论的精华，该精华所包含的经典元素有：由国家支持发起伪装袭击以实现暴力控制，挑起冲突；疑窦丛生的法庭证据；官方说法的矛盾和漏洞；官方报道的模糊混乱；违背常识和科学的事件。许多其他理论上相关的事件也引起了类似的思考，如7·7伦敦爆炸案。

第一节　九一一事件

什么是伪装阴谋事件

前面所列的标准只是有关九一一事件猜想的基本因素，民众断言，2001年9月11日那次骇人听闻的袭击的真相并不明朗。因而九一一事件的官方说法遭到受害者强烈抵制是理所当然的，他们对官方说法持不同的观点。正统派的观念认为，奥萨马·本·拉登和他的基地组织劫持四架喷气式客机（被恐怖分子驾驶）分别飞抵世界贸易中心（世贸中心）、五角大楼和宾夕法尼亚的一片森林，这次恐怖袭击共导致约3000

人丧生。这一主流的定论已经根深蒂固，已不需要重申。然而，在大家的内心深处，民众对九一一事件中到底发生了什么还是心存疑问。

在九一一事件第十个纪念日时所做的民意调查中，民众广泛的怀疑得到了证实，这项民意调查揭露了这样一个尖锐的现实：地球上近一半的人对官方的说法持怀疑态度。英国的民意调查显示，更多的人认为，官方对九一一事件的解释也许在某些重要的方面是错误的，然而，只有8%的人坚定地相信官方的说法[①]。

阴谋论的观点再次成为主流，但没有人明确意识到这个趋势。这么引人注目的事件，媒体却频繁地做出错误报道或者干脆忽视，同时也被西方政客攻击，这真是信念缺失啊。经常有人去阻止人们怀疑九一一事件的真相，他们认为此举是对受害者及其亲属的不敬。真相探索者反驳道，不去重新调查每一个触目惊心的细节才是更大的不敬，他们期待揭开真相，或许可以阻止未来的恶行。

注意，术语“阴谋”在这里指的是反对官方立场的那些人的观点。所有当权者对此类说法不屑一顾，对于他们来说，“本·拉登—基地组织”本身恰好就是阴谋论的绝妙定义，但具有莫大讽刺意味的是，阴谋论假设存在与西方作对的隐蔽的外部势力，而不是假设有阴谋。不同之处在于，公众都被迅速灌输了明显的阴谋思维，尽管那一天给所有人留下了深刻印象，但却没有明确的证据，因为从未呈现证据，在这之前，任何确切的情报都未发布。

公众似乎迅速察觉到戴安娜和戴维·凯利之死值得怀疑，这或许是情理之中的事情，如果是这样的话，那九一一事件是由内部人发动的说法也就需要更长的时间来证实，这是因为，事件本身从一开始就非常令人惊异，以至于事后的恐慌和爱国热情让民众无法深思事件的来龙去脉。然而，在一两年内，随着民众情绪的缓解，对这个事件的疑问也由窃窃私语变为大声疾呼。网络作为现代主要的信息工具，在其中也发挥了作用，使人们能够在不那么权威的论坛上也能看到少数人在表达观点。

到 2005 年，九一一事件“寻找真相的运动”如火如荼地进行，人们做了很多事情，越来越多的网站讨论此事，许多好心人散发了大量刻有文件的 DVD，因为至今他们还坚信他们受骗了。九一一事件经过这么多年仍然悬念未解，这一情况无疑让人们很恼火，因为由此导致的“反恐战争”，使人们的自由受到了限制，甚至影响了每一个人。由西方发动的针对阿富汗和伊拉克的战争后果惨痛，让人觉得这就是那个灾难日的结果。各国领导人经常挂在口头上的愿望仍然受到很多人的抵制，有人一直认为这一历史性的袭击不是由中东的恐怖分子策划，而是由西方情报部门内部或者外部的隐蔽势力所为。

毋庸置疑，如果可以证明袭击是经过全盘策划，或人为操纵，或是纵容默许的，那么，当今世界许多权力博弈的所有基础——这些博弈威胁着世界的和平——将会破坏殆尽了。那些为了九一一事件真相而奋斗的人身上迸发的激情，无疑令人印象深刻。但这经得住时间的考验吗？

人们普遍认为，九一一事件是个典型的阴谋，因为有坚实的基础，而提供证据也非常之多，足够让读者花长时间探索，这里只总结几个主要方面[②]。

劫机

官方所承认的九一一事件情节听起来很简单：使用了假名的劫机者，登上被劫持的飞机之后，通过攻击或用藏匿的刀片威胁乘客和机组人员，控制了航班。于是，在基地组织控制之下，飞机被迫飞往事先设定的目标。

然而，有许多方面无法自圆其说，难以解释。比如，劫机者们前往机场的活动（波士顿、纽瓦克和华盛顿特区）就看似不合逻辑，他们所使用的假名在乘客名单中从来就没有被确认出来，最终的名单一直没有公布。人们一直相信，当局肯定知道他们是谁。此外，安全监控录像中看到的恐怖分子通过海关的情景，与当天工作人员的描述也不一致，而且，视频上所显示的时间也存在矛盾，这表明，可能有人已经对视频资料做了很精心的剪辑。

奇怪的是，那天被劫持航班上乘客的数量非常少，平常繁忙的上下班飞机（93 号航班）上只有 19% 的上座率。有人猜测，那一天是不是故意保持较低的上座率，好让劫机容易一点，因为这样可以将抵抗降到最小化。

我们所知道的关于劫机发生的情况，几乎完全来自于那些受到惊吓的乘客或机组人员的描述，他们当时都设法用手机给亲人打电话。然而，这些电话有些已经成为众多争议的话题。举例来说，CNN 女主播芭芭拉 · 奥尔森就在 77 号航班上（这架飞机撞击了五角大楼），人们将重点放在她和她的丈夫泰德（时任美国副检察长）的两次通话上。据报道，在致命的撞击之前，她成功地联系上了她丈夫。然而，联邦调查局查封了相关网络电话记录，事实上该记录显示只有一次拨打尝试，而不是两个——而且没有接通。面对这一困惑，泰德 · 奥尔森解释说电话一定是从商务“椅背”电话上打出的。但美国航空公司证实，77 航班没有安装这样的设备。那她与奥尔森的通话是如何发生的呢?

事实上，尽管围绕九一一事件的电话已经有各种各样的传说，但向公众公布的录音资料数量相当有限，有些被公布的录音非常奇怪（如：“妈妈，我是马克 · 宾汉”，这是 93 号航班的一位乘客说的，奇怪的是，与自己的母亲交谈，他为什么还说出了自己的姓，这很不自然）。鉴于现代科技具备重新合成声音的能力，大多数人认为，至少有些为人熟知的电话录音可能是假的，主要用来欺骗亲戚和朋友。

如果上述这些话听起来很奇怪，那值得注意的是，对九一一事件中电话困惑不解的加拿大科普作家A.K.杜德尼决定租一架飞机，来测试手机在不同的高度的性能。他发现，超过8000英尺（1英尺=0.3048米）高度的地方，手机不可能接收到信号。只有在最近，某些航班中才引入技术，允许使用手机，但2001年的情况并不是这样。当被劫持飞机低飞过纽约时，有可能发送出一些信息，但这并不能解释93号航班上为什么会产生如此多的通话，而且正值飞机位于34000和40000英尺的高度，正在经历那段不幸的旅程（在宾夕法尼亚州降落，但没有击中目标）。九一一题材的好莱坞电影和电视剧显然都是基于那些电话的描述而拍摄的，然而，因为93号航班的高度，这些电话的真实性也受到了质疑。面对杜德尼的发现，政府当局又改变了他们的说法，声称事实上已经使用了椅背通信手机，说也许只有两个电话是用手机打出的——即使这些说法不成立，93号航班座椅电话设施是否可用一直没有证实。

然而，即使劫机的官方版本为人们所接受，仍有许多方面无法解释。飞机上严格的程序阻止外人轻易进入驾驶舱，机组人员都经过训练，飞机上其他地方无论发生什么事，都不可能让攻击者进入驾驶舱。——所以恐怖分子如何得以通行，而且速度如此之快，竟没有人来得及向空中交通管制发警报？飞机配有应急求救信号按钮，紧急时只须轻轻一按即可，然而四架飞机中竟然没有一个飞行员按过这一按钮。有趣的是，77号航班的“黑匣子”数据记录仪显示，驾驶舱门在其最后的航行中从未打开，这又变成了一个谜[3]。

九一一空难中唯一已经修复好的据说是77号航班的数据记录器，不过，这也引起人们的诸多怀疑。这些盒子设计独特，可以承受任何压力，灾难之后总能找到它们。救援人员声称，其他的都已经恢复数据，但是当局一直否认。同样，据报道，只有77号航班和93号航班的驾驶舱话音记录器的数据得到了恢复，这似乎是给人们提供证据，来证实这两架飞机的确存在，因为人们对其是否存在或其飞行的可能性（见下文）曾经有所怀疑。

有人暗示，不管劫机者是否在机上，飞机都可能被远程控制系统强行接管了，并可能取消了进入飞机座舱所需要的指令。曾经训练过一些恐怖分子的飞行学校的教师也表达了他们的看法，认为他们的学生几乎都不能驾驶轻型飞机（这点特别与五角大楼撞击有关），这就可以解释为什么九一一事件中所显示出相当准确的飞行技术。官方对远程控制的想法嗤之以鼻，但目前使用无人机技术已不是问题，可以从很遥远的地方进行操作，实现空中攻击，基于这一情况，很难看出当为什么不能采用这种方法。奇怪的是，仅仅九一一事件的几个月前，短命的X档案破案电视系列片《孤独的枪手》中，就制作了一期专题节目：一架喷气式客机通过使用远程控制的方式被劫持，然后撞入世界贸易中心——这一先见之明真是令人惊讶。因此，通过这种方式劫持一架飞机的想法，以及世贸中心可能成为喷气式客机攻击的目标的事实（美国国家安全顾问康多莉扎·赖斯声称“没有人能够想象出”的事情），在当时民间已经有市场了，尽管只是体现在小说中。

预知九一一事件

即使在小说之外的现实世界里，现在人们也普遍承认，情报部门早已经发出了刺耳的警告，说类似这样的袭击正在酝酿之中。而在商界出现了令人震惊的交易波动，似乎预示着什么，因为在九一一恐怖袭击发生前的一周内，交易活动的增幅竟然增加高达1200%，业务主要集中在美国航空公司和联合航空公司——几天之后，它们的飞机被劫持，业务受到了极大的影响。贸易商们都很有信心，他们的股票会被“卖空”，因为当时任何人都不会想到会发生这样的事。同样，其他公司的交易似乎同样会受到影响。与此同时，旧金山市长威利·布朗收到神秘警告，9月11日飞往纽约要“小心”；有个“朋友”告诉民权活动家迪克·格雷戈里，那天不要待在飞机上；新世界贸易中心的老板拉里·西尔弗斯坦在袭击的前几周，买了一份人身重大伤害保险。

这些都是秃子头上的虱子——明摆的事情，可是，时任总统乔治·布什政府对这一切，从某种程度上说，置若罔闻，致使许多人怀疑，九一一事件的发生，是不是有纵容之嫌，而不是内部阴谋直接组织使然。然而，中情局和联邦调查局立场一致，拒绝逮捕那些公认的极端分子，尽管这些人被怀疑策划了这些攻击，这些都很能说明这里显然有布局。1993 年在世贸中心发生的卡车炸弹爆炸事件造成了多人伤亡，可以说是相同手法的早期尝试——前联邦调查局检举者伊麦德·塞勒姆说，这是由联邦调查局策划的一起针对圣战恐怖组织的一个诱捕行动，但莫名其妙地使用了真正的炸药，而不是假炸药。所以，如果的确是西方情报机构秘密策划了九一一事件，甚至对选定的飞机使用了远程控制手段，那就不会得出这样的推论：基地组织的那些受骗者并没有参与其中，也许他们更相信单打独斗，但他们却在无意中被暗处的势力利用，结果留下了承担所有责任的证据。发生在 1605 年的“火药桶阴谋”也可能与此如出一辙（见第二章）。

人为设计的乱局？

阴谋论者指出，不管发生了什么，无论是谁驾驶了飞机，当局始终没能跟踪到肇事航班，这是另一个有争议的地方。在劫机的历史上，这是第一次有人能够将所有被劫飞机的异频雷达接收机关掉（自动信标信号），没有这个设备，航班便难以追踪。然而，北美防空司令部以及负有保护美国领空重要任务的一些其他机构，常常夸耀他们可以使用雷达和其他设备跟踪任何飞行物体，不管物体有多小。所以，要追踪到飞机，异频雷达接收机就必不可少。基于自我保护起见，北美防空联合司令部制造了许多离奇的“巧合”——那天正在进行一系列高层次的安全演习——有些演习就是模拟被劫持飞机撞击重要建筑的情景，非常逼真。事实上，在同一天进行演习，无疑造成了巨大混淆（“这是发生真实的事件，还是在演习？”一个倒霉的空中交通管制员在听到发布劫机事件的消息时这样说）。这样一个不可能存在的巧合使很多人相信，演习只不过是有意安排的一个环节，策划者知道，在为行动不力找借口时，这样的做法将会是多么有用。即使假设基地组织对恐怖袭击负直接责任，他们的特工也应该不知道会有这样的安排，因为他们的组织处在绝密的状态——除非有内部人士向他们透露消息。

九一一事件发生前，按照常规，如果怀疑被劫持的飞机在几分钟内有异常情况或无线电静默，飞机是要被拦截的。但在这一天，并没有战斗机及时紧急起飞拦截，等到想要拦截为时已晚。其实那几架客机的速度很慢，这就很难解释得通了。对此他们辩解称，没有人能及时发现和拦截飞机，所以就造成了破坏，但是这和高层的证言明显不一致，这也有力地表明，事实可能并非如此。比如说，官方正式发布的空中交通管制记录，近年来被重新编辑过，似乎是要掩盖事件的人物、经过和时间等，副总统迪克·切尼、国防部长唐纳德·拉姆斯菲尔德和理查德·迈尔斯将军——这次危机中的关键决策者——都说他们要么不在现场，要么没有及时得到消息以采取果断行动。这和白宫安全顾问理查德·克拉克和交通部长诺曼·峰田的证词明显有矛盾。这两个人以及其他工作人员都坚定地表示，他们的同事至少半个小时前就在现场——在精确的事件发展时刻表上，这个时间差很明显。

峰田甚至报告说，那天早上其中一次袭击发生时他就在现场，这表明是切尼故意让一架失控飞机接近了五角大楼。有个特工似乎质疑这样做是否明智，询问这个“指令”（未详说）是否仍然有效，切尼厉声地对他说：“指令当然有效——你听到了什么相反的指令？”五角大楼不久就遭到了袭击。官方辩称，这显然是误解，但那些认为切尼在九一一阴谋中扮演重要角色的人则坚持认为，这是一个很重要的证据，暗示他在“顺势而行”。在九一一委员会的最终报告中，这次谈话也被删掉了，这表明当局也可能已经意识到其中的可怕含义。

至于当时谁真正驾驶了这些飞机，围绕劫持者还有许多问题尚未解决，有些人还发表声明，宣称他们现在仍然活着。除了那些据说留在汽车里的几乎非常明显的证据（《古兰经》、有关文档、计划等）之外，用来识别恐怖分子的其中一个标准，那些人的护照竟然是奇迹般留下来的，这些护照躲过了大火，飘落在地上，几乎未受到损坏，尽管其他的东西都已化为灰烬。

事实上，劫机所造成的破坏，其本质是什么，这才是阴谋论最关注的焦点。

五角大楼

世贸中心三座塔的坍塌充满着神秘色彩，常常最受人关注，在探讨它之前，应该指出，真相探索者们发现的第一个异常现象是，五角大楼的损坏明显要小得多。我们得知，一架载有 228 名乘客的波音 757 撞入美军总部的一侧，但早期图片上撞击处的可见孔（后来屋顶塌了）直径似乎不足 20 英尺，给这一侧造成的损害并不大。飞机的整个翼展有 125 英尺长，尾高有 44 英尺高，这样大型的一架飞机怎么能够进入这样小的空间，而且还没有造成破坏？照片显示，撞入点周围没有碎片残骸；工人放置在现场的电缆线轴，似乎并未因为飞机撞击而受到影响；上方的窗户也未受到损坏。问题也就随之而来：这样一架满载燃料的庞然大物撞击之后现场还会如此干净利索，这是为什么？不过从未有人给出令人满意的答复。

当局认为，飞机撞入大楼时速度极快（大约 500 英里 / 小时），大部分的碎片残骸最终都落在了建筑物里面，因此不容易看见，并补充说，机翼要么撞击时处在折叠状态，要么是被强风吹走了。撇开强风吹走机翼的说法，事实是，五角大楼内有几名目击证人看到，飞机似乎已经体无完肤、七零八落了——几乎不能辨别出那些是座位、尸体还是行李箱。据说是拍自77号航班的罕见的镜头中也可以看到一些物体，如发动机的铂片，但这些太小，很难判断是否是来自一架大型喷气客机；不过有人辨别出这事实上是“A3天空勇士”轰炸机的部件，这是一种不太为人所知的美国战斗机；再加上那些受损区域的奇怪的撞击特征(与发生在双子塔上巨大的爆炸相比)，致使一些人怀疑九一一事件中，到底是什么击中了五角大楼。

那天，很多目击者描述，看到一个非常小的飞弹射进了建筑物里——一枚导弹或一架小型飞机，并不是波音757。爆炸前，有架大型飞机在建筑物的上空，而且已经降低了高度，也许让人猜测这就是原因，但许多人认为，这只是真凶的一个诱饵，真凶其实就在它的下方。有人可能会认为，闭路电视系统将会澄清任何疑惑，但尽管图片肯定很多，以往公布得却很少，这使得事情真相变得模糊不清，很多问题悬而未决。

如果撞击五角大楼的是77号航班，那出现的谜题甚至会更多。例如，劫机者哈尼·汉卓尔是如何做到了一个飞行员应该做的事，并且成就了航空历史上的壮举，而他的飞行教练则说他几乎连一架微型的塞斯纳飞机都驾驶不了。如果官方的说法是真实的，那么这架波音757在不到两分钟的时间里从几千英尺的高空坠落，结果在半空中既没有熄火，也没有断裂，在最后一刻还做了一个完美的急转弯，即便蹭到了路边的路灯杆也没有转移方向，然后，迅捷地撞击五角大楼，当时五角大楼恰好正在翻新，无人值班。能够如此轻松径直撞击到建筑物的中心部位，造成的危害如此之大，这真的可以被视作偶然之中的偶然了。

关于 93 号航班的一种说法

阴谋论观点抛出了一个问题，在九一一事件中，如果撞击五角大楼的不是 77 号航班，那么那架飞机和乘客将如何处置？人们已经提出了一些想法来解决这个问题。许多猜想认为是飞机被调包了（其中甚至更富有想象力的说法认为，看起来像飞机的东西，事实上只是投射全息图）。这些假设认为，实际上，被劫持的飞机——如果它们真的被劫持，并且没有被悄悄转移到某处的话——可能偷偷降落和登陆在某个地方，机上的乘客也许从不知道到底发生了什么。有人说，所有航班上乘客的数量异常少，这样就可以使他们全部被转移到 93 号航班上，然后，这架飞机出发，在宾夕法尼亚州上空被击落。当然有许多报道说，在飞机降落下来之前，空中发生了爆炸，残骸以及不规则的乌黑火堆覆盖了几英里宽的范围，有人说这就是 93 号航班主要撞击的地域（几乎没有找到飞机的部件），这表明，飞机可能在空中就已经被摧毁了。

美国军方否认击落了 93 号航班，哪怕作为保护性措施他们也不会这样做，并坚称：乘客冲进驾驶舱，在飞机撞击目标之前迫使飞机降落，但是，正如我们已经看到的，官方关于事件描述的手机电话录音可能并不可靠。

世界贸易中心

关于九一一事件，烙在人们心目中的记忆，无疑要数著名的世贸中心双子塔在飞机撞击后爆炸，然后坍塌成一堆废墟那一刻的场景。由电视向全球直播在人们心中所产生的心理冲击，被大多数阴谋论家看作一个关键的工具，在控制人类服从“世界新秩序”的计划中发挥着重要作用。然而，也有人认为，同样是这些画面，也包含了一些重要的证据，表明九一一事件系人为策划。

官方对世贸中心的检查结果表明，飞机的撞击将钢梁上重要的耐火装置摧毁，使得可怕的热浪融化了建筑物的结构，最终导致大楼坍塌，几秒钟时间内，大楼一层一层下跌，直至完全化为废墟。我们从镜头上乍一看，这似乎是一个合理的假设。然而，许多专业的建筑师、工程师和物理学家，他们尽管与阴谋论关联不大，但都对这个结论提出质疑。

这里不是讨论科学分析的地方（许多其他的途径会提供详细的证据），但寻求真相运动的主要断言是，就凭火灾与损害不可能在这么短的时间里这么彻底地摧毁这些高楼。九一一事件之前，还没有哪栋现代化的钢筋框架的建筑曾经由于火灾而坍塌，然而，在这一天，这样让人难以相信的事情竟然发生了三次。

11 号航班和 175 号航班带着橘色的火焰球撞击各自目标的图片和视频清楚地表明，大量的飞机燃料是造成灾难的最主要原因之一，事实上，飞机撞击后起火，很快燃烧，形成厚厚的黑色烟幕，这同时也暗示火焰的温度相对比较低。人们普遍认为，钢材失去强度的温度在 2800° F 左右，但即使是官方报告也显示，各个建筑的最高温度也不可能超过 1800° F。耐火装置被摧毁通常被认为是问题所在，但这只是一个理论，没有证据证明这一点。尽管也有人做过一些测试，比如，朝胶合板箱的金属盘子上发射子弹，但都没有结果。即便考虑到防火的争论，批评者还是认为，双塔的坍塌不应该是我们看到的那个样子，如果是自然坍塌的话，它们会以自由落体的速度、参差不齐地、很干脆利落地坍塌。

那么，世贸中心怎样才会倒塌呢？大部分的怀疑者断言，肯定使用了某种爆炸物，在九一一前数周就埋在了大楼里，以确保世贸大楼倒塌时产生最壮观的情景。不用说，官方坚决抨击这一说法，但如果仔细研究会发现，证据很难完全驳斥。

有人常常会指出一些明显不合理的情况来说明存在有炸药。在大楼坍塌的录像中，拍摄角度有好几个，在大楼高处的某些地方，可以看到小“爆竹”样的东西在向外飞溅、爆炸，有时远低于坍塌的楼顶。有人认为，这仅仅是因为上面楼层下塌，导致气压波通过大楼，压出办公室里的碎片，但是，这也受到驳斥，理由是，这种气压波不会大到可以达到看见爆炸物飞溅的程度，就是上面的楼层相对于其下面的楼层来说，像自由落体那样快，也不可能；坍塌的速度是大楼自然倒塌的说法普遍遭到质疑的主要原因之一。爆破专家已经注意到了，九一一事件中产生的爆炸飞溅物几乎与摧毁老建筑使用定向爆破时产生的飞溅物相同。

消防员、救援人员以及世贸中心员工提供的其他证据也表明，炸药可能事先被放置在塔内。许多人描述道，在大楼还未倒塌的时候，就听到里面发生了不明原因的爆炸。据北塔的清洁人员说，第一次这样的爆炸发生在第一架飞机撞击前30秒，位置是地下室。支持楼内发生爆炸的证词很多，而且也比较可信，但九一一事件调查委员会给出的官方结论是，没有值得他们关注的证词。消防员已经声称因为他们已经接到命令，要保持沉默，但当时的采访中他们都特别提到说楼内发生有爆炸，这在电视节目中就已经大量播放了，不过这些采访后来几乎都进行了剪辑。

幸运的是，互联网上保存了许多原始记录。世贸中心办公室职员特蕾莎·维莉茨重述她从北塔被疏散的经历时，做了这样的描述：

> 到处都在发生爆炸。我敢肯定，到处都埋放有炸弹，有人就坐在一个控制面板面前按导火线按钮……又发生了一次爆炸，又一次……我不知道该往哪儿跑了。

其他许多报告也成为这段话的佐证。最明显的爆炸在大楼坍塌的画面可以看到，双子塔大楼的顶部不是简单塌向地下，其实是剧烈地向外爆炸，分散的碎片瓦砾以及人体残骸甚至几年后在好几个街区都被发现。事实上，有人看到其中一栋高楼在摇摇晃晃地歪向一侧的街道，之后该楼还一度被莫名其妙地矫正，这表明，大楼的下半截只是飞散到空中，而不是像那样地坍塌。建筑师理查德·盖奇已经证明，官方说法的主要原理之一——大楼中上一层向下塌，充当“大力士”，压塌了下面的楼层，如此类推——不可能成立，视频清楚地显示，顶层的所有东西在大楼坍塌时就已经四处飞散，并没有提供向下的压力。

那些声称存在爆炸物的人指出，根据物理学家如尼尔斯·哈里特博士和史蒂芬·琼斯教授的研究④，在世贸中心废墟上取样的灰尘中发现了似乎是“纳米混合燃烧剂”的微粒。批评者说，粒子只不过是油漆，但这在早期阶段的分析中已经做了调查，并排除了这种可能。纳米混合燃烧剂，可以用来生成快速爆炸，并且可以产生高温度的火焰，通常被用在爆破行业。其中一个很明显的迹象就是，钢材都熔化了——这在其中一座高塔坍塌之前的电视画面里可以看到，铁水从大楼的一个角落闪着火花倾泻而下。受损的耐火设施、过高的温度能不能削弱钢材的强度？但是得承认，要使温度升高到可以熔化钢材那样的极点值，绝对不是短时间的事。甚至在袭击发生的数周之后，清理工人还发现了大量被证明是熔化的钢材的物质，空中热成像系统也探测到非常高的温度，不过这温度绝不可能是一次简单的坍塌就可以产生的。

一些阴谋论家不承认纳米混合燃烧剂的观点，朱迪木博士等研究人员认为，可能已经使用了某种实验的高能技术，而其他人指出，也可能是一种微核装置。当然，大楼坍塌，没有留下什么痕迹。清理工人们也注意到，在废墟瓦砾中，找不到诸如电话、文件柜或其他一些东西，这很让人费解。相反，所有这些似乎已经变成了白色的有毒尘埃（许多纽约人长期吸入，造成伤害），这也有力地表明，肯定使用了什么东西，能够产生极高的温度。

不管怎么看待它，关于双塔坍塌的证据肯定还有很多不为人知，这一点不容忽视。世贸中心大楼办公室工作人员报告说，就在九一一事件发生前，大楼里可以看到一些不明来历的小型货车卸货，还有些叫不上名字的维修人员被领进双塔。袭击发生前的那个周末，有报道称，发生了一次不寻常的安全“省电模式”，这使得大楼里的很多地方的摄像头关闭和电力中断，楼内的缆线布置进行了“升级”，不过这些都未事先说明。难道这是为了一个更险恶的目的所做的掩饰？如果真是这样，是谁实施的呢？可以肯定地说，“基地”组织绝对不可能在不被怀疑的情况下进入如此重要的建筑物。阴谋论的观点是，进入者可能是九一一事件幕后那些受人指使的人——具有安全检查的资格。有些人指出，负责世贸中心安保的 Securicom 公司其所有者之一就是马文·布什——总统乔治·W. 布什的弟弟——他还与另一起巧合事件有关。

至于总统本人知道些什么，尽管一些真相探索者指责他是九一一事件的元凶之一，但也有人认为，他不是主角，可能直到最后时刻才有人告诉他真正发生了什么。有种说法，认为是影子内阁迫使布什支持这一自编自导的阴谋，如果他不答应，有人就会威胁他的人身安全。当总统在袭击后不久，坐着空军一号升入天空，他非常有可能遭遇意外事故或“恐怖分子”袭击的威胁，那天美国当局接收到的密码信息证实了这一点，基地组织是不会知道这种信息的（“天使随后就到”——所谓“天使”就是空军一号）。

当然，布什并没有坦承自己在九一一事件的经历，他似乎在试图掩盖某些东西。他后来一些说法证明了这一点，他说，他实际上已经看到了第一架飞机坠毁的电视画面，之后他还是进入教室，在面对国家危机的情况下，居然给孩子们讲故事。但 9 月 11 日那天，第一架飞机冲击的画面不可能播放（视频仍然还在相机中，而相机则在法国纪录片的制作者朱尔斯和盖德翁·诺代手里，那天他俩正在给纽约消防员拍摄），那么，布什总统是如何看到它的？或者他为什么说看见了？九一一事件谜团颇多，这是其中之一。

世贸中心7号楼

所有的谜团中，阴谋论者认为世贸中心建筑群的7号建筑物（世贸中心7号楼）的倒坍证据确凿，明显表明这一切是人为预谋的事件。世贸中心7号楼位置比双子塔靠后一些，在5号建筑物和6号建筑物之间。下午大约5点20分，双子塔倒坍之后的几个小时内，一切混乱不堪，人们几乎都没有想到，这时世贸中心7号楼会缓慢坍塌，宛如原址的定向爆破，好在所有人都已经成功撤离，不过离奇之处在于，从没有一架飞机撞击过它，那一整天，这幢建筑仅仅受到几次较小火灾的侵害。乍一看，受到撞击以及大火都可能是双子塔坍塌的合理解释，但是，对于世贸中心7号楼，情况并不是这样。随着时间的推移，人们对它的突然倒塌开始有了更多的猜想。许多人认为，这幢建筑应该是被炸药爆破摧毁的——尤其可以从它坍塌的速度（自由下坠至少两秒钟）以及位置的精确性可以看出来。如果双塔的坍塌目的是追求效果最大化的话，那这幢建筑的倒塌则没有引起多少注意。但如果是这样，为什么还要费心地将其完全摧毁呢？

有人一直认为，九一一事件可能与世贸中心7号楼（有人认为它是远程控制传输的源头）相互牵连，其内部办公室中可能藏有相关证据，必须清除，以免被维修工人随后发现，造成尴尬局面。其他人可能也利用了这天提供的机会（这就意味着有人预先知道这次攻击的细节），这非常方便，很多流传的有关安然公司腐败丑闻的重要文件当时就保存在这栋楼里——现在所有文件都损失殆尽。许多其他的重要档案以及珍贵的物品，据说在九一一事件之前就已经顺顺当当地转移出了世贸中心7号楼，但是这些文件却没有。

当局认为上述说法纯属诽谤，他们解释说，从邻近的双塔坠落的残骸、碎片上的大火溅到了建筑物上，这使得大楼燃起了大火，热量使建筑物的钢梁膨胀，最终导致了整栋楼的坍塌。国家标准与技术研究院（NIST）花了7年时间撰写官方报告，对这个问题进行解释，虽然报告比较科学，但是其细节还是有些缺陷。没有飞机的撞击，防火装置可能还在原位，未被移除，因此双塔的坍塌导致7号楼倒塌的说法不能成立。该报告还未能考虑到一个重要的现象，那就是，混凝土的膨胀率与钢的膨胀率大致相同，因此其认为钢梁受热膨胀与混凝土分离、并挣断固定大楼的栓钉的理论便有了瑕疵。也许最令人怀疑的是，对于国家标准与技术研究院所说的引起7号楼内高温的火灾的评估，不是基于目击者所见到的或者是镜头中见到的火焰，而是基于电脑模型分析的更高强度的假想火焰而做出的。换句话说，是模型通过编程，创建出虚拟火灾，可能在最极端条件下，造成这栋大楼坍塌，但在现实中却无法得到印证。九一一事件的研究人员如大卫·雷·格里芬，强烈质疑国家标准与技术研究院的研究结果，明确地指出，这是在犯科学欺诈罪⑤。

如果一场简单的大火就能够让一栋47层钢架建筑变为废墟——这栋建筑物里设有许多对美国中央情报局来说至关重要的办公室，有美国联邦经济情报局、市长应急指挥中心、美国国防部和美国国税局等等——那么就存在一个很大的谜团：这么糟糕的建筑设计如何通过了验收？还有，为什么世界上许多其他类似的建筑物仍然还在正常使用？让人称奇的是，一栋现代化的大楼里，没有发生任何火灾——即使有，也是离它非常远——竟然坍塌得那么彻底。

有很多事实证据表明，世贸中心7号楼是人为拆毁的，在其坍塌的几个小时之前，就有很多人预测它会倒塌——当时，有这样的预测是很不正常的。国家标准与技术研究院如果真花了7年的时间才查清这件史无前例的事故发生的原因，那么为什么在那一天就有人能够预言事故的发生？官方甚至在中午时分就对世贸中心7号楼的危险状态发出警告，大楼坍塌前不久，消防队员发表声明："这栋楼快要倒塌了！"BBC新闻甚至在大楼倒塌前23分钟做出了它要坍塌的报道，给人感觉像是这个报道似乎是早已有所准备——只是稍微早了一点点。这些线索都明显表明，世贸大厦7号楼的坍塌是人为策划的。

世贸中心的老板拉里·西尔弗斯坦在随后接受电视采访时，竟对7号楼做出了这样的评论：当局已决定“拆掉它”，似乎提到了直接拆除（“推倒它”公认为拆毁的意思），但这一说法后来被解释成：他只是指“撤掉”消防队员。这多少有些让人难以置信。或许基于安全考虑，在还未来得及意识到其中的含义之前，人们就草率地考虑，要拆毁的是世贸中心7号楼。毕竟，要拆毁一栋建筑，专业人员往往需要数天或数周的时间去计算结果，因此，怎么可能在几个小时内就将一栋大楼利落地推倒，而且与纽约最大浩劫的时间相隔如此之短？这可能表明，对世贸中心7号楼事先就有预谋——一个闻所未闻的疯狂计划——有关双子塔爆炸的说法可能会因此变得很清楚。

有关世贸中心7号楼在其坍塌前几小时发生爆炸的报道又一次甚嚣尘上，来自城市房屋管理局职工巴里·詹宁斯的证言尤其有说服力，他声称，那天早些时候，他和另一个同事就在7号楼里，突然，他们下方的楼梯发生了巨大的爆炸。官方试图暗示，这是由于附近双子塔中的一座倒塌所致，但詹宁斯说爆炸发生得更早一些，记者在他刚刚从大楼逃生不久就对他进行了采访，并且播放了采访视频，从时间上看，他所说的是合理的。事实上，詹宁斯说，他们大约上午9点零3分到世贸中心7号楼的应急管理指挥中心上班时，这里已经变成了废墟——然而官方记录说，办公室直到9点30分还没有倒塌，这里存在很多矛盾，非常奇怪。

巴里·詹宁斯可能还有很多话要说，并且他也开始声称，在世贸中心7号楼存有爆炸物，但他在2008年却由于不明原因死亡，死时只有53岁——国家标准与技术研究院对于他的说法予以否定。一直以来，还有许多与九一一事件相关的重要目击者都神秘死亡，这又让我们回到了那熟悉的阴谋论的话题上[⑥]。

谁是凶手

即使从有关九一一事件的简要概述中也可以看出，仍然有很多重要的问题需要官方做出回答。在所有阴谋论最关注的问题中，认为九一一事件其实是由内部人操纵的观点，无疑得到许多可以观察得到的异常现象所支持。不过这并不意味着每个所提出的解释版本都可信，但当时支持官方说法的大部分证据也同样值得商榷。有一点很清楚，那就是，2001 年 9 月 11 日那天到底发生了什么，到目前为止，尚未有准确答案。在大多数真相探索者看来，2004 年发表的《九一一事件委员会最终调查报告》中存在“遗漏、失真”之处（正如格里芬所言），这是毫无疑问的，同沃伦委员会对肯尼迪刺杀案的裁决一样具有讽刺意味。事实上，九一一事件委员会的负责人与布什政府关系密切，委员会在其最终的分析中，甚至避免提及一些明显受关注的问题，如世贸中心 7 号楼如何倒塌的，这从一开始就证明了阴谋论的猜测。

如果基地组织没有单独行动——或他们根本就没有行动——那么，谁促成了九一一恐怖袭击？我们已经看到，不论对错，许多人已经把矛头指向了副总统迪克·切尼。他和其他一些著名的在美国政治持“新保守主义”立场的政客，包括唐纳德·拉姆斯菲尔德和保罗·沃尔福威茨，都是“新美国世纪计划（PNAC）”的重要支持者。他们组成了一个智囊团，差不多在九一一事件的前一年，就已经制定了有效的计划。这份名为“重建美国防御”的文件，其实是为了构建一个更强大美国的蓝图。为了使美国维持领导地位，文件还列举了一些必要的前提条件，其中有一些最著名的文字：

> 改革的过程，哪怕它会带来革命性的变化，如果没有一些灾难性的或者催化性的事件——比如新的珍珠港事件，可能会

非常漫长。

仅仅一年之后，在乔治·W. 布什刚刚赢得那场有争议的选举之后，许多曾经起草“新美国世纪计划”的人就开始管理这个国家，美国已经有了“新珍珠港事件”，这是总统在九一一事件后特别提及的一个词语。鉴于许多阴谋指控都直接指向1941年的珍珠港事件（见第三章），也许使用这个词语并不明智，但可能是用得非常准确。

从对“新美国世纪计划”文档的极大关注这一现象中，观察人士可能会推测，大多数对官员说法持质疑态度的人都坚持认为，新保守主义者应该对九一一事件负全责，但也有人认为这本身可能就是一个插曲。也许不可避免，还有许多怀疑者认为以色列也在其中扮演了主要角色，指责其协助策划阴谋，帮助强烈反对伊斯兰世界。据说，以色列人看到燃烧的双塔时“跳舞庆祝”，还有一些关于九一一事件中有摩萨德特工活动的断言，所有这些对阴谋论家来说，都是很难理解的行为，这是给反犹太复国主义阵营的极端保守主义火上浇油，危险极大。事实上，就有记者如戴维·阿罗诺维奇，抨击整个活动是反犹太的，而且得到了允许，但这抨击既不真实，也不公平。由于缺乏明确答案，所有的可能性都必须要考虑。然而，总体而言，无论哪一派在事件中插手，对于“世界新秩序”统治全球的计划来说，九一一事件都非常重要——关于这一点将在第八章详细探讨。

不管是谁发动了这次恐怖袭击，毋庸置疑的是，新保守派获得了他们所说的“催化性事件”，给美国带来了想要的变革。为应对攻击而发动的“反恐战争”，夺走了人们许多基本的自由——这些自由以前在西方社会中公认为理所当然——并且加大了监视社会的力度，所有这些都是在保护我们的名义下进行的。世界各地的反恐立法繁多，灵活得让人有些担心，包括美国的权利违反法案、“爱国者法案”，为那些极权主义倾向的人打开了危险之门。尽管收集的证据零零散散，但还是将奥萨参与许多类似的罪行。1999年9月，在莫斯科、布伊纳克斯克和伏尔加顿斯克等城市的公寓街区，就发生了引人注目的巨大爆炸，使293名居民丧生，1000多人受伤。当局指责爆炸是车臣恐怖分子所为，但有人很快把他们怀疑的矛头指向俄罗斯联邦安全局（或FSB，克格勃的直系后裔），它被控进行了一系列的爆炸事件，目的就是为全面入侵车臣找一个理由。它还有助于提高俄罗斯联邦安全局的前主管、弗拉基米尔·普京的声誉——他就是凭着一个又一个的伪装计谋持续领导这个国家多年的。可以预见，车臣的政客都在宣传这一说法，西方媒体也支持这一观点，特别是《观察家报》的记者约翰·斯威尼。

俄罗斯当局已经极力否认这些指控，然而在爆炸前的三个月，瑞典记者简·布隆姆戈隆就已经发表了一篇文章，声称克里姆林宫正计划“在莫斯科发动一系列的恐怖袭击，并将其栽赃给车臣”，这暗示，肯定在什么地方提前泄露了信息⑧。接着，1999年9月13日，即莫斯科爆炸之后，俄罗斯杜马的发言人谢列兹尼奥夫宣布：

> 我刚刚收到报告。根据来自罗斯托夫的消息，伏尔加顿斯克的一栋公寓大楼昨晚被炸毁。

这个声明具有奇迹般的先见之明。当时伏尔加顿斯克的公寓并没有被炸毁，直到这个声明发布的三天后，公寓才被炸毁。

当伏尔加顿斯克确实遭到袭击之后，人们需要官方做出解释，但谢列兹尼奥夫拒绝回答，直至关掉了其在杜马办公室的麦克风——这是对合理要求的奇怪反应。两年过去后，谢列兹尼奥夫最终声明说，他指的是发生在伏尔加顿斯克的另一起攻击，他只是把日期搞混了。不过另一起事件只是很小而且没有成功的手榴弹事件，这就很难理解为什么他用那样的词语去描绘该事件。毫不奇怪，许多人对于这一澄清说法并不满意。这与BBC曾经提前宣布世贸中心7号楼坍塌的消息一样，不能不引起人们的关注，同时也表明，这又是一起提前照稿子念声明的做法，发布信息的时间比预期早，也暗示出俄罗斯情报部门其实完全知道发生了什么。

2010年4月10日，载有波兰总统莱赫·卡钦斯基，连同其政府的许多高官、波兰国家银行的总裁等人的专机在俄罗斯斯摩棱斯克机场附近的大雾中坠毁，无人生还。这一行人正前往华沙纪念“卡廷森林”大屠杀70周年——1940年，苏联秘密警察将成千上万的波兰公民处死——双方的敌对情绪仍然高涨。也许这就是为什么尽管有糟糕的飞行条件以及飞行员出现差错等解释，仍然有非常多的人指责，是俄罗斯策划了这次空难，意在削弱其邻国的政治决心。谣言（根据未经证实的音频录音）一度非常盛行，说有幸存者在事故地点受到枪击。随后俄罗斯调查所暴露出来的缺陷，包括对所谓尸检的不同看法，使得有人指责俄罗斯在掩盖罪行，并要求做独立的国际调查⑨。

这样的说法可能是源自历史怨恨，以及要找替罪羊的需要吧。但似乎也可以看出，让如此多的重要官员乘坐一架飞机，或许真是件不明智的事情。类似这样的事情确实发生得似乎有点频繁，1994年苏格兰琴泰半岛的奇努克直升机坠毁事故（首先归咎于飞行员，其次才是“错误的软件”）就是一例，这起事故成功地除掉了来自北爱尔兰的25名重要的反恐军官；还有一例，就是后来击落前面提及的直升机的（也叫奇努克）事件，该事件据说是让刺杀了本·拉登的所有士兵丧了命⑩。

7·7爆炸事件

对于大多数的阴谋论者而言，2005年7月7日这天，英国本身就成了重大伪装恐怖袭击的目标。官方的说法是，4个伊斯兰极端分子那天早上在伦敦巴士和三个地铁站引爆了身上的炸弹，52名乘客死亡，多人受伤。这些毁灭性的攻击震惊了全国，让人想起了几十年前的爱尔兰共和军行动，致使在许多论坛，人们对其心生厌恶和愤怒，不愿提及为它们都是某个计划的一部分，这一计划为“世界新秩序”的阴谋铺下了坚实的道路。关于这一点，还可以列举很多其他的事件，包括2004年发生在西班牙马德里的火车爆炸案、2002年巴厘岛爆炸、各种通过藏在内衣里或鞋里没有成功的飞机上爆炸案以及各种已经曝光的发生在世界各地的“与基地组织有关的”阴谋袭击，这似乎旨在加强人们对伊斯兰世界的恐惧和仇恨，以安全的名义加强对世界的高压控制。实际上，大量证据表明，无所不在的基地组织的威胁效应很有可能被夸大，这些我们将在第八章讨论。

在我们详细探索“世界新秩序”计划之前，还需要再考虑一个阴谋说法，尽管它在这里已不是十分重要，那就是，人们普遍认为，除了政治、经济因素之外，那些幕后操纵者动机的还有更多超自然的元素存在。

概　　要

反对者的声音

——九一一事件太严重，似乎已经不能简单地被看成是个伪装事件，因为它涉及的人太多，而且存在暴露操纵者的风险。

——谁会对“自己人”做这种事？

——对于袭击，官方的时间表、记录和取证中存在的各种反常现象，在“战争迷雾”中只不过是一些不可避免的混乱。

——世贸双塔的倒塌完全符合物理规律，也很自然，尽管它变成了不寻常的事件。

——与那些来自“边缘”的所谓的物理学家相比，政府资助的科学家更有资格对所发生的一切作评论。

——对于九一一事件的细节提出质疑，是对那些死者的不尊重。

——而且，质疑九一一事件，也是不爱国，甚至是叛国的表现。

——媒体坚决支持官方对事件的说法，因此“探索真相运动”是不对的，哪怕它会争取到更多的主流支持。

——对其他所谓的伪装阴谋事件的证据同样也是不可信的，不值得认真对待。

赞成者的声音

——为了能够做到袭击成功，不可能卷入太多的人，这样也可以造成足够的混乱来掩饰行踪。

——有些人认为，那些光天化日下作恶的凶手以及渴望权力的人对于杀害“自己人”是很少有顾忌的。

——九一一事件中的反常现象实在太多、太过离奇，无法称为巧合。

——将双塔坍塌解释为“新现象”，依据也只是猜测，是或明显扭曲的假设模型，这模型根本就没考虑到当时的实际情况，而且对建筑物的物理方面的解释也有误。

——科学家们有资格对官方的说法提出质疑，有时他们的疑问比那些受雇于政府的人的疑问多。

——不彻底调查九一一事件的真相才是对受害者的更大不尊重，这样会纵容其他类似事件的上演。

——与寻求真相的人相比，那些发动攻击的人才是真正的叛国者。

——媒体与九一一事件的黑幕制造者串通一气，通过有组织的欺瞒或恐吓手段糊弄民众。

——其他类似的伪装模式也表现出与九一一事件相似的模式，不可能全部都源于凭空想象。

结　论

在许多阴谋说法中，九一一事件的证据最有争议性，这表明无论袭击的最终真相如何，官方的说法都未能解决人们的合理关切。越来越多的公众对九一一事件产生怀疑，这些怀疑得到大量专业人士和学者的支持，他们的担忧意味深长，值得人们适当关注。

有迹象表明，有人希望将整个事情隐藏在历史的尘埃之中——比如肯尼迪遇刺案、美国“自由”号巡游船事件、东京湾诡计和各种其他相关事件，这些都已经成为神秘的过去。九一一事件寻求真相行动应该有紧迫感，让人们常常想起这个事件。当代全球冲突以及自由问题仍然来与 2001 年的恐怖袭击密切相关，很多与之相关的事件也表现出类似被操纵的痕迹，所以，让探究真相的火焰始终燃烧的机会至少存在。如果九一一事件仅仅是伪装袭击的一部分，那今天世界的基础就是有史以来最大的骗局，这个骗局必须通过真正的调查去揭穿，这样可以为我们的文明疗伤，并为我们的文明铺设一条更积极向上的道路。

第七章　外星人阴谋

非常明显的地缘政治策略常常吸引阴谋理论家的注意力，对于这些策略人们有着无尽的猜想，除此之外，人们还对某些方面产生了更深的疑虑：一些更神秘的计划会影响所谓的傀儡当权者的动机。有人指责，一些超自然活动都向公众保密，尤其是关于外星访客和我们人类文明的真正起源的认识，现在这种指责非常流行。地球在很久以前就曾被外星人潜入过，并且地球上存在的统治者根本就不是人类，有这种可能吗？

第一节　外星人的根源

掩藏真相

在阴谋论的版本中，有些看法很具争议——甚至受人蔑视——他们认为，人们长期以来一直将神秘的力量和外星访客的存在视为秘密的事情。正如我们看到的那样，情况就是如此，那些有影响力的高层人物对于超自然的神秘现象似乎比以往已经认可的任何领域都更加感兴趣。我们历史上是不是存在某个重要的群体，隐藏于我们的视线之外，却秘密地操纵着我们？有些真相探索者相信情况就是这样，并且坚持认为，对这样的话题进行经常性的披露也好，将其边缘化也好，实际上都是故意转移人们注意力的常见做法。

古代宇航员

1968年，流行文化中的两座里程碑式作品都注意到了一个主题，这一主题在几十年后，对于特定的阴谋论来说，产生了意外的结果：斯坦利·库布里克的那部有创意的科幻电影：《2001环游太空》（与阿瑟·C.克拉克合作）。这部电影描述了在遥远的过去，一些超脱世俗的人发明的东西影响着人类文明演进的脚步，从而激起了人们关于新时期的反主流文化和传统社会等类似话题的大讨论。与此同时，埃利布·冯·田尼肯的畅销书——《众神的战车》，也对较早时期古代宇航员造访地球进行了推测，从史前的雕刻品以及文物中尽力获取一些证据，来描绘飞行器的样子，想象身着外星人服饰的生物，以及其他一些可能的外星人活动，等等。虽然学术界对这种解读一直以来强烈抵制，但它们当时就彻底抓住了公众的想象力，并且从来就没有完全从公众的视野中消失。很多秘密都和秘鲁的纳斯卡航线建筑群以及类似建筑的结构，或埃及金字塔有关，它们一直都让一些人相信，这些东西是由于外星人的介入，才会被建造出来的。

1976年在NASA（美国国家航空和航天局）的火星“维京任务”中发现的人面石头，引起了轰动，大大助长了理查德·C.霍格兰随后的猜想，再次燃起了人们对古代宇航员理论的兴趣，从而创立了一个新的阴谋论。美国国家航空航天局说那里除了一件有趣的模拟物之外，什么东西都没有，但是这一说法遭到了反驳。人们认为，在火星上塞尔尼亚平原的表面，有许许多多无法解释的物体存在，包括金字塔和明显的人工建筑，这些东西的几何排列方式难以解释，与英国威尔特郡埃夫伯利新石器时代的复杂布局相呼应（这里出现有在英国引起众多激烈争论的神秘麦田怪圈），这些奇怪的排列布局加深了人们的猜疑[①]。

后来NASA航天探测器拍摄出的更清晰的图像似乎揭示，塞尔尼亚“古迹”只不过是一堆堆的岩石，这有些令人失望，也许是石头的形状和人的面孔以及其他物体有些许相似；但狂热的爱好者们却拒绝让步，声称照片可能是经过了处理，可能是由于侵蚀的原因，使得“文物”的边缘受到了磨损。这些年来，不断有传言说从新拍的或者储存的照片中可以看到火星上甚至是月球上更多的物体[2]。除了这些明显的可能性之外，还有一种解释涉嫌伪造登月照片（见第四章）的思路就是，美国国家航空航天局在月球上根本没有什么惊人的发现，于是在官方悄悄调查的时候，就只好准备不是很有震慑力的证据。

其他的一些发现也暗示，火星上可能存在有外星人活动。1988年，苏联发射了两枚探测器，研究火卫-1号，这是一颗奇怪的火星卫星。火卫-1号探测器在半途中就遗失了，但在1989年，火卫-2号探测器安全到达火星，在它试图接近火卫-1号的时候，一切都很正常。随后它还抓拍了一张迷人的图像，不过这也是最后一张，随后，探测器上所有的信息传输就停止了。探测器最后一刻显示的景象似乎表明，要么是一个长形的柱状物体停在了火卫-1号的附近，要么是某种光束。后来，通过对一些火卫-2号探测器早期拍摄的火星影像分析，人们发现，在火星表面上有一个很长的纺锤状的阴影，可能是“圆柱体”的投影。难道探测器是被某种高科技的情报部门截获了吗？从来没有人能对火卫-2号探测器到底曾经发生了什么做出满意的解释，但俄罗斯、美国和其他的一些国际合作任务发射到火星上的探测器故障率非常高（目前为止有八个失踪），这也表明，那个星球上存在的某种东西，这也使得黑幕的说法让人大感兴趣[3]。

除了冯·丹尼肯之外，笃信古代宇航员理论的另一个重要人物是已经去世的撒迦利亚·西琴。他对苏美尔和其他的美索不达米亚的神话传说的解释虽然存在争议，比如他认为在远古时期，有些像神灵一样的生物来到了地球，但是，这些对外星人血统的阴谋论已经产生了极大的影响。西琴认为，阿努那奇人——有些人认为，是与《圣经》的《创世纪》中所记录的拿非利人属于同一个种族——就是来自尼比鲁行星（人类假想行星）的外星人访客。根据他对于古代文献的整理——主流历史学家们经常批判这些资料——他认为，阿努那奇人的基因是按照奴隶种族的原始人种设计出来的，之后阿努那奇人就从地球上撤走了，此时尼比鲁人也开始了长途跋涉，沿长椭圆形轨道回到遥远的太阳系尽头。然而，那些外星人访客的血统被遗留下来，作为人类一个相当大的分支开始繁衍，这也可以保证精英统治人物能够不时地出现在历史舞台，以重新确立自己统治其他种族的地位，为尼比鲁最终的回归做准备。

尽管西琴版的解释受到了很多批评，但许多其他的关于世界的神话和传说似乎泄露了这样的一个秘密：像神一样的生物从天而降，干预着人类发展。《创世纪》的第6章，描述那些作为“神子们”的生物曾经发生过的杂交场景：

> 那些看着人类女儿的神子们，见到她们很高兴，就自由选择与她们婚配……神子们娶人类的女儿，并且和她们有了孩子的时候，拿非利人当时就在地球上（之后也在）。这是已逝的英雄的时代，名人的时代[④]。

我们遗传进化的进程有过中断和改变，这一主题一直在现代流行文化中有所体现，而《2001：太空漫游》是这些例子中最为突出的一个。

至于尼比鲁（或“行星X”）的回归，一些阴谋理论家认为这在不久的将来是会发生的。并且警告，随着漫游者再次进入太阳系内部，可能我们的星球会发生毁灭性的灾难。至今，这方面的证据尚不可靠（有些甚至是伪造的），有很多人已经做出了天文学领域也存在黑幕的断言，可以解释为什么人们对这样的假设保持沉默：假设中最耸人听闻的地方应该是已知有个星体比我们先进。

有人暗示，UFO（不明飞行物）和其他明显的外星人访客现象近几十年受人热捧，可能是预示阿努那奇人回归的前兆，并且经常有报道，说遇见的所谓外星人是些黑眼睛“灰色”的生物，按照西琴的解释，他们应该是一些被克隆的无人机“帮手”。在这里，简要总结一下相关的证据或许会有帮助。

第二节　不明飞行物

天空中的不明物体

无法解释的空中不明物体的传说似乎永无止境，这些传说将有史以来那些严谨的历史资料弄得乱七八糟，例如，《圣经》中的《以西结书》有关的描述就是这样，有人归结为天文现象的致幻经历或原始的解释，但其中一些描述非常具体详细，使人不得不相信。天空总是被看作是神的剧院，看作是占星学、天文学以及证据发展的场所，因此可以说，任何从这儿看到的事情，都曾经被当作外星人造访的证据，有些描述与我们今天所指的不明飞行物非常相似。甚至民间传说中被带入的仙境、遇到的妖精和其他主要的生物，似乎也与现代的外星人绑架故事有很多相似之处。今天，这种现象如此众多，以至于一些有胆识的心理学探险家承认，它们是一种很重要的现象，而它们真正的起源则无所谓了。

自20世纪40年代中期以来，不明飞行物现象大量出现，但是，之前的那个世纪中，就已经出现了许多关于不明飞行物的“传闻”。在19世纪80年代中期，加利福尼亚报道了一连串神秘的飞艇，当时飞船技术仍处在研制初期阶段。这表明，那些可能是早期秘密试验的雏形（就像今天一些人相信看到“外星人飞船”可能是秘密军事技术一样），但是，那些传闻捏造了很多与不明飞行物现象联系更多的事情，它们所传说的UFO的性能远远超出了飞艇的能力。另外，目击者声称与飞行物中的非人类生物有过相互交流，这种传闻也表明存在外星人。实际上，1896年就有一个被外星人绑架的记载，报道称，当时三个七英尺高的生物试图将一位当地的上校拖上一艘带有尖头的金属飞艇[5]。飞艇所造成的恐慌很快便消失了，因为有人认为，是有人在搞恶作剧或者是患上了妄想症——但是，当在第一次世界大战中德国开始使用齐柏林飞艇时，一些报道又开始出现，支持这些所谓恶作剧或妄想症的观点。然而，并不是所有的事情都能这么容易解释。

20世纪早期的其他飞船现象，又被重新解释为不明飞行物的活动。例如，1917年，有人声称在葡萄牙的法蒂玛出现圣母玛利亚显灵的奇异现象，当地三个孩子在放羊时突然发现天空出现两道闪电般的亮光，他们刚要走开，却看见在一棵绿色小橡树上方出现了一个浑身放光的女人，原来是圣母显灵。成千上万的人都是见证者，并且做了描述。但有人说，这是有人在人群上方的天空中用一个巨大的圆球在表演特大型的杂技。支持性的证据相当多（很多照片上据说可以看到那个圆球），而且梵蒂冈非常重视这件事，将它归为奇迹。似乎这些物体的旋转违背了物理定律，有关它们的描述使现代的观察者们注意到许多所谓的UFO的特点。据报道，接近圆球的湿衣服以及雨水坑能够瞬间蒸干，这是又一次关于近距离接触不明飞行物的报道[6]。

第二次世界大战末期，来自多个国家的轰炸机机组人员和飞行员报告发现了“喷火战斗机”，这是些莫名其妙的发光球体，紧紧跟随飞机之后，但是从不发动攻击。尽管当时飞行员害怕这些可能是敌方的秘密武器，但它们在任何角度都能快速转弯的能力，是任何自然现象或任何可用的科技都难以解释的。

罗斯威尔事件和其他宣称的紧密邂逅者

现在看来是虚构的罗斯威尔事件，是UFO事件报道大量上升时期发生的最著名的事件。1947 年 7 月 7 日，新墨西哥的报纸《罗斯威尔日报记录》中报道了一则让人难以置信的消息，罗斯威尔空军基地已经成功找到了一个坠毁的飞碟。然而，第二天记者们关于看到气象气球残骸的报道，很快就推翻了这则消息的可靠性，人们告诉这些记者，这些都是降落在附近沙漠中的气球的残骸。

但是，几十年之后，来自于前军方人事部门或者其他的揭秘者开始讲述发生在罗斯威尔的一些奇怪现象。特别是上校杰西 · 马赛尔出面否定官方的说法。马赛尔声称，他和他的员工所看到的，可能是来自于外星人飞船的物体。一些罗斯威尔当地居民有更多更详细的说法：外星人的身体（很多所谓接触了外星人的人声称，其身体是“灰色”的）已经被送进了当地的医院进行研究，这给故事增加了一些趣味性，并且使不明飞行物的传奇性更强。改变报道（气球成了检测苏联原子弹试验的装置，尸体被解释为碰撞试验假人）使阴谋的意味更浓了。

想要知道罗斯威尔发生的真相，鉴于有那么多的说法，而且时隔这么久，现在看来真的很难，甚至有一些不明飞行物研究专家也在怀疑事件中有没有外星人的元素。然而，很多阴谋理论家相信，的确发生了一次重要的相遇，那艘飞船被成功回收，送往位于 51 区的机库（或称之为“梦境”）——现在这儿是个传奇，在内华达州沙漠试验场，专门为美国机密军事项目服务。这表明，被俘获的不明飞行物的工程，已经秘密地成为最新技术进展的资源。据说神秘的外星人为了收集更多数据、了解地球知识，在一些令人意外的场合曾经出现过。

还有不少其他的军队偶遇外星人的新闻故事，但是，随着时间的推移，要弄清楚这些新闻的真相越来越难，因为隐藏与揭露交错出现，使结论变得模糊不清。例如，1980 年的蓝道申森林事件就受到人们各种各样的攻击，有的攻击也站不住脚（透过大雾可以看见灯塔的现象、隐蔽的迷幻实验等等并未被人重视）。在此次事件中，当时美国军人在萨福克的英国军事基地守卫，他们宣称，近距离地目睹了一个圆锥形的不明飞行物，这个不明飞行物就停在林地旁边。然而，他们的说法太专业，听起来不像真的。

与此同时，这些年来，大众已经报道了很多关于光柱状的、碟状的、盘状的、三角形状的以及圆柱状的等不同形状的不明飞行物，不计其数的人声称与外星人亲自遭遇过。尽管灰色的外星人是传闻中最常见的种类，其他的生物也有被介绍过，比如说，看起来像“日耳曼人”的高个子类人生物、类似昆虫的生物或者爬行动物的生物（见下文）。大众的传闻其实都进行了加工，甚至大部分都不真实，这其实不值得惊讶。然而，重复出现的话题中，关于奇怪的操作、外星人侵入、精确看到未来等等，占据了主导地位，如果没有其他的事，绑架现象肯定需要关注，这是我们这个时代主要的心理危机。

官方回应

当权威部门去调查不明飞行物时，那些令人印象深刻的数据往往被放在了一边，或干脆被忽略掉，正如《美国空军项目蓝皮书》所显示的，这其中收集了 1952 年到 1969 年间 12000 多次目击的信息，不过其中的大部分都被筛选掉了——有些可能是真的——原因是它们都很平常，但是无可否认，还有 22% 的实实在在的案例依旧无法查清楚。然而，不再有人言及这些确实重要的却有着明显不寻常的与外星人的遭遇。大多数的官方调查都遵循相同的模式，不管是让人印象深刻的军事人员、宇航员（包括“阿波罗 14 号”的埃德加·米切尔），还是已经提供了证词的商业航空公司的飞行员（如史蒂芬·格里尔雄心勃勃的披露项目）都是如此。这些也已经为不明飞行物现象收集了相当多的正面证据⑦。

美国政府严厉惩罚了英国电脑专家加里·麦金农，因为该专家在 2001 年至 2002 年期间伪装成黑客入侵美国军事和美国国家航空和宇宙航行局的秘密档案，查询不明飞行物的证据。这个事件引发了超过十年的引渡争端，史无前例，这也表明这些领域何其敏感。有争议性的人物如教皇尼克，声称自己曾为英国国防部研究不明飞行物的部门工作，并强调当局比其先前声明的更加关注此类现象。教皇本人也受到谴责，认为他甘当政府的“傀儡”，但是他的论点更清晰地证明了存在掩饰不明飞行物事件的猜测，例如，“宏伟12”（一项秘密的学术研究工程，据说在罗斯威尔事件之后就已经建立），或者“NSC（国家安全）5412/2特别小组”。所有关于这些组织的传说可能本身就是一种制造混乱的策略，将人们的视线引入阴谋领域，从而掩盖实际情况，尽管在不断增加的UFO事件面前，媒体揭露并定期声明“不明飞行物学已经过时”，但是还是被视为一种愚民做法，既激起了人们的兴趣，同时又增加了其中的不确定性。

不能完全否认，无论从哪一方面看，在我们的太空中都存在有某种未知的力量，但是，当局对这些几乎不予讨论，而且置之不理。然而，有时也可能听到很多诚实的观点。根据史蒂文·斯皮尔伯格的记录，在看了他的1982年的那部电影《外星人》后，不苟言笑的美国前总统罗纳德·里根就曾说过著名的话：“这个房间里许多人都知道，在那部电影中，一切都是绝对真实的。”斯皮尔伯格已经将这些当成一个笑话记录下来了，但也有人认为，里根，神秘的占星术的坚定拥护者，在这一方面做了一次少见的关于真相的声明[⑧]。

很明显，约翰·F.肯尼迪对待不明飞行物十分严肃（这同杰拉尔德·福特和吉米·卡特两位美国前总统的做法一样），1963年11月12日，肯尼迪总统下令美国航空航天局解密中情局的相关文件，目的是要与苏联分享不明飞行物的信息。两周后，肯尼迪总统便被人刺杀身亡。当然，这可能是一个巧合，尽管在阴谋领域论几乎没有巧合存在[⑨]。

起源和目的

至于那些外星人为什么会出现，说法不一而足。如果这是真实的，正如不计其数的科幻小说和电影所展示的那样，那他们会谋划入侵地球来监视我们吗？或是他们来这儿，只是为某种银河系资料库而收集资料和传信息？关于不明飞行物留下器官已摘除干净的牲畜残骸的传言很普遍，也有些人声称，在与他们相遇的时候曾取得了一些它们身体的物质。这些访客，是一些善意的力量想要尽其所能拯救人类，还是他们想要利用我们的 DNA 帮助他们度过进化危机？（一些人说它们有可能是未来的人类。）他们来这儿，是为了带给我们新的启蒙，创造更完美的麦田怪圈（这是在麦田的上空经常目睹到的现象）和发送通灵信息；或者他们是尼比鲁人的先头部队，为返回做情况评估；所有的这些可能性都将发生吗？那么，他们来这儿是想控制我们，还是想欺诈我们？

这些天外来客来自哪里又是一个难解之谜。如果他们研发了一种瞬间星际推进法，他们可能来自任何地方（一些遭受过绑架的人说灰色的外星人来自齐塔网状星系）。那些不能够接受“弯曲驾驶”理论的人认为，这些访客很久以前就已经将我们地球的卫星——月球的内部变为殖民地了（或者他们住在地球内部），并且在地球居住时间长达几百年，他们从幕后操纵着人类。也有人看见不明飞行物是从海里飞出来的。

从另一方面而言，所有坚持揭示真相并对学术不屑一顾的情况表明，相信存在有外星人只是一种集体性疯狂的想法，是内心深处主要意识巨大的心理反应，它会创造一些科幻小说，并在其中呈现出一种引起幻觉的现实。这种态度也许不一定很公平，尤其是因为其来自于媒体，要知道，最初媒体将其引入地球人视野中的作用可是非同小可。

仿造的外星人？

将 ETS（外星人）看作是一种大众思想形态的想法助长了另一种

阴谋论思维，有人暗示，“世界新秩序”可能会试图利用外星人威胁的理念作为一个巨大的心理战的实验，旨在鼓励进一步创造世界性政府(见第八章)。这样看来，部分不明飞行物的证据——并非全部——可能是蓄意被引入我们的文化，使我们慢慢积累有关的认知，等待“外星人”——但事实上是仿造的外星人——最终造访的那一天。

如果大量外星船只突然出现在眼前，这个世界可能真的陷入困境，在那种情形下，我们能相信自己的感觉吗？对全息投影技术潜在能力的担忧（往往被描述为“蓝色电波项目”）已经促成了“假外星人入侵”理论的发展，其中，已经有人表达出了担心：统治精英可能会在天空中投影一些图像，伪造成一位天外来客出现的情景。尽管如此，这样的技术有必要吗？答案可能还会在里根总统 1987 年在联合国大会上的演讲中找到。他说：

> 在我们执迷于短期的相互敌对状态时，我们往往会忘了团结所有人类成员的重要性。或许，我们需要一些来自地球外部的，甚至是来自宇宙的威胁，使我们能够清醒地认识到共同且紧密相联系重要性。我时常会想，如果我们正在面临着来自其他星球的物种的威胁，我们的意见分歧是否将会瞬间消失[10]。

有些人相信这一想法已经在“世界新秩序”（NWO）里做了解释，并且，那些通过伪造的手段建立一个“共同联盟”的计划还可能一直往前推进。所有这些都意味着，只要看见外星人飞船大规模地穿越云层，不管传送的信号是威胁还是友善的，人类社会都会用高度怀疑警惕的眼睛注视着他们。将来可能还会出现其他类似的境况，那种伪造救世主的讲话，以期实现《圣经》预言的事情也还会出现。

真正的权力

对于认为天外来客的确真实存在的那些人来说，更糟糕的莫过于篡改真相：几个国家的政府可能会串通在一起，谋划设计一些不同的外星人派系，有些是好的，有些是坏的，为了他们自身的某种意图，将我们引入他们设置的情景里。不明飞行物当然会显示一些真正令人印象深刻的力量，很多描述证实，不明飞行物可以使核武器导弹发射并失去作用。美国空军上校罗伯特·萨拉声称，1967 年他在蒙大拿州的马尔姆斯特罗姆空军基地时，看到一个缓缓盘旋靠近的飞碟状的物体出现，随即就导致大规模停电[11]。这则报道所产生的言外之意无疑是很重要的，这不禁令人有点担心。但如果同时想到已经为人所熟知的“爬虫类动物的议程”的话，则担心更甚。

第三节　爬虫类动物的议程

信仰的根源

在现代所有的阴谋理论中，“爬虫类动物的议程”已经成为最具争议的理论之一，即使在真理探索者的圈子中也不例外。起源于对阿努那奇人血统的信仰，一些调查者，如“电视主持人转变为偶像人物”的大卫·艾克，已经缩小了外星人群体身份的范围，这些群体可能很早以前就操控了人类的基因，他们原本是爬行动物。随着艾克许多力作的问世和惊人讲座的出现，越来越多的人相信，这些杂种的生物具备了变形的能力，他们的血统今天仍占优势地位。这种看法已经使有些人断言，统治精英或“光明会”中的一些关键角色，事实上根本不是什么人类——英国王室家族也成为外星人 DNA 的主要携带者[12]。

这一理论让人想象出了某些奇异的情景，女王或查尔斯王子从人类变形到爬行动物，再由爬行动物变回到人类，这样的想象甚至对于一些彻头彻尾的阴谋观察者来说也难以想象的。他们谴责持这种想法的人，谴责他们将本来探求真理的领域搞得声名狼藉，努力寻求最可信的东西才是应探索的领域。然而有些人乐意私下里思考这个观点，他们觉得，联系其他的理论公开谈论这件事却被人嘲笑，这只能阻止关于重要信息的传播，这些信息更明显地反映了人们对于“真实世界”的愤慨。其他的人则更激进，并且谴责“爬虫类动物的议程”的支持者是当权派的“托儿”，是收买来或被骗来散布流言的源头，这样做的目的是摧毁整个阴谋论的声誉。

关于高高在上、能变形、会饮血的外星人的传说，毫无疑问，被主流社会拿来诋毁其他派别的观点，这些观点涉及重要的热点问题，且貌似可信，但通过联想就很容易发现其模糊不清——不过那些“爬行类的议程”的追随者仍然死不悔改。因此我们会问，他们那些发自内心的信念是从哪里来的呢？

爬虫类动物议程的信徒们引用古书中关于蛇饮食过度的典故，尤其是伊甸园的故事，作为解读那些长期居于统治地位的人本性的解码器，而龙和其他爬行类动物的神话，以及它们经常被势力强大的家族和君主用来作为象征物的做法，更加证实了这个论点。考古学上有着极大魅力的恐龙和现代科学神话中的蜥蜴人，也已经被看作为神秘的爬行霸主存在的标志。对于大部分来说，这是潜意识的存在，也就是说，受害者如亚利桑那·怀尔德和斯图尔特·斯瓦洛除外，他们只是从小组中挑选出的两个人，声称亲眼目睹那些王室家族成员和杰出的政客在数秒内就变成了爬行动物的情景。

如果证据可信，那么真的可以认为，成人和儿童性虐待、疯狂的潜血饮酒礼仪和人类献祭，在某些地方是会定期进行的，不过大部分都是在地下的密室中进行的，比如女王在苏格兰居住的巴尔莫勒尔堡。其中的一些描述，在书籍和网站上均可以看到，如果都是真的话，那让人读过后会感到很不安，而且让人类看不到希望。比如，整个秘密的城市都变成了人类奴隶营所和“食品库”，那儿应该囚禁了数以百万计的来自世界各地的失踪儿童[13]。

如果证明了王室家族是冷血的爬行动物，这至少能够理解戴安娜之死为暗杀的说法有其合理性，因为这不言自明，王室成员要坚决保卫纯净的阿努那奇人血统，避免受到外部血统的影响。

批评与辩护

对于爬行类动物的谴责、满含义愤的鄙视可能都是一种保护性本能反应。像托尼·布莱尔、乔治 W. 布什、亨利·基辛格、迪克·切尼、罗斯柴尔德家族和洛克菲勒家族（他们通常被称为嫌疑犯）等类似的人和各种各样的前任部长和总统，其本性像蜥蜴一样冷酷无情，所以对于一些观察家而言，接受这类人似乎不大可能。然而，已故的女王，一位英国公众深深爱戴、看似温柔的女性，现在却有人相信她实际上是一个最贪婪和野蛮的种族的成员之一，正如目击者所声称的那样，这可不仅仅是让人惊愕，而是冒犯了这个国家的所有人。

敏感性稍差的反对者多从逻辑这点上指责爬行动物的议程，质问血统如何可以严密地保持亿万年，因为在整个历史中，家族的衰落、流动，有时甚至断代等情况都会时有发生。支持者则反驳说，爬虫类动物的基因可以以特殊的方式重新认定并重新激活，基因携带者能够识别生物体的现存内部特征，这些特征就会迫使这些基因寻找其种族的其他成员，这些成员通常是最占主导地位的统治阶级。通过这一过程，并且通过神秘学和一些秘密社团中上层人物所隐藏的古老智慧，有假设认为，外星人很久以前接管过我们的星球，并且从暗处某个地方统治着地球。那些把这与尼比鲁的回归联系起来的人，认为爬行动物留守地球，继续用这种或那种方式奴役人类，并为神的回归做准备。让所有人都诧异的是，在苏美尔人的传说中，上帝精确降临地点在现今的伊拉克境内。按照这种观点，那现在西方全力对付这个国家，或许还存在另外的解释。

因为爬行动物的基因似乎在西方领导人的身上更加普遍，难道在伊拉克加大影响是在为他们主人的秘密返回做必要准备吗？

一些人基于种族歧视的原因去攻击爬虫类的理论，他们声称，少数人的议论是反犹太情结的一种露骨隐喻：将蜥蜴比作犹太人。记者乔恩·罗森——一位坚定捍卫自己犹太血统的人——然而，在他为第四频道的一个节目做完巡回演讲之后，听到艾克和他的支持者谈论爬行动物时，也感到非常满意，那的确意味着他们是外星人品种⑭。

一些自称是目击证人的人回想起了他们曾参加过爬行动物仪式（应该是被洗脑的经历），另一个主要批评就是针对这种仪式。这涉及催眠复原，或使埋藏于其脑海中的图像自然逐渐地浮现而获取信息。许多心理学家对于催眠复原技术所存在的危险都持保留态度；有人认为，虚假记忆综合征是几起声名狼藉的虐待儿童案说法的根源，其中童年精神创伤表现为符号性的但实际上是非真实的一些回忆，进一步调查证明，这种技术是没有根据的。虚假记忆综合征也可能是由不道德的或者没有经验的治疗师自发暗示所造成的，在使用催眠复原技术恢复那些声称遭外星人绑架者的记忆时，人们也提出了类似的担忧。辩护者难免会反击，使用虚假记忆综合征指控系统的主张，本身就经常用来掩盖那些当局希望隐藏的信息。

掩盖真正恶行的一种面具

近年来有几起恋童癖团伙案件曝光，但人们对虚假记忆综合征的担心并不意味着虐待儿童的罪行就不存在。事实上，一些研究人员认为，明显的蜥蜴人记忆可能成为真正的虐待儿童事件的心理面具，在幻觉的情景中将虐待看作一种自我保护。有人断言，爬虫理论的引入是一个具体的精神病行动计划，旨在将注意力从儿童虐待团伙身上转移开，这些团伙中有些是权威资深的角色。将这些说法与那些显然是精神错乱的人联系起来——他们相信有饮血的外星人——再严重的事情都有可能最后变成平凡琐事，从而退出媒体的视线。

毫无疑问，哈莉·格雷格，一位患有唐氏综合征的妇女，声称她经常被一个苏格兰恋童癖团伙当作青年人虐待，这个案件得到了非主流社团提供给她的大力帮助，但同时也受到阻碍。哈莉的母亲称，医生、法官和其他当地的高级官员都被卷了进来，但她在伸张正义的过程中也遇到了巨大的阻力。由于她的案件苏格兰当局没有认真考虑，并反复拒绝受理，大量真正富有同情心的阴谋论信徒已经开始支持她的做法了。人们经常将这个事件和哈莉的唐氏综合征联系在一起——尽管这样不公平——去贬低她所说事情的可信度。然而当局的反应似乎不相称，2012年2月，支持哈莉运动的领导人之一，罗伯特·格林，被监禁几个月，主要原因是他泄露了哈莉的案情信息，这一行为被认为“妨碍了治安”。这种使用强有力的法律体系来封缄民口、平息指控的做法，最终却恰恰导致了更多的阴谋论说法，并且酿成了一场更大的支持罗伯特和哈莉的运动[15]。

因此，在任何情况下，真理探寻者群体对虐待儿童的焦虑，至少已经有助于将非常现实的问题突出出来。每年有政治领导及行业领袖出席的波希米亚丛林会议的仪式上（见第八章），都要牺牲（火化掉）一个孩子的塑像。这样的一些事情让很多人怀疑，所谓的爬虫类的议程各基本元素里，除了象征性层面的东西之外，还有没有哪怕一点点的真实存在?

其他同样的议程

那么，外星人的理论，一开始看上去，与本书所讨论的其他阴谋论的本质也许没有那么大的差异。从某种程度上说，他们用比喻的方法论证了这样一个观点，那就是，我们世界的统治者可能是这样的一些人，他们的行为特点——缺乏同情心的特点——常常似乎与地球上大多数人类不同。但如果“世界新秩序”的根源的确是来自于真正的外星人，那对于我们每天的所作所为来说，存在有实质上的影响吗?

对于大多数真理探寻者而言，“世界新秩序”的想象是大多数阴谋理论的中心枢纽，它似乎将许多看似不相干的理论集合到一起，成为一个统一的模式。本书中我们对此已经无数次提及了，我们将会更充分地探索阴谋论中，“世界新秩序”所起的重要作用。

概　要

反对者的声音

——“古代宇航员”和外星人血统的说法一直广受考古学家们质疑，他们对于声称记录了外星人活动的占星学符号、文字记录以及神话等都有极完美的解释。

——很多 UFO（不明飞行物）现象只是因癔病而误报的普通的现象，所以不能当真。

——罗斯威尔事件的传说只是基于道听途说，甚至在不明飞行物学界也受到质疑。

——所谓的“被绑架者”，可能只是一些心理受到创伤或不幸患有某种集体幻觉的幻想者。

——爬行动物的议程是十分可笑的，因为它也是基于那些心智失常的人或误入歧途的“疯子”所说的话，因此不值得考虑。

——将虐待儿童的做法纳入到爬行动物的理论，是廉价的哗众取宠的做法，旨在为业已让人无法容忍而又具有攻击性的东西伪造可信度。

赞成者的声音

——很多古代文化中记录一些关于神灵造访我们星球，并且与人类结合生子的传说，这些可能不只是象征性的，所记录的东西肯定是很久以前发生过的事。

——毫无疑问，君主以及朝廷贵族的血统一直保存得很纯正，这可能比我们眼见的事实更意味深长。

——不明飞行物的报道往往都是由合格的专业人员和军事人员所做出的，很多，所以就不能归为想象或者简单的现象。很明显，是在公然掩藏黑幕。

——来自罗斯威尔的告密者似乎确信，坠毁在那儿的东西开始不是人类，因此应给予重视——绑架事件的报道太多，就不能说都是谎言了，如果有些是由于人们的心理体验产生，这本身无疑就是一个重要的值得研究的现象。

——表面上看，爬行类的议程听起来很古怪，但有相当多的人相信它，而且它可能至少包含了一些重要的真相。

——虐待儿童的事情很严重，如果是因为外星人说法使它浮出水面，那么就不应该完全拒绝承认这两者的联系。

结　论

有证据表明，来自其他星球的访客或渗透者，既友好却又敌对，而且可能与我们经常相互交流，这些证据不容完全忽视。关于不明飞行物和其他不明原因的活动的信息，很明显被人掩盖了——说白一点，那些迫于信息自由要求的压力而强行发布的文件，很多关键的内容都以“国家安全”的名义被封锁掉了。

对于那些无法接受有更多超自然全球议程的人而言，也许犯有虐待罪和控制罪的人是地球人还是外星人这一点很重要。如果行为是相同的，那么其对立的行为也必须是这样的。最终，世人必定要对付他们的统治者，无论他们的原形是什么。不管哪一种方式，某一种意识可能正在推动“世界新秩序”计划的发展的断言是比较中肯的。

第八章 “世界新秩序”论

几乎每一个现代版的阴谋理论都有根主线贯穿其中——一切都为一个目的服务：为“世界新秩序”奠定基础。大多数寻求真相的人都坚信，肯定有某位治国精英正在按照蓝图用必要手段逐渐实现一个政治、经济和社会都统一的世界，他们将其看作谋略，谋求通过压制自由、恐吓威胁来实现统治。“世界新秩序”理论虽然被怀疑人士嘲笑为误入歧途的妄想症终极表现，但这个理论还是让很多人认真地反思他们的世界是如何被治理的。

第一节 世界政府

新的自由，旧的束缚

1913年，伍德罗·威尔逊，也就是后来的美国总统，在一本名为《新的自由》的文集中写下了一些奇怪的文字：

> 在美国的商业和制造业领域，有这样一些大人物，他们对有些人、有些事心存畏惧。他们心知肚明，权势就存在于某处，它安排有序，敏感微妙，让人警惕，环环相扣，完美无缺而又无处不在，即便有人责备权势，也最好不要高声讨伐。

虽然学者们有其他的解释，阴谋论者们则将这篇文章看作隐士精英们的自白，在这本书中已经提到了很多次。也许具有讽刺意味的是，一旦威尔逊入主白宫，他所提出的“新自由”将不会持续太久，因为他要建立联邦储备系统，建立许多其他的规章制度（尽管这些东西的作用现在看来让人怀疑）。不过，这可能是首次公开提及这种普遍力量，据说是为“世界新秩序”扫清障碍。人们普遍将阴谋学说的主题看作是潜在的主线，将很多的政策、暗杀以及政治骗局联结在一起，这让那些阴谋论研究者忙得不亦乐乎。

“世界新秩序”不是真相探索者杜撰的术语，而是政治家们对理想中建成的统一、稳定、繁荣的全球国家所广泛使用的说法。当然，必须要有某些国家站出来维持全球的治安。这样的说法已经不可避免地成为一直保持高度警惕心的人的关注目标，这些人担心“世界新秩序”真正的终点是“世界政府”，在地缘政治上是一个终结国家独立主权的超级政体，这种政府将会使巨大的权力集中于少数人之手——少数已经沾满鲜血的手。

“世界新秩序”的起源

有人可能认为，很久以前的罗马帝国和其他古老国家（见第二章）都试图建立一个高度统一的国家。在全世界各地扶植傀儡政权，形成网络，再由中枢主体管理，这样的模式虽然已成为历史，但在现代规划者脑海中并未消失。然而，现代“世界新秩序”的起源，可能在18世纪欧洲的秘密社团中就已经酝酿。有些人认为短暂的巴伐利亚人秩序，即“光明会”，是“世界新秩序”的一个起点，这些人觉得“世界新秩序”计划背后存在某些神秘的安排。虽然在1785年遭到官方镇压，但人们普遍认为，“光明会”组织还是偷偷地保存了下来，只不过转入地下，并渗透进政府、金融系统和宗教机构，悄悄地以小组的形式实行管理，成员从耶稣会士到犹太复国主义者都有。和“光明会”有关的很多虚构说法可能已经使真相模糊不清了，但却向现代人灌输了看似不可能的观念。对那些被认为是统治精英的人而言，“光明会”已经是个无所不能的组织了。

“光明会”和更高级别的“共济会”据称都与“世界新秩序”方案有关，有人认为他们从古代的神秘文化，尤其是埃及的神秘文化中接受了内在神秘主义以及难以理解的徽章标志。人们认为，经过多年后，可能是出于保护那些精英重要的智慧成果考虑，这些东西都被玫瑰十字会会员（17 世纪和 18 世纪一些自称属于擅长玄术的会社的人）、大圣殿骑士、教会慈善骑士团团员（中世纪教会团的人）和其他神秘组织保存了下来。外星人血统理论直接受到这些古代思想的影响，这在第七章中已有讨论。

虽然有所谓的巴伐利亚秩序的影响，但有些学者如特里·波特曼则认为，真正的“世界新秩序”构想，开始于 19 世纪英国和美国的统治阶层[①]。而且人们普遍认为，1776 年美国建国过程中这些秘密社团的影响就非常大。这导致一些极端基督徒指责美国是按照邪恶的原则建国的，旨在贯彻反基督者的预言，这些预言应该是经过几百年时间才得以形成。

与此相反，有些人则认为，美国的政治信念是，美国有义务实现圣约翰《启示录》中所提到的新耶路撒冷。问题是，除非世界末日的善恶大决战真的发生，否则这个预言根本无法实现。对一些人来说，这就可以解释，尽管美国的真正目的是将启示录带给人类，但为什么它的政策却没有带来世界和平。战争贩子们认为他们是在做神圣的工作（如乔治·W. 布什，在被问及为什么 2003 年入侵伊拉克时，他告诉巴勒斯坦官员他所做的一切很神圣）[②]，这种局面让有些人很担忧。当然，新教会鼓吹“世界末日”的牧师如泰德·哈格德等人对总统（如布什）的影响是很大的，其他的一些主要政治家也有类似的倾向，据说希拉里·克林顿就是“世界末日”组织的成员。如果某些美国公民将自己看作是上帝新“选中”的人，他们会共用以色列人的斗篷，这可能表明在他们国家，在建立“世界新秩序”中扮演积极作用，这斗篷是表达他们信仰的象征。

在英国“世界新秩序”计划的其他主要创始人也都有类似的信仰——他们是被神选定的（托尼·布莱尔也采取过哈格德的建议）。有许多传说声称，圣杯曾被带到英国海岸，这可能是又一次将由来已久的《圣经》主题用于民族主义目的。这看起来也许很自然，英国，曾经是生机勃勃的庞大帝国，又是美国的发源国家，理应团结其子民，重新点燃“一统政治联盟，领导世界”的梦想。到19世纪70年代，英国和美国名流之间交往密切，1902年创建朝圣者社团，此后不久又有圆桌会议，进一步巩固了关系，目标就是团结大西洋两岸的有钱阶层。

“世界新秩序”的发展

有些人拒绝承认宗教势力在暗地里支持“世界新秩序”的观点，认为此观点只是对金钱、权势和意识形态这些世俗东西关注的障眼法。事实上，1909年，英国的主要政客阿瑟·贝尔福在给美国总统西奥多·罗斯福写信时，他脑海里似乎还没有神秘主义思想，他还在推销特里波特曼描述的东西：

> 全球化的盎格鲁-撒克逊联盟，将倾两国海军之全力、携两国无可匹敌之统治，治理世界，带来永久之和平与繁荣。

这些年来，有一些类似的建议的确是符合了贝尔福的想法，有些人认为他的这一想法得到了充分的贯彻执行。与此同时，一些知名学者如H.G. 威尔斯和伯特兰·罗素公开呼吁建立“世界新秩序”，体现更多的乌托邦理想，乌托邦思想包括公开宣扬优生学，这可是另一个让人恐惧的潜伏于背后的方案。

然而，如果盎格鲁 - 撒克逊联盟是“世界新秩序”最初核心的话，那么，两次世界大战——有人认为是为了明确目的而谋划的——见证了背后各种驱动力量的重新整合平衡。1945 年之后，相对于蓬勃发展的美国而言，受到重创并且经济羸弱的英国——至少表面上是这样——突然沦落为从属地位。随着大量的新国家追求“世界新秩序”的理想，美国也利用联盟和自己的活动在推进这一进程，可是在 1948 年，富有争议的以色列建国事件又使人们的注意力重新回到原来的迦南（上帝允许给亚伯拉罕的地方）。然而，有些机构如伦敦金融城（实际上是英国的国中之国）、英国的君主制政体，不管他们是不是先进，都仍然很重要，这就意味着某些强势的思路仍然存在。即使现在，美国还在设法让英国支持它的各种行动，对于一个超级大国来说，这样做真是件很奇怪的事。正如阿努那奇的血统研究者们所认为的那样，经常提到的这种“特殊关系”比一开始更有意义。

批评“世界新秩序”理论的人坚持认为，按照阴谋论者自己的观点，那种认为像“卢西塔尼亚”号沉船事件以及偷袭珍珠港事件（见第三章）是阴谋，旨在将美国卷入世界大战的观点其实是分裂大西洋两岸，而不是制造团结局面。同样，美国一贯不愿遵守联合国和北约（分别成立于 1945 年和 1949 年）的一些方针政策，因为它们与美国的利益有抵触，这也可视为美国不愿组成世界政府的证据。然而阴谋论捍卫者声称，这些“不情愿”只是美国人耍的花招，明显有明修栈道、暗度陈仓的嫌疑，不管怎样，“世界新秩序”都确保应由美国人去领导。

有些寻求真相的人认为欧元是为通往“世界新秩序”设计的奥威尔式超级国家的一条途径，同样，这个想法受到了一些人的怀疑，他们认为，事实已经表明欧元是一种非常不稳定的货币。有人反驳说这种货币在设计时就具有不稳定的特性。这种公然的联邦制不可能一下子就为人所接受，所以有人就猜测，“世界新秩序”会吸引一些欧洲国家进入初步的统一形式，很显然，在欧元受到冲击的时候，会引进越来越多的联邦保护措施。一旦最终“世界新秩序”需要，肯定会有一种新型的更加集中的货币在严阵以待。

同样有人认为，由于人为操纵而导致的股市崩溃，比如2008年的那一次，美元失去了其稳定的地位，这在意料之中。这些据说都是为最终的“北美元”货币铺平道路的措施，这种货币将会把美国、加拿大和墨西哥统一在一个严格的联邦系统之下。很多玩世不恭的人对这个想法嗤之以鼻，但是这个想法的确很多人都信。当然，美国金融系统所受到的严厉批评，以及对万能的联邦储备系统存在的合法性长期质疑，都不断催生着新的阴谋理论，这在右翼人士中尤为明显。一些美国人一直在武装自己，他们害怕有一天在“世界新秩序”的最后一击下银行会关闭，美国的大街小巷会遭到戒严。

实权派的席位

尽管对“世界新秩序”有各种各样的猜测，但到底会牵扯到哪些国家并不重要，因为真正的权力似乎已经跨越了国界，远远超出了任何一种民主制度的掌控范围。有人认为，至少在西方影响我们生活的主要决定，一直以来是由很多高层智囊团和半官方机构做出的。知名的政治家、皇室成员、媒体巨头和大企业家都加入了这些组织，他们的会议从不对公众公开，但是，为了给人造成民主的假象，他们最终的议案会在由被挑选好的人组成的议会中走一下形式。

通常所说的典型的例子有彼尔德伯格集团、三边委员会、对外关系委员会、世界经济论坛、塔维斯托克研究所、罗马俱乐部，以及其他的机构。与此同时，一些主流企业如“共同目标”公司会为政府和企业员工提供培训课程，灌输联邦理想等观念。怀疑论者声称，阴谋论者对这些企业的说法太过夸大。但他们的存在以及影响力却不容否认，就连记者都已经开始质疑他们这样做是否道德——这能说明一些问题。彼尔德伯格集团（因为荷兰饭店在1954年举行的第一次会议而得名）已经受到非议。尽管他们讨论的内容没有完全公开，但他们的会议已不再是什么秘密。不过，大多数新闻机构都没有对其做报道，这就表明媒体是串通在一起来掩盖一些事情的。但也有例外，《卫报》的查理·斯盖尔顿在2011年6月就曝光出了彼尔德伯格集团的重要性：

2008年，乔治·奥斯本以私人的身份在科孚岛与俄罗斯寡头（奥列格·德里帕斯卡）、奈特·罗斯柴尔德和彼得·曼德尔森在一起闲逛时，英国媒体议论纷纷……但2011年，奥斯本以财政大臣的官方身份，与曼德尔森勋爵、俄罗斯寡头（阿列克谢·莫尔达索夫）以及罗斯柴尔德欧洲集团前副主席（佛朗哥·博纳比）在一起待了四天——同行的还有：世界银行行长、欧洲中央银行总裁、希腊财政部长、西班牙女王、荷兰皇家壳牌的董事长、比利时国家银行行长、高盛国际的董事长、玛莎百货的首席执行官……这已算不得新闻了……我不能赞成这个看法[③]。

这则非常直白的报道表明，集团组织的参加者都是些“世界新秩序”经常引用（也经常受到谩骂）的名人巨头。从上面所引用的英国乔治·奥斯本和曼德尔森勋爵的这则报道来看，来自著名的罗斯柴尔德王朝和洛克菲勒王朝的代表，以及一些主要银行家和实业家，经常与当代著名外交官和政客们混在一起。不否认他们对煽动集权式的创举很感兴趣，大卫·洛克菲勒（曾经一度是美国外交关系委员会主席以及三边委员会的创始人）在他2002年的回忆录公开宣称：

有些人甚至相信，我们是阴谋小集团的一部分，对美国利益不利，将我和我的家族说成是“国际主义者”，和世界上其

> 他的人合谋，企图建立更加统一的全球政治、经济秩序——世界政府。如果有这种指责，尽管我感到内疚，但是我仍然很为之自豪。

问题是，像洛克菲勒这样的富豪可能将类似这样的意图看作充满博爱的慈善事业，而寻求真相的人则看到了黑暗的一面。当然，某种形式的国际联合更有可能带来和平与繁荣，而不是分裂，但到底该采用哪种形式则是另一回事。善良的意图让那些只关注自己利益的政权有机可乘，而人类的福祉却受到损害。那些为了大众利益而工作的人曾经赢得信任，但是现在，人们对于那些有抱负的人，尤其是那些来自金融机构的人，真的是缺乏信任。

自2008年的那场毁掉家产、养老金和声誉的金融危机以来，大部分观察人士将银行业都看作是阴谋犯罪集团——他们使用对冲基金、理财产品、高利率和不负责任的预测等手段，来助推人们的金融热情，但却毁掉了他们真正的生活。当问题出现时，政府就利用公款帮助银行摆脱困境，即使那些底层的人受到巨大损失，这些人的奖金照拿。金融界和企业界游说者、军火制造商以及媒体部门显然在部长那儿享有特权，可这些部长本来是应该代表人民的；因此公众的不满与日俱增。独立的金融交易员莱西奥·拉斯塔尼在BBC新闻频道这样简洁地说道：

> 统治世界的不是政府，统治世界的是高盛集团。④

对于大部分人来说，将人类的未来委托给这样一些人似乎很危险。所以阴谋论在这样的环境中注定会茁壮成长，而那些高高在上的人则要考虑，须时时放下身段，感受民意，否则容易成为公众猜疑和中伤对象。

傀儡领导者

尽管“世界新秩序”和行使实权的特定群体的意识可能仅仅局限于

阴谋论领域，但大多数人觉得，他们投票支持的政客——如果他们现在去投票的话——和最终的决策没有什么关系。在英国民众中一直有个看法，那就是，人们正常的需求经常被忽视，而往往揭露的权力丑闻仅仅是冰山一角。人们知道，政府受到藏于幕后的各种潜规则的左右，选举有时也受到不法手段的影响。投票公然充满着许多违法操作（在对佛罗里达州的选票进行重新计算后，虽然很有争议，但布什还是最终获得胜利，其得到的“赞成”选票比戈尔少），然而，似乎不难理解，这只不过是常规程序的一次罕见的公开披露而已。

要进行选举，特别是在美国，似乎需要大量的金钱以及特殊的秘密社团，如“美国大学优等生荣誉学会”和“骷髅会”是当仁不让的备选者。“骷髅会”位于美国康涅狄格州的耶鲁大学校园高街，这里曾经产生了几位总统和其他政治人物，包括布什政府的各成员，尤其是乔治 · W. 布什⑤。有趣的是，据说只有两位总统——亚伯拉罕 · 林肯和约翰 · 肯尼迪，不属于任何共济会组织——而两人都遭到暗杀。寻求真相的人认为，所有的美国总统都是在“世界新秩序”的影响下提前选好的，但是候选人会因为竞选资金、投票程序或者卑鄙手段等造成不同的结果。

在巴拉克 · 奥巴马受到竞争对手的攻击，说他不能证明自己是土生土长的美国人时（这对于总统竞选人来说，是合法的要求），他其实显然成了阴谋论的牺牲品。尽管一些动机可能是种族主义的，但是质疑的声音还是非常普遍。尽管有说法称，奥巴马的出生地在夏威夷，但在他 2008 年 11 月成功当选之前，一直没有一份完整的证明材料。那年 6 月，竞选班子公布了一份简短格式的出生证明书，但并未能平息争议；有人大胆猜疑，说奥巴马事实上出生在肯尼亚，因此是一个不合法的总统。当他笨拙地发表总统誓言，第二天还必须要重新宣誓一遍以“避免阴谋论”的时候，又发生了很多尴尬的事情。2011 年 4 月，奥巴马的出生证明书用电子传真的形式公布于众，不过很多人坚持认为，这不是真正出生证的扫描文件，而系用电脑伪造。辩护者声称，文件异常可能是扫描过程导致的，但出现任何异常无疑都是很尴尬的事情，事实上，奥巴马已经花了好几年时间来证实其出生证明，显然对他的声誉没有什么好处。

奥巴马明显受到人们的欢迎，他对乔治 · W. 布什执政时期的政策进行全新的变革，但真相探索者对此不以为然，他们指出，仅是在他任期的头一年里，他就下令在中东地区对“反叛领导人”发动无人机袭击和暗杀，次数比布什的两个总统任期都要多。奥巴马签字放弃更多的公民权利、没能兑现关闭关塔那摩监狱的承诺等做法，很快就让他在民众心目中“温和领导人”的形象受损。这进一步证明，这些被选出的领导其实是在阻止变革，而非进行变革。通过对“世界新秩序”的解析，我们发现，只要同样类型的政府执政，执政者的面孔、性格还有肤色都已经不再重要。在世界上大多数国家，情况似乎都是如此。

坚定的阴谋理论家因此不再理会关于奥巴马的出生证明，认为这只不过是些障眼法，在共和党和民主党的宏伟计划中其实算不了什么。他们更有理由担忧那些个人赞助商——尤其是兹比格涅夫 · 布热津斯基，著名的“鹰”派人物——他们支持奥巴马获取权力。布热津斯基曾与总统卡特、老布什都密切共事过，有人指责，是他创建了基地组织，20 世纪 80 年代，他给阿富汗圣战者“自由战士”提供资金来对抗苏联的占领，其中许多人后来成为塔利班成员，之后在基地组织的领导下反对西方国家——有人说情况一直就是这样。

亚洲和中东

1998 年，兹比格涅夫 · 布热津斯基博士撰写了一本书，名为《大棋盘》[6]。那些寻求真相的人认为这个标题合适，因为我们多少都与之相关。棋盘上，布热津斯基关注的是中亚和中东。在他的书中，他提出了自己的希望，同时也表现出了担忧，如果要使美国超级大国地位不受到威胁，要使美国能够长期获得这一地区的油气资源，美国就需要在这一地区保持更强大的影响。这本书与文件《重建美国的防御》有一些共同点，好像是九一一事件的前奏。两者都对来自外部的威胁表示担忧，但同时又都有利用某种外部威胁的想法。布热津斯基写道：

随着美国越来越变成一个多元文化的社会，它可能会发现，在外交政策问题上形成一致的意见会难上加难，当然，面对真正普遍认可的直接外部威胁时除外。

对有些人来说，与布热津斯基有关的基地组织很快变成假想的外部威胁——这也是官方提供的九一一的说法——的观点似乎存在疑点。布热津斯基可能与九一一没有什么关联（他表面上反对 2003 年的美国入侵伊拉克），但他的话人们似乎铭记在心。布热津斯基认为，美国所采取的持续的行动虽然影响许多国家命运（阿富汗、伊朗、巴基斯坦、土库曼斯坦、乌兹别克斯坦等），但却是增强美国影响力的必要措施。他的这个观点似乎与他的很多建议相呼应，尤其是对中国和俄罗斯输油管道的担忧。因为这两个国家在现在的“世界新秩序”——至少表面上是这样——似乎还不是主要角色。2010 年以来，埃及、伊拉克、利比亚和叙利亚等国家所发生的巨大变化，以及它们与以色列持续紧张的关系，常常被认为具有相同的性质，都是同一模式的一部分，阴谋论者称其为西方操纵的结果，是“世界新秩序”演变出的一部分。

同样很难想象，伊斯兰国家如此轻易地屈服于异教徒，因此，强加于那些不情愿国家的任何“世界新秩序”的意图，大概都得以武力镇压开始。制造第三世界的战争被认为可能是迈向这一方向的必要一步。有假设认为，后来可能会强制实行一种新的“世界宗教”，以弥合信仰上的分歧，这种假设已有人在仔细研究。

基地组织的神话

在《大棋盘》中，布热津斯基对于世界的看法涉及到一些问题，因为它似乎对乔治·奥威尔的小说《1984》中的一些关键问题做了回应。这让那些真相探索者警醒可能隐藏于整个“世界新秩序”背后的极权主义倾向。

在《1984》中，受到残酷压迫的大洋洲（本来是个统一的美国和欧洲）每天都处在对伊曼努尔·戈尔茨坦的恐惧之中，伊曼努尔·戈尔茨坦是“大哥社”杜撰或夸张出来的一种无形的恐怖威胁。与此同时，在东亚正在发生的一场无休止的战争，使人类无暇再去制造其他麻烦。许多阴谋论者认为这正是我们今天的情况，基地组织就是戈尔茨坦，反恐战争以及中东的政治运动就是小说中的东亚冲突了。

这并不是说，基地组织不存在；事实上，正如我们已经看到的，它的存在可能就是一个外部威胁，但其真正的影响在媒体界之外一直饱受质疑[⑦]。许多人怀疑，苏联解体后，这个由拙散兵游勇拼凑的一个松散的组织，与美国完全不成比例，怎么能如此轻松地就代替了苏联，成为其头号敌人？“世界新秩序”的基础使九一一事件更加引人注目，如果现在所说的基地组织已经成为了一个真正的威胁，那或许也是夸张的宣传所造成的后果。

恐吓统治

按照奥威尔式的观点，在九一一事件刚刚发生之后，民众对于恐怖主义以及要遭受外来武力的高度恐惧已经成为现实，这种情况可以让我们一致同意“世界新秩序”所采取的各种举措，这些举措直指那些难以驯服的政治体制（见下文）。

还有哪些其他方法可以使用？在第七章我们已经看到，有些人相信，即使来自于类似基地组织的威胁还不算很大，我们发现，在面对虚假外敌入侵时，我们已经能够团结一心了。对外来势力的恐惧——无论他们是否是外来入侵者、恐怖分子或外星人——一直都被用作工具控制人类。分而治之的策略依然占据主导地位，“世界新秩序”可以看作最终的表现形式。

但是，如果恐惧是这一切的钥匙，那这最终的锁是否就是这些超自然的东西呢？

第二节　超自然的影响

反乌托邦，还是乌托邦

批评者认为，世界政府难以管理，而且不受那些有政治野心人士的欢迎。他们觉得，对真正自由问题的关注已经变为可笑的偏执，表现为对“世界新秩序”的不切实际的错觉，这些错觉将那些阴谋理论家带入死胡同，并且影响政治激进者的变革。真相探索者可能被卷进这样的思维中：一些很严肃的调查最终不了了之，大量的时间却花在去虚构一些超自然的仪式，去寻求出生证明书的真伪上——这些事情往往容易被边缘化，被视作狂热。

但这样的指责仅仅是另一种形式的阴谋论。辩护者指出，奥威尔的世界政府模式在真实的世界中会更加可行。如果哪位君王只是想利用“世界新秩序”为自己服务，而不是服从整个计划的话，那他最终可能会被真正的乌托邦力量所铲除。在乌托邦愿景即将实现之际，乌托邦力量会利用一些好战分子为其开道。

超自然倾向

那些指责“世界新秩序”企图建立“第四德意志帝国”的人更注重的是这个术语的喻意。虽然有些人将德国对欧盟的巨大影响看作是一种新的统治，即使只是在金融领域，但也有人相信，它的前纳粹统治者对古代象征符号（如纳粹党所用的记号“卐”），以及他们宣称的已涉足超自然领域等说法，已延伸到其他地方。

秘密社团无疑对现代文明的发展有重要影响，他们喜爱古埃及的象征符号，这使得在许多城市中都有了金字塔和方尖碑样式的建筑，充满了神秘的寓意。一些阴谋论者将它们看作一种宣言，或是聚集了超自然力量可以实际使用的神秘护身符。不可否认，金字塔现在特别流行，在巴黎的罗浮宫广场上，建有玻璃金字塔。还有，位于英国金融中心的金丝雀码头塔顶部也建成金字塔的样式，这样的例子不胜枚举。这些建筑无论有多深的含义，都是那些真正操控者潜在意识的表现。人们普遍认为这些建筑堪与那些庙宇、纪念碑相媲美，象征着巨大的权力。

上帝之眼

美国国玺反面的金字塔顶部是一只睁开的眼——美元纸币也饰有这个著名的图案，其象征意义如何，已经成为阴谋论者最热心研究的目标了。官方称之为“上帝之眼”，这是来自埃及的“荷鲁斯之眼”，据说是代表仁慈的上帝正在看着他的子民。在过去的几个世纪里，佛教徒、印度教徒和基督徒都采用过这个符号，但明显使用的是共济会的独眼标志。正因为如此，它被视为邪恶之眼。高高在上的共济会之眼俯视着下面的人类——下面的金字塔象征着人类。标志的顶端与整个主体脱离，象征着他们优越的地位，上面还刻有文字“Novus Ordo Seclorum”，译为“新秩序的时代”，与“世界新秩序”一脉相承，让人感到很不舒服。

历史学家们对上述解释提出质疑，他们指出，这一符号是1776年专门为国玺而设计的（金字塔的13层代表当时美国的13个州），而共济会之眼的标志是1797年才使用的。然而，共济会符号以及其他许多被秘密社团视为神圣符号标志似乎的确是悄然出现在政府公文、货币以及建筑物中。它们肯定有一些寓意，否则，为什么要用它们？它们只是精明的建筑师和设计师开的玩笑？有人暗示，2012年伦敦奥运会标志看起来很像拼写的单词“Zion”（耶路撒冷），只不过顺序有所变动。而奥林匹克体育场周围都是些比例匀称的“上帝之眼”风格的照明构架。民众对伦敦奥运会造型奇特的吉祥物非常感兴趣：吉祥物有角锥状的身体，头部都只有一只眼睛。究竟谁是真正的操控者？他们对于人类来说，真正的意图是什么？

尽管有各种解释，但从高层人士奇怪的行为表现中还是透露出一点信息，那就是，当局通常不太喜欢大肆炒作，但有些信息确实真实可信。

波西米亚丛林的仪式

坊间流传着这样的传闻，说存在一种邪教，让世界的领导人礼拜巨石猫头鹰像，并且将孩子作为牺牲供品。开始时人们只是一笑了之，只有那些极端分子才相信。但是，先是一些探秘者，然后是记者，开始声称他们确实目睹过猫头鹰仪式，人们的兴致就变得浓厚起来了，于是就开始有了波西米亚俱乐部的争论。

波希米亚俱乐部，这个以加州为基地的组织成立于1872年，正如它的名字所暗示，最初它具有艺术的特征（它现在仍然包括主要的名人、演员和音乐家）。但很快，它就吸引了不同类型的会员，政客、公司总裁和其他上层人士成为其主要成员。波希米亚俱乐部很快变得很有钱，于是就买下了当地的一片林地，命名为“波西米亚丛林”。随着岁月的流逝，在那里举办的一年一度的聚会开始吸引成千上万来自世界各地的人。经常有报道说一些有地位的要人在那里露面，成员包括基辛格、尼克松、小布什和老布什、切尼、布莱尔和其他的国家领导人。女人被排除在外，这似乎是波希米亚俱乐部的基本规定。

女性在这样的环境中可能觉得不太舒服，这些人谈论粗俗下流、幼稚可笑的话题，做性暗示的行为，这在一年一度的篝火宴会上随处可见。当然，如果没有一些扑朔迷离的神秘仪式的话，所有这些听起来像是男人间的插科打诨，的确无伤大雅（实际上演员哈里·希勒就是这么说的）。

2000年，记者乔恩·罗森在阴谋论者亚历克斯·琼斯的陪同下闯入波希米亚丛林之后，波西米亚丛林的仪式才完全暴露出来。每年一度聚会的隆重开幕式包含了一个被称为“火葬忧虑”的仪式。秘密拍摄的视频显示，夸张的露天演出节目中有个讲故事的表演，参加者们身穿长袍游行，画面里，巨大的猫头鹰石头雕像前有个祭坛，祭坛里燃着火炬。有些人说它代表异教的摩洛神，是个长着牛头的怪物，但波西米亚俱乐部的图像明显是猫头鹰，象征“知识”。关于供奉活人祭品的谣传似乎来自一个事实：在仪式上，一个小孩的塑像被船从湖的一边运过来，然后，塑像在事先录制好的疯狂的音乐声中被焚烧掉。参与者希望通过这样的方式，将世界上那些“阴暗的忧虑”火化掉，然后他们就无忧无虑地欢呼雀跃，接着就是讲黄段子、相互戏谑打闹。

现在在互联网上可以自由浏览的一些镜头，是由一些观察家私下偷拍的，但似乎是有点过分渲染，本质上，都是些无害的娱乐活动（荣森在他的第四频道系列片以及他随后的书中也这样说）。其他人，比如琼斯，则认为整个事情就是个错误，令人不安，即使不是邪教，至少也可当作“世界新秩序”背后存在神秘议程的证据[8]。仪式上使用一些神秘元素虽然一直被视为无伤大雅，但用小孩塑像做祭祀品似乎很对那些怀疑者的胃口。

重要的是，波西米亚丛林仪式，不管是灯光娱乐还是特殊仪式，对于出资参加这一仪式的人来说一直很神秘。俱乐部的会员并不认为我们有权知道，他们为什么在闲暇时间跑到这儿来，穿长袍，向猫头鹰石像供奉婴儿塑像？不管是不是阴谋，这都显得蹊跷。尽管不否认波希米亚俱乐部的存在（事实上，比尔·克林顿曾在新闻发布会上对此高调开过玩笑），但是不允许对它做深入披露，这也是对其成员反复强调的一项规定。波西米亚丛林的守护神，内波穆克的圣约翰雕像就立在那儿，做着让人噤声的手势——以手指掩口。

主流媒体倾向于含蓄地——也许有些愚蠢——称其为“绅士俱乐部”，对其不以为然。但如果真是这样的话，那为什么有那么多呼风唤雨的人物都如此看重这个俱乐部呢？据说讨论发展原子弹的第一次会议就是在波希米亚丛林召开的，这样做也许很明智，远离全世界的目光，但同时也似乎偏离了民主程序。

让人称奇的火葬

再来思考另外一些问题。如果用轻视的态度看待那些自认为应该承受“阴暗的忧虑”的人，那肯定有人会问，对于当权者们在暗地里所做的这些事情知晓一二，是不是就意味着对这些人的要求或命令可以置之不理了呢？如果真相探索者相信几乎所有事情经过（从吸血的帝王到虚假的外星人入侵），在骗局面前，他们真的能为之负起责任吗？媒体不敢问的原因，是不是因为他们当中就有该俱乐部的成员，经常出现在猫头鹰石像之下呢？尽管可以公开看到关于“火葬忧虑”的画面及媒体报道，但是每年，还是有数以千计的抗议者围在波西米亚丛林的周围，声称他们有权知道发生了什么，不过诉求通常都难以实现。人们所知道的，也只是像亚历克斯·琼斯等人所做的那样，带了一个录音器而已。好奇仍然弥漫在人们心头。

正如我们在前一章看到的那样，如果阴谋论最坏的推测属实的话，那将活人做祭品的活动可能是在暗处进行的，即使对那些参加波希米亚俱乐部的人也不开放。然而，更大的担忧在于，那些哪怕只是拿孩子塑像做祭品的人，同样也能在适当的时候，拿任何被选中的真人做祭品。

第三节　社会控制和人口灭绝

控制世界

“世界新秩序”怎样运作才能保证畅行无阻？奥威尔的小说设想了一些高压手段，如控制信息、全面监控和解构语言等；而另一个反乌托邦式版本——奥尔德斯·赫胥黎1932年的小说《美丽新世界》，设想的策略则有：化学药品、性干扰和人口灭绝政策。阴谋论中强硬派认为，所有这些方法在今天都有使用，而且是赤裸裸地使用。他们还认为，如果大多数人连怪异的波希米亚丛林仪式都已习以为常的话，那他们也将不可能对那些可能发生的事产生兴趣。

自九一一恐怖袭击以来，一直认为理所当然应该获得最基本的自由，毫无疑问被侵蚀殆尽，有些是通过公开的立法（如《爱国者法案》），但大多数则以附件或细则的形式隐藏于各种文件之中。那些处在金字塔顶端的人，受到的约束比较少，这使得他们在任何时刻——由领导者选择的时刻——都可以动用无限制的“紧急权力”，比如2007年乔治·W.布什悄悄签发的《51号指令》。“果园作战密谋”和“雷克斯84”规定已经为在特定的危机中采用全面军事控制的做法提供了基础。由于受到各种新规定的保护，也为美国出于特定重大的任务实行拘留扣押打开方便之门，这其实也为制造另一个“国会纵火案”提供了很多机会。

真相探索者说，国内的许多动乱有时属于故意搅局，并且受人纵容，旨在逐步取消人权。比如，2011年英国发生的大规模骚乱中，第一天晚上，警察竟然莫名其妙什么措施都没有采取，这无疑极大地纵容了动乱[9]。前几章中就已经突出了这样一个核心观念，那就是，如果恐惧可以分级的话，那恐怖暴行是分阶段展开的，九一一恐怖袭击就是终极阶段。按照这个观点，在校园和购物中心发生大规模枪击事件也应该是有组织的行为，事件肇事者受到了催眠术和洗脑技术的控制。一些人认为，2011 年的挪威大屠杀——种族主义狂热分子安德斯·贝林·布雷维克在爆炸和一系列枪击事件中共杀害了 77 人——可能就是这样的一个案例。这些悲剧性事件呼吁社会要做更多的管控，同时也让人觉得恐怖离人们更近了一步。人们还要求对枪支进行管制，要求解除右翼民兵的武装，这样做会削弱与“世界新秩序”计划做斗争的能力。

美国联邦应急管理局在美国全境已经建立了一个庞大的拘留营网络。尽管其中有些“拘留营”已经表明用途很简单，但是，还有相当数量的“拘留营”建得很神秘，而且目前也都还空置。在发布会上，当局暗示，这些只是为那些“移民”准备的。一些怀疑人士认为，这就是“世界新秩序”的集中营，是为灭绝种族的屠杀方案所做的准备。

我们的社会似乎一直都处在外部威胁的恐惧之下，所以，那些能够“保护”我们的措施大受欢迎，这也是管控方案所谓的高明之处。媒体成天都对恐怖主义、犯罪、暴乱、移民问题、全球变暖问题、猪流感、禽流感以及携有致命武器的外国人等做铺天盖地的报道，不断地给民众敲警钟，所以就连不爱管闲事的社会民众都会对政府当局有所请求。于是政府当局做了适时的回应，我们——普通的民众——便一致同意，任由他们四处安装监控摄像头（英国要比世界上任何其他国家安装得都多）、全身扫描仪，设置机场防入侵程序，扩展警察和军事力量，课以沉重的环境税，建立卡夫卡式的官僚机构，制定“健康和安全”限制措施——尽管这些已远远超出了职权范围。同时，也是我们，给那些尚存在争议的战争和侵略亮了绿灯。

真相探索者抱怨说，那些受了诱导的社会偏见遏制了人们的言论自由，人们害怕被愚弄、被评判，所以看待彼此的思维和行为时就有了偏见，而且宁愿坚持己见。在社会机制自身已经不能平息愤怒的民众的地方，我们看到他们采用了一些诸如离奇的事故、匪夷所思的自杀事件或其他方式来消除民愤（见第五章）。然而，“防民之口”与“防民之心”还不同，私下里，人们还是会经常交换看法，这些看法与官方宣传多少有些不同。官方宣传所呈现的未必是我们大部分人眼中的世界。

未来的监测监控

除了盘旋在太空中的间谍卫星、无人机和闭路电视监控系统外——有人说这些可以防止犯罪，尽管统计研究表明并非如此[10]——过去几年来增加了一连串的立法，使政府能够窥探个人的电子通信情况。现在，我们每写一封邮件、每浏览一次网站，理论上都会受到记录和监控。这引发了非常重要的人身自由方面的问题。它不仅将每个人都视为潜在的罪犯，而且在未来有法西斯主义倾向的政权里，不管是“世界新秩序”还是其他什么形式，都可以很轻松地滥用这些信息。未来有计划在人类身上植入微芯片，这可能会使私人通信和自由行动更容易受到监控。军队、警察和宠物都会被植入身份信息（ID）标签的微芯片，如果没有太大阻力的话，这一进程的领域可能还会拓宽，并且为人类所接受。

电子 ID 将会对我们每一次活动和金融交易做规范，如果有危险分子被当局锁定，电子 ID 就会及时地对将要发生的事情做出预测。植入的元件可以一下子关闭，关闭之后就不能再进行相互交流信息——这个特点让人们觉得它很安全，所以很愿意植入。但是，那些对这个发明持欢迎态度的人似乎忘了，天使并不是来管理世界的，有些阴谋论者看得更远，他们预测，植入人体的微芯片，因为有载入的信息，可能潜在地成为控制他们思维意识的工具。福音派基督徒相信，他们也会履行《圣经》关于“兽印”的预言（那时候任何人都需要植入附有兽印的生物晶片，否则他们会被斩首），没有它，人们就不能“买卖”，这更加让人担心，“世界新秩序”就预示着反基督者即将来临。

随着技术的飞速发展，不久大脑就能直接与电脑互动（早期的实验已经证明可行），且与社交网络和互联网能够长期连接，直接将信息投影到思维中，这些技术带来的好处可能会吓到上几代人，但却深受那些在技术时代长大的一代人的喜爱。不过，认为人类文明最终会受这种方式控制的担忧也确实很流行。

“全球脑”所提出的问题是——互联网是全球脑的本源——它将非常容易受到集权主义者的影响。社会中的大多数人已经不知不觉地相信，维基百科的信息，已经成为几乎所有事物的现代正统说法了。但也有人担心其发布者存在偏见，尤其是对另类思维的偏见。如果所有人都只能从同一个池子里饮水，那么污染的风险就成为主要问题。互联网审查制度被阻止了数年之后，当局意识到这是将妖魔放出了瓶子，危险可想而知，现在这一制度又已经悄悄通过后门实行起来了。不要想当然地认为，不断地给互联网这一重要工具以自由，就可以让许多不同的激进主义危害有所削弱。

一些非常严厉的互联网限制措施，在“版权保护”的面纱下会慢慢地实行起来。同时，按计划逐步引入的改进系统会为更快、更多功能互动提供保证，但也可能会伴随产生一些新的特许经营法和一揽子控制，这些可以被看作是自互联网开始被边缘化陷于沉默以来，互联网兴盛的独立之声。不需要任何挑衅性的禁令，渐进式发展和自身的调节就会发生，不需要“世界新秩序”直接干预。

社会的程式设计

本书已经探讨了无处不在的宣传。人类自有历史以来，就有了宣传，其目的是获取政治上的支持或向大众灌输特定的思维模式。然而，一些真相探索者认为宣传还有其他的用途，他们相信，有人通过社会的、化学的和物理的方法，故意让我们变得毫无生气，对周围一切漠不关心，这对他们有利。这些方法起到黏合剂的作用，将整个社会聚合在一起，内容涉及从分崩离析的家庭、关系受到侵蚀的社区，到失落的精神价值、受到诋毁的语言；从年轻人对足以煽动本能却无积极作用的音乐的痴迷，到随时都能接触的色情的或暴力的图片。“简单易懂”的广播和电视节目，书架上摆满的杂志里充斥着无聊的名人八卦和色情的幻想，这些都是用来对付我们的心理战的一部分。除了这些，甚至媒体也已经遭到质疑，有人指出微波发射塔以及无线宽带的快速增长，就是针对我们的另一种攻击。即使在主流圈里，这些东西对健康所产生的潜在消极作用也在不断增长。

依靠这些方法，再加上背负债务以及日益增加的压力，我们据说就这样被推入了一个冷漠无情却又心烦意乱的境地，我们感到无比压抑，不想抗争，不思进取。因此，“世界新秩序”才会让民众远离波希米亚俱乐部或彼尔德伯格会议的大门。但也有少数人，心存抱负，渴求真相，不过这些人往往沦为笑柄，如果有必要的话，还会被除掉，杀人灭口。

新时代将这解释为集体能量感应的削弱，这种削弱会阻止人类取得进步——其实心理学以及古老的预言一直认为人类会有飞跃式发展。事实上，有人暗示，最近几十年“世界新秩序”的控制有所加快，其中一个原因就是，有人真正意识到，可能有一次宇宙灾难很快将要袭击地球，可能表现为巨大的太阳耀斑、小行星撞击、银河系的超级波、地球巨变或阿努那奇人回归和行星尼比鲁的返回等等。那些对超自然以及远古符号学感兴趣的人，可能会非常在意古时候的那些神秘预言，以及现代的星象预测。“世界新秩序”中那些更加笃信神秘主义的人一直认为，2012 年 12 月 21 日以后全球会有大变动。如果他们预测准确的话，那真要警惕他们所说的这种大破坏的可能性了，而且，人们也要关注他们关于人类会发生巨大变化的说法——也许这就是他们为什么一直没有机会得逞，不得不改从我们精神和身体健康下手的原因了。

化学威胁

无论在阴谋论圈子的内部还是外部，对化学制品都存在极大的焦虑，如担心有害的添加剂、防腐剂进入大众的食品市场。众所周知，许多这类化学制品都会产生危险的副作用，尤其可能导致儿童多动症——被诊断为注意力缺陷多动障碍，医生会开一些具有抑制作用的药如利他林，这就形成一种恶性的药物循环。据说在美国，有十分之一的儿童服用利他林，这真让人难以置信，成年人服用抗抑郁药物的比例与此相当，但作用不大。对于那些阴谋论者而言，所有这一切都证明“世界新秩序”的动机就是用化学药物迫使我们就范——让“消遣性的”街头药物毁掉整个社区。阴谋论者有普遍的共识：所谓的“对药品宣战”只是一个幌子，真正的用意是放任自流，例如，在阿富汗，在西方国家占领了十年之后，仍然不能完全摧毁鸦片的种植。这是为什么？因为那些成天忙于逃亡、打战、抢劫或拉皮条的人不太可能敦促议会管理政事。

作为文明人，我们似乎非常热衷于吞服这种或那种药物，2009 年猪流感大流行的时候就是这样。尽管对于特定病毒毒株的作用不大，抗流感的药物达菲的销售量仍然一路飙升。这就让人怀疑，整个事件是为制造商罗氏实验室兑现现金，还是企图让整个世界充满致病菌，产生致命的病毒（见下文）？阴谋论研究者非常关注一则消息，那就是，美国前国防部长唐纳德·拉姆斯菲尔德（九一一危机期间主政）与拥有达菲专利的公司有牵连。拉姆斯菲尔德同时也支持人工甜味剂阿斯巴甜的研究生产，这虽然在安全问题上饱受指责，但是效果不大。掌控大的制药公司被视为他们计划的一个重要组成部分。

水中加氟以及疫苗接种计划也是真相探索者反对的一个主要方面，他们将这看作是化学药物滥用的证据，对其安全性和有效性都有所质疑。而医学专家则攻击这样的异端邪说是不负责任的谣言，他们常常对其他的方式嗤之以鼻——包括使用替代药品、顺势疗法以及使用大剂量维生素——斥之为真正的杀手，并声称，他们会引导人们避免受“江湖”庸医的欺骗，即使很多人很相信这些人。一些机构，如世界卫生组织中的食品安全机构，每年都在加紧监管健康产业，不过阴谋论者认为，在那些不正当理由和限制性的政策下，最终这些管理将会完全失灵。

有少数人特意指出一些非常有讽刺意味的事情：世界卫生组织似乎非常满意于所有人都吞下阿斯巴甜和达菲，而且鼓励人们使用那些众所周知每年可导致成百上千人死亡的药品。甚至，它还反对人们使用那些已经证明几乎对人体无害的天然产品。

那些非常悲观的阴谋理论者认为，我们都倒下来死了，那些当权者才似乎会更快乐……

减少人口的政策？

“世界新秩序”的一个让人好奇的特点是，它显然有意让别人知道其意图倾向，有时似乎禁不住要自我夸耀一番，或者是兜售自己的观点。有两个很明显的例子，如果从表面上看，这两个例子似乎都与令人担忧的计划有关，那就是，打算消灭超过 90% 的全球人口。现在，人口过剩的确是让人头疼的事情，“世界新秩序”打算为此做些什么吗？

1980 年，在美国佐治亚州的埃尔伯特县竖立了一块令人费解的纪念碑，被称为“佐治亚州神秘石阵”。递交建造计划的人用的名为“RC 基督徒”，而且一直没有透露自己的真实身份。四块巨大的石板，围绕着一根巨大的石柱，按经纬走向排列，上面展开了八个页面。在这八个页面上，用几种不同的语言，书写了同样内容的文字，公示着理想化的乌托邦世界的规则。这座纪念碑石阵看起来存在了很多年，石碑上雕刻展示了古人的智慧。这里有很多很明智的建议，但是有一条建议却使得这石阵成为反对“世界新秩序”的人多年来攻击的目标：倡导者提到优生学的必要性，甚至到了让人惊讶的地步，它直接建议，全球人口应保持在五亿人以下，这让人很不安。目前世界人口是这个数字的十倍，所以可以理解，怎样处理那几十亿超出要求的人口，的确让人担忧。

尽管石阵可以被看作是某个有钱的怪人所做的一件荒唐事，可以不加理会，但是，在由无名氏正式出版的小册子里我们还是可以看到，世界级的学者（如前文所提到的威尔斯和罗素等）曾经在他们的著作中公开表达过类似的想法。

还有一些其他的美国艺术品似乎也提倡优生学，提倡减少人口的政策，比如 1995 年开放的科罗拉多州丹佛国际机场的壁画，格调悲惨，让人印象深刻。这些壁画用史诗的手法，描绘的都是些死亡和毁灭的场景，其中包括一个身穿巴伐利亚服装的男孩——巴伐利亚是“光明会”的起源国——正在将剑打造成犁头。这被看作是“光明会”在公然实现第四帝国方案的表现。壁画上躺在棺材里死去的婴儿和青少年，会让阴谋论者想起“世界新秩序”用孩童的塑像作为祭品的喜好。而艺术批评家们可能会有不同的看法，除非有非常重要的寓意，否则就没有理由让那些度假的游客去看这么恐怖的东西。似乎是为强化效果，机场外还矗立了一匹眼睛闪着邪恶之光的白马[11]。还有夏延山地指挥部，即北美防空司令部，位于丹佛区域，是指定的政府紧急庇护所。万一发生了意外情况，这里就有可能是“世界新秩序”的大本营，这在当地的壁画中也有所暗示。

当局和那些有名无实的领导者都会极力赞扬大力减少人口做法的好处，证据要多少有多少，从比尔 · 盖茨、菲利普亲王到医生、教授，人人都可以提供。由联合国1992年倡议发起的《21世纪议程》旨在帮助实现环境的可持续发展，但同时有人也指责其包庇马尔萨斯的人口控制政策，并支持实施吞并私人土地的做法。

那如何才能实现人口的减少呢？有人相信，在特定的时间，某种致命的病毒可以奏效（将艾滋病病毒看作一个蓄谋已久而又长远的试验），不过我们看到，也有一些其他人声称，减少人口的第一阶段计划已经开始了，是通过缓慢的化学渗透方法实现的。许多人认为，我们呼吸的空气中就已经有有毒的化学成分了。

神秘的化学药剂

想象一下，每天早上一醒来，你便提心吊胆——因为天空穿梭着奇怪的云彩——那将会是怎样的情景？对于越来越多的真相探索者而言，这已经是个现实了，他们心存忧虑地看着窗外，总认为飞机正带着危险化学药剂从人们的头顶上扫过。如果不是歇斯底里，那近些年来所说的异常的气浪是否真的是正在实施的人口减少计划的证据？还是正在进行的工程浩大的气候试验？

“飞机喷洒化学药剂”现象是阴谋论传得最快的一个警告，许多让人担忧的帖子表明，最近全球的天空都受到了污染，这也印证了这一点。这也许是切中要害，因为暗藏的力量正污染大气的观点本身就意味着不可能有退路。

飞机飞过后，在天空中通常会留下航迹云，这是由水蒸气和气体在零摄氏度以下的温度中凝结成冰云而形成的。20世纪40年代的战争照片中可以看到航迹云，那些生活在国际航班路线下的人多年来已经习惯于头顶天空中那纤细稀薄的云带。然而，阴谋论界认为，近年来，在飞机中加入了某些东西，只是很多人都没有注意到，也没有意识到它的危害性。据说，这些新添加的东西可以使航迹云持续的时间更久，扩散得更广一些，像铺在天空中的薄面纱，它会使地面上的人患上疾病，变得昏昏欲睡。商业航班应该都已经被动或主动地在喷洒致命的毒物，而且有人说已经观察到军事活动中也有类似的做法。

尽管对于真相探索者所说飞机喷洒化学药剂有强烈的反应，但人们对此的争论变得模糊不清。博客中有人断言，“喷洒”随时都在发生，这就往往容易让人猜测，因为大多数我们看到的航迹云都是异常的。当局以及科学团体对蓄意污染的说法持完全否定的态度，他们认为，所谓的飞机喷洒化学药剂很正常，那种将不常见的气象相互作用现象视为不正常，只能说明是缺乏专业知识。同样，航空专家也声称，纵横交错的复杂航班网格，由需适应不同天气条件下各种各样的飞行路径和高度来决定，这就是为什么有时候在天空中可以看到航迹云，有时又看不到的原因。

问题是，相信飞机喷洒化学药剂说法的阴谋理论家所持的证据，到目前为止，主要是依靠那些不专业的研究获得（神经外科医生的罗素·布雷洛克博士是个例外，他认为在航迹云中可能存在有害的“纳米铝”），或者是那些匿名或有偏见的目击者的证言。这种情况和九一一事件不同，九一一事件中大量主流专业人士已经对官方描述中很多违反物理学规律的情形提出质疑和挑战。不过，对于“喷洒”计划的动机是什么，说法不一。人们的猜想主要有以下三点：

1. 飞机喷洒化学药剂作为减少人口的策略——按照这个观点，喷雾剂将有害毒素带进我们的身体系统以及周围的环境，削弱了我们对病毒的抵抗能力，危害可能会在后来显现。（那些精选的“世界新秩序”幸存者可能在项目的所有阶段都具有免疫力，或者就隐藏在他们的住所里。）

2. 飞机喷洒化学药剂作为管理气候的策略——飞机喷洒化学药剂可能是高频活动极光研究计划项目的延伸（见下文），

旨在在大气中加入一些更容易控制天气和气候的化学元素。

3. 飞机喷洒化学药剂作为太阳防护的策略——现在主要的担心是，太阳有可能会在不久的将来抛射出极具危险的太阳耀斑，这就让人们猜测，飞机喷洒化学药剂在某些方面可能旨在加强大气保护层。对喷洒的东西秘而不宣，主要是不想引起人们的普遍恐慌。

真不知道这样大的一个计划如何才能做到既可以妥善实施，又不引起更多的关注。这些重要的化学制剂必须存储在某个地方，不管乘务员知道还是不知道，都需要有必要排放药剂的设备。到目前为止，互联网上确实偶尔看到惊恐的员工发布匿名证言，说化学品是装污水的罐子里倾倒的，但并未得到证实。有人认为，军用飞行装置更有可能会这么做，然而人们看到的大部分“喷雾”飞机似乎是商用飞机。如果这些描述不是那些出于阴谋理论家的想象的话，那么他们已经找到了让人不安的真正原因了。

互联网上随处可见关于飞机航线下方区域的人们健康受到有害影响的报道。许多投诉者描述的症状有：呼吸系统疾病、感冒症状、头痛、恶心和全身乏力。当飞机在天空盘旋、航迹云散开遮住太阳时，这些症状表现得尤为严重。政府当局已经收到许多请求，要求调查所谓的飞机喷洒化学药剂受害者，但他们对这些请求充耳不闻。偶尔也有媒体做些调查，但结果都不了了之。例如，由路易斯安那的电视台 KSLA 新闻 12 所做的实验一开始时暗示，所说的喷洒化学试剂区域下方的水源中有大量的放射性钡。但后来的分析显示，事实上，数值完全正常。

这里主要的难点在于，如何证明 30000 多英尺的高空发生的事与地面上所发生事情之间的关联性，有报道说，在化学药剂航迹云活动的时候，天空中可以看到飘浮有“天使头发”一样的网状的东西，这变成了一个热点问题。如果想要调查这样细的线条（网）的自然成因，而且没有现成的物理分析可借鉴，那只能去找更有说服力的方法了。

反对“药剂喷洒”计划说法的人提出了反对意见，比如，这样大的一个任务如要大范围实行的话，成本太高。要在整个地球表面覆盖一层化学药剂网，虽然不是不可能，但肯定是人类有史以来最具雄心的计划，绝对需要（这与九一一事件或登陆月球还不同）成千上万人参与。这样重大的事情可行吗？要知道，还没有确切的证据曝光其的确发生过。然而，有些人认为就是这样，并且认为这是我们这个时代中最大的掩饰案。

一些主要的大国，尤其是美国，已经公开尝试过用碘化银实施天气控制和人工降雨。例如，1962 年到 1983 年间，美国实施了一个名为“狂怒风暴”的项目，使用飞机进入风暴的中心，企图用碘化物技术改变热带气旋的运行状况。所以说，向空气中喷洒一些东西来改变大气的做法并非没有先例。有人一直认为，要消灭人口，肯定还有别的更简单的方法，因此，大气中添加药剂的方法可能会偶尔使用，但那种认为某些长期的影响，无论是有预谋的还是无预谋的，都是源于喷洒药剂的观点不完全可信。可能很多飞机喷洒的化学药剂仅仅是些正常现象——但也许并非所有情况都是如此。

高频主动式活跃极光研究项目计划（HAARP）：是终极武器吗？

有人说，使用飞机喷洒化学药剂在某种程度上可保护大气层。这种建议导致了另一个理论产生——化学变化可以使 HAARP 设施具有更广泛的用途——高频活跃极光研究计划。这个军事研究项目 1993 年开始于阿拉斯加，使用的仪器是电离层研究仪（IRI）——覆盖 33 英亩（1 英亩 =4 046.8564224 平方米）的 180 根天线——2007 年联机。虽然主要是美国提议，但自从很多国家加入到合作以来，在全球已经建立了很多 HAARP 设施。

管理HAARP设施的一些科研团体声称，这仅仅是一个军事通信实验，其工作原理是：通过极光电子发射装置，向环绕地球的大气层发射超能高频电波，所发射的电粒子经过电离层的反射形成新的电磁场。但阴谋论领域几乎一致宣布它是“世界新秩序”的最致命武器[12]。HAARP官方信息中关于此研究的意图并不能反映出该计划潜在的应用范围，完全可以运用于军事，实现对天气和精神的控制。这种工具的价值无疑是不可估量的，正如一份美国空军关于潜在的电磁武器的文档说得很清楚：这种武器的优点是，可造成“从轻微到严重的生理干扰、知觉扭曲或定向障碍……人的行为能力可能退化，以至于他们将无法战斗”。

因此，当局的意图也被揭示出来了，虽然公众几乎没法理解复杂的HAARP科学，但是，对于从身体不适，到地震、火山、海啸和飓风，几乎所有一切不能解释的事情，这个HAARP项目都脱不了干系。人们一直假设存在“天气战”。HAARP项目组的科学家们声称对这种误解感到非常失望，他们辩解说，他们的工作是公开的，可以解释的，而且那些设备都经常对公众开放。但真相探索者不理会这一套，对他们而言，HAARP就是武器，是“世界新秩序”的终极的讨价还价的筹码，针对外国敌人和内部敌人同样有效。我们必须要么屈服，要么做无效抗争，要么投降，要么因突然的“自然灾害”而消失在地球之上。

要不是有现代政治格局研究之父兹比格涅夫·布热津斯基的观点，有人或许对所有怀疑嗤之以鼻，斥之为偏执狂。他在《大棋局》一书中这样写道：

政治战略家们正在研究人类的大脑和行为。戈登·J.F.麦克唐纳是位地球物理学家，同时也是位战争专家，他说，精确定时的人工激发的电子波束能够产生某种方式的震荡，这种震荡可以在地球某一地区上空产生强大的能量层……这样，就可以生成新的系统，该系统可在相当长的时间里严重损害选定区域内人的大脑功能。

如果地球物理武器仍然停留在绘图阶段，那很显然，心理控制（心理战争优势）已是近在咫尺。这表明，即使HAARP目前还不是战争工具，但它极有可能成为战争工具，或者说很快会成为战争工具，因为人的本性就是寻找方法实现其计划，不管这个计划是不是梦魇。

不可战胜的力量？

所以，“世界新秩序”理论已经成为一个不可战胜的全球统治方式理想，它掌控了我们所有人生死大权。但是否它的权力太大，让很多人觉得他们是受害者？或许是这样吧，我们会在结语中探讨。

概　要

反对者的声音

——光明会已经解散很长时间，而且在当今世界已没什么影响。

——致力于建立亲密联盟的国家并不真的就有全球统一的愿望。

——所说的超自然倾向只不过是“绅士俱乐部”新奇的炒作而已。

——所谓的“控制议程”也仅仅是炒作出来的必要的社会舆论引导。

——那种认为通过思维控制和喷洒化学毒剂来减少人口的观点简直是疯狂至极。

——杀掉这些人会给政府当局带来哪些好处？要知道政府还需要这些人去做社会工作啊！

赞成者的声音

——秘密社团显然是西方文明中很强大的一部分，不管有没有光明会。

——那些致力于实现世界政权的统一、集中控制权力的人曾经公开表达过类似的意图。

——在仪式和象征符号中，那些明显是超自然的东西太隐晦了，以至于对他们来说不可能是毫无意义。

——对全球自由的控制远远做过了头。

——影响人类智力的技术不断发展，因此将其付诸实施也为时不远了。

——“世界新秩序”希望减少人口，无疑它会打造出一个适合其需要的特别的社会，这是迟早的问题。

结论：一个重要的选择

事情已然到了这步田地。数百年来，欺骗、逃避、推诿以及大量滥用权力的做法在人们的心理上已经造成了伤害。人们越来越认为，“世界新秩序”的操控者自私自利而且没有道德意识，他想掌控世界，又想看到地球上大部分人死亡。如果从这种认识中要得出什么教训的话，那这个教训应该就是：不管从什么方面看，正是这种秩序的自身特性成就了它的存在。

应该有两种情况：真相探索者的观点要么有一部分是正确的，要么全部正确。无论在哪种情况下，人们都需要现在就团结起来，向当权者挑战，使他们不至于在预定的道路上越走越远——因为这个计划会产生人们不愿意见到的结果。现在，对于当局，人们的不信任感已经根深蒂固，这些当权者在许多领域已经没法让人信任，没法让人感受到他们的善意。这个局面已经变得很极端，由此而产生的想象已经威胁到了社会大众的心理——在这种情况下，真相探索者的目标应该是想尽一切办法，更有激情更真诚地去了解这样的事情是怎样发生的，而嘲笑和排斥不会消除人们日益增长的怀疑。

我们该走哪一条道路，这需要我们做选择。

后记

一个充满了控制、压迫以及习惯性欺骗的社会，这就是世界的本来面目吗？还是透过有色眼镜看到的严重扭曲了的人类本性？真相或许是：两者可能都有，只是程度大小而已。

大多数阴谋论的核心理念都是：有人就在那儿对我们做了什么。现实不可否认就是这样，但与此同时，那些“在那儿”的东西仅仅是集体心理深层意识在个人自我意识上的投射表现而已。现实让人很不舒服，狡诈的精英人物能与人类文明进行较量，是因为得到我们的许可。

如果所有意识到自己正在被别人要弄的人抛开分歧，团结在一起，并且激励他人去创建一个不受当局错误管理的社会。那些敢直面当局的人之所以是现在这个样子，是因为人都有逃避责任的倾向。解决问题肯定要从我们接受生活中的责任开始，我们在权力领域不愿意看到的行为，必须在我们的客厅和办公室里改变它；鄙视虚伪的文化必须有个人的诚信才能纠正。这就是转变的开始。

可能是真相探索者赋予了“精英”们太多的影响力。他们和我们共享一个星球、和我们呼吸同样的空气，因此也似乎容易犯同样的错误、也会进行派系的明争暗斗。他们可能每次都能获得成功，但那是因为我们错误地认为他们是全能的。如果我们发现有领导犯了毋庸置疑的过错，我们就必须收回原本属于我们的权力。漠不关心，不管是后天培育还是先天遗传，我们绝不能让这个局面持续下去。

见多识广被视为是获取权力的一条路径，今天的互联网为我们提供了无与伦比的免费信息。我们应该赶在那些人收回这项礼物之前，好好地利用它。一个很有用的技巧是，首先找寻主流网站上（如维基百科）明确的观点。这样做虽然不靠谱，不能代替实际情况，但却是日常世界中常常可以读到的东西——一些至关重要的东西。这虽然无法完全揭穿某个观点，但通常是有实质内容的理论的标志。下一步就是要找到一个可提供阴谋观点的网站，然后追踪怀疑的源头。经过这一系列的过程，事情的整体真相往往就能够出现。即使不能出现，探索者至少可以对让人混淆的不同领域有更清醒的认识。

如果沉迷于在阴谋思维中可能会无法自拔，所以，关键是要有敏锐的洞察力和平衡的心态。偏执和沮丧都对人没有帮助，也不要强迫别人听你的“真相”，极端化正是其中的问题之一。公众显然不愿意冒险去做其认为是很荒诞的事，只有理性地展示证据、语调温和地说话、富有同情心地去理解他们，才会有作用。然而，民意调查表明，实际上阴谋论者所关心的一些问题，其他的人也关心，而且这样的人比我们所知道的要多得多。

所以，不妨将所有的阴谋论都视作是有趣的妄想好了。如果我们愿意，我们完全可以冒一下险，让自己自由轻松地驰骋，尽管在我们的周围正悄悄地建立起控制的藩篱；当然，我们也可以在恐惧中战战兢兢地生活，时刻担心“世界新秩序”正在窃听我们家的电话，扼杀我们的思想。如果最糟糕的情况属实的话，那让我们成天担惊受怕，不正是那些要控制我们的人的初衷吗？也许，应该抛弃焦虑，去享受我们拥有的美好事物，做我们可以做的事情，这样才有意义。

我们有诸多保持乐观的理由。就其本质而言，阴谋论思考的东西都无法让人快乐，但如果从有备无患的角度看，让人们都具有忧患的意识，很有可能可以阻止一些事情发生。猜测可以让人们关注某些领域，使其在任何情况下都保持透明，这有好处。积极地利用阴谋理论，做建设性的思考，结果肯定不一样。事实上，不断发展的科学研究表明，如果许多有思想的人聚集在一起，尤其是都带有积极愿望的话，那我们周围的环境就会发生积极的变化，尽管变化细微但肯定能察觉到。我们可能还需要研究阴谋论的原理机制，将其与现实的社会行为相结合，鼓励创造新的、更诚实的政治体系，这样才会将我们的文明带入更高的层次。要做的事还很多，但我们应该有意识地承认已经犯下错误，这才是万事的开端。

所谓的统治精英们的野心，尽管他们的方法有偏差，但在某些方面还是有道理的。合作更有可能带来和平与繁荣，而分歧则肯定不能，对于未来，明智有序的做法应该基于理性，而非无济于事的主观偏见。而且，将整个世界强行拖入濒死的军国主义势力和监控管理中，无视人的合法地位，不可能取得长久的胜利。只有接纳现实的多样性，倾听每个人的心声，才能创造一个真正的“世界新秩序”。

注释与参考文献

除了本人的研究之外，还有很多的网站、书籍以及杂志都有助于本书的阅读。在便于人们查找信息的时代，很多的引言以及文献参考都容易找到出处，所以，我在此列出一些有用的条目，其中有些是在主流渠道中不太容易查到的。

引言

①英国人类研究学会英国人文协会阴谋论会议：会议 2011 年 9 月 25 日在伦敦举办。本 · 埃姆林琼斯写了一篇很有趣的评论：《医院搬运工人反对“世界新秩序”》。查询网址：http://hpanwo.blogspot.com/2011/09/british-humanist-association-conspiracy.html

第一章　什么是阴谋论

①美国政府关于阴谋理论：摘引自《阴谋理论与错误情报》一文，美国国务院国际信息局，2010 年 6 月。查询网址：http://www.america.gov/conspiracy_theories.html

②谍网迷魂：谍网迷魂经常在阴谋论领域使用，通常是指 1962 年由约翰 · 弗兰肯海默导演、法兰克辛纳屈主演的同名电影，基于理查

德·康登1959年的小说改编而成，电影中，一个朝鲜战争老兵被苏联洗脑，去刺杀美国总统候选人。很多人认为这就是今天使用的精神控制技术。关于这部电影（2004年重拍）的讨论，可查询网址：http://www.filmsite.org/manc.html

③**保罗·麦卡特尼的面部结构：**安德鲁·斯普纳Jr将1966年前真正的麦卡特尼与后来据说是“替身版”的麦卡特尼做过非常有趣的比较。详见网站：http://jamespaul-mccartney.150m.com/fc6.html

④**麦卡特尼的理论：**安德鲁·J.里弗的专著《让我快乐，逝去的男人：甲壳虫乐队与“保罗已死”骗局》（维恩·普莱斯，2004）对麦卡特尼的理论做了很好的编纂。

⑤**怀疑论者词典：**详见网站：www.skepdic.com

⑥**美国宇航局关于太阳活动的警告：**2010年6月美国宇航局会见世界顶级科学家和政治家，提醒他们大量太阳活动存在有危险。详见网站：http://www.telegraph.co.uk/science/space/7819201/Nasa-warns-solar-flares-from-hugespace-storm-will-cause-devastation.html

美国国家航空航天局的管理员查尔斯·F.博尔登，在2011年6月10日给员工发了一个让人惊讶的视频，视频内容和“应急准备”有关，他敦促员工们准备好应对不确定的“紧急状态”，有人认为这可能是指即将到来的太阳耀斑。视频可参见网站：http://www.youtube.com/watch？ v=ESWp7SHD05s

⑦**诺曼·乔姆斯基捍卫言论自由：**这是一则关于监禁大屠杀质询者声明徒刑提问者文森特·雷诺阿的陈述，乔姆斯基称其为“与启蒙运动以来广为人知的自由社会的基本原则不一致”，随后进行了一系列有趣的讨论。见网站：http://amkon.net/showthread.php/29354-Noam-Effin-Chomsky-defends-imprisoned-Holocaust-denier

⑧**乔治·W.布什关于私下支持恐怖主义：**2001年9月20日，总统

在对美国国会两院联席会议上的演说词中发出著名的宣言“要么你和我们在一起，要么你和恐怖分子在一起”。演讲全文见网站：http://yc2.net/speech.htm

“我们决不能容忍无耻的阴谋论”，2001年11月10日，布什在联合国上所做的演说中的一句话。详见：http://www.youtube.com/watch?v=6K5M0xtxQVQ

第二章　阴谋论的历史

①火药爆炸阴谋：英国独立电视台节目《火药阴谋：传奇的爆炸案》，由理查德·哈蒙德主持，2005年11月1日首次播出。相关剪辑“英国国会大厦”可查询网站：http://www.youtube.com/watch?v=eFytcsA9mU8&feature=related

第三章　伪装阴谋

①丘吉尔和“卢西塔尼亚”号：在一次妥协性的讨论中，有人引用了温斯顿·丘吉尔的书信，信中他似乎希望有艘船“陷入困境”。讨论认为这其中的混乱局面就是阴谋。详见网站：http://www.rmslusitania.info/controversies/conspiracy-or-foul-up

②海军中将比蒂关于珍珠港：这则引述以及其他的一些有趣的证据见网站：http://www.lewrockwell.com/kreca/kreca6.1.1.html

③对美国“自由”号新的独立调查：关于约翰逊总统似乎希望看到“自由”号沉没的报告见“独立调查委员会对以色列攻击美国‘自由’号游轮的发现、游轮受攻击时召回军事救援支持飞机，以及随后美国政府对事实真相的隐瞒”（国会山，华盛顿特区，2003年10月22日）。

第四章　政治阴谋

①尼克松与“阿波罗 11 号”的通话：这一历史性通话的全文可以见网站：http://en.wikisource.org/wiki/Richard_Nixon%27s_Phone_Call_to_the_Moon

②约翰·F. 肯尼迪的登月任务演讲：这一有影响力的全文可以见网站：http://history1900s.about.com/od/1960s/a/jfkmoon.htm

③月球骗局民意调查：这个美国盖洛普的数据是引自 1999 年《时代周刊》一篇文章，见网站：http://www.time.com/time/specials/packages/article/0,28804,1860871_1860876_1860992,00.html.；英国的《工程和技术》还讨论了 2009 年的民意调查，见网站：http://abcnews.go.com/Technology/Apollo11MoonLanding/story?=8104410#.TzuGeq7ubyC

④“阿波罗 16 号”宇航员的“悬挂”姿势：这一迷人的镜头可以参见网站：http://www.youtube.co m/watch?v=7ciStUEZK-Y&feature=related

⑤月球车镜头：这是一个可以显示月球上土壤效果的镜头，月球车车轮旋转带起泥土。见网站：http://www.youtube.com/watch?v=sRSpntQ-VtY

⑥ BBC 回应“利比亚”镜头错误：虽然已经尝试寻找 BBC 中那段关于利比亚新闻中用了印度画面的视频，但没有找到。真相探索者迈克拉迪和 BBC 的发言人之间有段书信往来，很有必要阅读。资源见网站：http://www.mathaba.net/news/?x=628673?rss

⑦托尼·布莱尔与鲁伯特·默多克的亲密关系：一则详细的新闻报道揭示，布莱尔已悄悄地成为默多克女儿的教父。见网站：http://www.telegraph.co.uk/news/politics/tony-blair/8740530/Tony-Blair-is-godfather-to-Rupert-Murdochs-daughter.html

⑧戴维·卡梅伦与默多克和新闻集团的亲密关系：有消息揭示，卡梅伦或他的内阁会在一年内同新闻集团员工会见的次数超过 100 次。详

细讨论见网站：http://www.dailymail.co.uk/news/article-2019009/Rupert-Murdochs-chiefsmet-ministers-100-times-Osborne-Gove-list.html.

卡梅隆个人与默多克的会见受到关注。详见网站：http://www.independent.co.uk/news/uk/politics/revealed-camerons-26-meetings- in-15-months-with-murdoch-chiefs-2314550.html

第五章　暗杀阴谋论

①李 · 哈维 · 奥斯瓦尔德：可以查询关于奥斯瓦尔德以及杀害他的凶手杰克 · 鲁比详细信息的网站：http://www.spartacus.schoolnet.co.uk/JFKoswald.htm，其中还有一些电影镜头。

②肯尼迪凶杀案目击证人的神秘死亡：可能掌握约翰 · F. 肯尼迪枪杀案重要信息的 21 位证人离奇死亡。详细信息可查询网站：http://www.cassiopaea.org/cass/jfkdeaths.htm

③关于戴安娜的民意调查：英国民意调查称，90% 英国人认为戴安娜是被谋杀的，这项调查可查询关于对白色菲亚特轿车司机的讨论网　站：http://www.express.co.uk/posts/view/17797/Diana-Killed-by-Fiat-driver-says-policechief。还有许多其他的信息来源，不过原始调查的链接似乎是难以找到的。可以参照天空新闻节目所做的更具体的调查结果。详情见网站：http://news.sky.com/story/543024/one-in-three-backs-diana-conspiracy

在另一个网站上还有美国人对于戴安娜的民意调查的报道，虽然没那么重要，但也很有意义，该网站网址为：http://www.cbsnews.com/2100-500160_162-613064.html

④军情六处密谋杀害卡扎菲上校：前军情五处成员大卫舍勒 2002 年被送进监狱，理由是他泄露了军情六处关于谋划杀害利比亚前领导人的计划，还披露了西方国家与奥萨马 · 本 · 拉登秘密交易的情况。其中

的详细内容，以及舍勒和他当时的伙伴安妮马崇其他一些说法，包括马崇的著作《间谍、谎言和举报人：军情五处、军情六处和舍勒的那些事》（Book Guild 出版有限公司，2005）。可以查询网站：http://www.propagandamatrix.com/shayler_gate.html

⑤卡米拉 · 帕克 · 鲍子斯的车祸：这个事故虽然报道很少但可能非常重要。详细信息可查询网站：http://www.cremationofcare.com/the_nwo_di_camillacrash_june1997.htm

⑥戴维 · 凯利时间表：戴维凯利的事务安排非常紧凑，时间表可以参照网站：http://www.telegraph.co.uk/news/politics/ 8566789 /David-Kelly-timeline.html

⑦关于戴维 · 凯利的民调：英国的民意调查表明，只有五分之一的民众认为凯利自杀了。详见网站：http://www.dailymail.co.uk/news/article-1303356/Dr-David-Kelly-Just-believers-suicide.html

⑧凯利死亡场所神秘的直升机：这段让人称奇的事件见网站：http://www.dailymail.co.uk/news/article-1386967/Mystery-helicopter-landed-scene-Dr-Kellys-death-body-found.html

⑨凯利的姐姐的证词：莎拉 · 佩普否认凯利是自杀身亡的，详情见网站：http://www.guardian.co.uk/politics/2003/sep/03/huttonkeyplayers.huttonreport2

⑩国会议员诺曼 · 贝克关于凯利的看法：在出版他的著作《戴维 · 凯利的离奇死亡》（梅图恩出版社，2007 年）之前，贝克在《星期日邮报》上发表的论文《我相信戴维 · 凯利没有自杀——我可以证明》中阐述了他的主要发现。

⑪克林顿联系人的神秘死亡：有张清单上详细列举了一些离奇死亡的人员名单，数量之多让人震惊，这些人都与比尔 · 克林顿和希拉里 · 克林顿有联系，这一现象被描述为“阿肯色州猝死综合征”。详情

见网站：http://www.prorev.com/WWDEATH.HTM

第六章　九一一事件以及相关的阴谋

①九一一事件十周年的民意调查：在九一一事件十周年之际，人们对于官方解释版本的真实性高度怀疑。代表九一一重新调查意愿的英国的ICM民意调查表明，在表达了意见的人中，有37%的人认为美国情报部门存在的败类可能在九一一事件之前就已做出决定，允许恐怖袭击发生。在法国，怀疑更加具体，HEC民意调查显示，58%的人对官方解释持怀疑态度，只有31%的人接受官方的说法。一半的人怀疑美国当局蓄意允许恐怖袭击发生，三分之一的人怀疑当局与九一一事件有牵连。民意调查参见网站：http://www.911truth.org/article.php?story=20110909085546680

②关于九一一事件真相的资源：互联网上充满了讨论九一一事件真相的网站，但能够为研究提供良好开端的网站为：http://www.ae911truth.org/links.php。在专著方面，建议读者首先读一读大卫·雷·格里芬所写的一系列研究。格里芬的冷静分析让大部分人相信有人在故意隐瞒九一一事件的真相。

③ 77号航班机驾驶舱的门：有报告声称，77号航班在其最后一次飞行中其驶舱门从未打开。详情可查阅：http://www.sodahead.com/united-states/flight-77-cockpit-door-never-opened-during-911-hijack/question-821961

④世贸中心尘埃中的纳米混合燃烧剂：格雷格罗伯茨对坍塌的双塔的尘埃中燃烧剂颗粒的科学分析做了总结。详见网站：http://www.ae911truth.org/info/57

⑤大卫·雷·格里芬对世贸中心7号楼研究：格里芬的著作，《世界贸易中心7的神秘坍塌：为什么官方关于九一一事件的最后报告是不

科学的、虚假的》（连环出版集团，2009 年），是对官方关于世贸中心 7 号楼坍塌解释的颠覆性的、本质的批评。

⑥**九一一目击者的神秘死亡**：有人注意到九一一事件在场的关键的证人都异常死亡。相关视频可查询网站：http://911blogger.com/news/2010-03-03/mysterious-deaths-911-witnesses

⑦**贝娜齐尔·布托关于本·拉登的研究**：贝·布托评论道，本·拉登已经死了几年之后，美国才声称将他开枪射杀，相关报道见网站：http://english.pravda.ru/world/asia/15-01-2008/103426-benazir_bhutto_osama-0

⑧**简·布隆姆戈隆关于莫斯科爆炸案的研究**：布隆姆戈隆发表在 1999 年 6 月 6 日的《瑞典日报》上的文章中预测，这起爆炸案是由克里姆林宫发动的一起伪装攻击事件。

⑨**波兰空难隐瞒的真相**：有令人震惊的说法称，俄罗斯军队射杀了斯摩棱斯克空难的幸存乘客。详情见网站：http://www.dailymail.co.uk/news/article-1278175/Footage-Polish-air-crash-emerges-claiming-Russian-speakingmen-shooting-survivors.html.

事故之后的尸检报告也存在差异，报道见网站：http://news.yahoo.com/polandexhumes-2010-plane-crash-victims-075014615.html

⑩**直升机坠毁**：奇努克事故夺去了 25 名北爱尔兰反恐员工的生命，对该事件调查的报道见网站：http://www.guardian.co.uk/uk/2010/jan/04/software-link-1994-chinook-crash

有报道称，几名声称射杀了本·拉登美国海军的海豹突击队员在后来的一次直升机坠毁事故中丧生。文件见网站：http://www.dailymail.co.uk/news/article-2023123/Special-forces-helicopter- shot-Afghanistan-mission-rescue-fellow——Navy-SEALs.html

⑪**“7 月 7 日火车爆炸案”**：幸存者的证词描述，爆炸看起来好

像来自于火车的下面，《剑桥晚间新闻》有报道。见网站讨论：http://julyseventh.co.uk/july- 7 -mind-the-gaps-part-1.html

第七章 外星人阴谋论

①塞东尼亚 / 埃夫伯利阵营：所谓的英国威尔特郡的埃夫伯利复合体几何相似性在大卫 · P. 迈尔斯和大卫 · S. 珀西所著的书《三分之二》的附录部分有图示说明（奥尔墨斯出版社，1993 年出版，1999 年修订）。

②火星和月球上的人工建筑物：轨道图片的分析显示，火星上的特性很不自然。详情见网站：http://metaresearch.org/solar%20system/cydonia/asom/artificial _html /default.htm

所谓的在月球上看到的人工制品的消息见网站：http://paranormal.about.com/od/lunaranomalies/ig/Strange-Things-on-the-Moon

③探索火星卫星一事件：关于火卫 -1 探测器以及其最后传送的图片详细信息见网站：http://www.bibliotecapleyades.net/marte/marte_phobos05.htm

④引自《创世纪》中的巨人族：这个翻译来自《新的美国标准圣经》。

⑤飞艇“绑架”事件：首例外星人企图绑架的新闻在词条“神秘的飞艇”中可以查询，网址：http:// en.wikipedia.org/wiki/Mystery_airship

⑥法蒂玛幽灵：在法蒂玛所发生的事情在著作《真相：弄清我们这个时代的难解之谜、全球隐蔽事件和预言》中有更多的细节披露，（Vital Signs 出版社 2009 年出版，2011 年修订），详见概述第四章“奇迹和预言”。关于《真相》的详情见网站：www.truthagenda.org

⑦披露计划：为史蒂芬 · 格里尔正在进行的披露政府对不明飞行物认知的官方网站：www.disclosureproject.org

⑧里根对外星人事件的陈述：在史蒂文·斯皮尔伯格面前，罗纳德·里根对接触外星人的事实真相发出让人称奇的感叹。讨论详见网站：http://www.openminds.tv/spielberg-confirms-reagan-705

⑨约翰·菲茨杰拉德·肯尼迪指示中情局分享UFO信息：肯尼迪下令，允许苏联接触美国在不明飞行物和空间技术等方面的信息。参见网站：http://www.examiner.com/article/kennedy-linked-us-ussr-space-mission-with-ufo-files

⑩里根“外星人威胁”的声明：1987年9月21日，里根总统在联合国发表演讲。这里还编译了几个其他类似的文献，并配有视频，网址为：http://www.bibliotecapleyades.net/exopolitica/exopolitics_reagan03.htm

⑪罗伯特·萨拉斯上校的核基/UFO断言：萨拉斯在他的书《褪色的巨头》（BookSurge出版社2005年出版）记录了这一次经历，关于这次出名的、但并非唯一的事故的详细描述可参见网站：http://www.nicap.org/malmstrom67-3.-htm

⑫大卫·艾克关于爬虫类动物议程的研究：艾克的第一本详细讨论这个问题的著作是《孩子的基质：一个跨纬度的物种如何能控制地球数千年——而且仍然在控制》（2001年由First Impression出版，后来转载于Bridge of Love）。他随后的许多著作都是这一主题的扩展。关于艾克的信息可以查询网站：www.davidicke.com

⑬爬虫类动物议程的概括：虽然有人概括了关于爬虫类动物话题，但却受到了讽刺，不过这些概括却准确地涵盖了人们的信念。参见网站：http://uncyclopedia.wikia.com/wiki/Reptilian _Agenda

⑭乔恩·罗森对大卫的研究：在他的畅销书《极端主义者的冒险》（2002年西蒙&舒斯特出版公司出版），荣森描述了他与艾克的交往经过。他的“第四频道”系列节目《世界秘密的统治者》中的相关情

节（“大卫艾克，蜥蜴和犹太人”）在2001年5月播出过。可浏览网站：http://video.google.co.uk./videoplay?docid=-2912878405399014351

第八章　国际新秩序阴谋

①**“世界新秩序”的起源**：特里·波特曼的著作《新千年的谋划：“世界新秩序”背后的计划》（施泰纳图书出版社1999年出版）对于“世界新秩序”的地缘政治思想核心有理性的看法。在波特曼2008年发表的文章中可以看到他的观点，文章题为《世界新秩序的根源》。也可参见网站：http://www.monju32.webspace.virginmedia.com/NWO14.htm

②**乔治·W.布什与上帝**：2005年，巴勒斯坦外交部长沙阿斯爆料，当被问及为什么要入侵伊拉克时，乔治·W.布什竟声称，在此次行动背后有神灵的启示。详见网站：http://www.guardian.co.uk/world/2005/oct/07/iraq.usa

在2005年10月，由BBC第二频道播放的系列节目《消逝的和平：以色列与阿拉伯》中，沙斯和巴勒斯坦总理阿巴斯描述了他们同布什总统会见的情景，详情见网站：http://news.bbc.co.uk/1/hi/programmes/elusive_peace/ 4268184. stm

③**《卫报》关于彼尔德伯格的报道**：查理·斯盖尔顿爆料文章《彼尔德伯格2011：临界点》可以在线阅读。网址：http://www.guardian.co.uk/world/2011/jun/16/bilderberg-2011-tipping-point

④**“高盛统治世界”**：这个对交易商莱西奥·拉斯的采访非常坦率，2011年9月26日在BBC新闻频道播出。可查询网站：http://www.youtube.com/watch?v=kpg76VjTa58

⑤**总统和秘密社团**：美国前总统和他们所属的秘密社团一览表可以查询网站：http://www.directoryupdate.net/presidents.html

⑥**《大棋局》**：布热津斯基1998年出版的有影响力的著作，由基

础书籍出版社出版。书中有许多有用的信息和观点，有人将其进行编辑。见网站：http://www.wanttoknow.info/brzezinskigrandchessboard

⑦**基地组织的神话：**亚当·柯蒂斯所主持的著名的2004年BBC第二频道系列节目《梦魇的权力》是唯一探讨基地组织谜团的媒体资源，但它很快就从日程表中消失了，在美国也从没有播放过，节目内容也没有以DVD形式发行过，此节目的重要性似乎可见一斑。在互联网上可以看到非官方上传的材料。可以查询网站：http://en.wikipedia.org/wiki/The_Power_of_Nightmares

⑧**波西米亚丛林：**乔恩·罗森的畅销书《极端主义者的冒险》（西蒙 & 舒斯特出版公司2002年出版）讨论了他所经历的“火葬忧虑”的仪式，他的“第四频道”系列节目《世界秘密的统治者》中的相关情节（“邪恶虚幻的精英”）在2001年4月到5月播出过。

在他的纪录片《黑暗秘密：波西米亚丛林的内幕》中，亚历克斯·琼斯展现了他所看到的邪恶仪式的画面。可查询网站：http://www.youtube.com/watch?v=r5dHhvpHIjM

⑨**2011英国骚乱：**许多真相探索者都大胆地认为，2011年8月6日至10日发生的那次无政府主义的大规模骚乱（最初由警方开枪引发），似乎一直是蓄意纵容。一周后有位女观众在BBC第一频道的“提问时间”栏目中表达了这一观点，但受到了观众的嘲笑。详情可参照网站：http://www.youtube.com/watch?v=Sbe95TEFOSQ

⑩**监控统计：**一些研究表明，虽然可能有助于识别罪犯，但事实上闭路电视监控并未阻止犯罪，有时在有些安装有摄像头的地方事故的数量反而有所增加。马库巴拉姆2009年在《ABC新闻》上发表的一篇文章对此进行了讨论，网址：http://www.abcnews.go.com/US/Story?id=3360287&page=1

⑪**佐治亚州的石阵和丹佛壁画：**《市民警惕网》对看到的一些有

趣现象进行了剖析。详见网站：http://vigilantcitizen.com/sinistersites/sinister-sites-the-georgia-guidestones 和 http://vigilantcitizen.com/sinistersites/sinsinister-sites-the-georgia-denver-international-airport

⑫**HAARP（高频活跃极光研究计划）**：由尼克·贝吉奇博士和吉恩·曼宁合著的书——《天使不从事HAARP的研究：特斯拉技术的进步》（Earthpulse出版社1997年出版）——展现了HAARP中的一个最有名的阴谋。两位作者对他们的研究还做了总结。见网站：www.haarp.net

阴谋论研究资源

当然，关于阴谋论有无数的网站资源和图书资源可以利用。这个清单仅仅是初学者的快速入门指南，突出了一些知名的研究资源，它们可以提供及时有用的相关信息来源。清单按字母表顺序排列。请您注意，这里所列举的资料只是研究者们的部分观点，不一定是其所有观点的展示。

网站资源

www.ae911truth.org（Architects & Engineers for 9/11 Truth）

www.anhcampaign.org（Alliance for Natural Health–alternative health）

www.astrologicalinsights.co.uk（Helen Sewell–astrology）

www.aulis.com（lunar hoax theories）

www.coasttocoastam.com（George Noory–web radio station，general conspiracy）

www.cropcircleconnector.com（crop circles）

www.davidicke.com（David Icke–general conspiracy）

www.diagnosis2012.co.uk（2012 prophecies）

www.earthfiles.com（UFOs，general alternative/conspiracy）

www.emtvonline.co.uk（Edge Media TV channel–general alternative/

conspiracy）
www.fluoridation.com（fluoridation issues）
www.glastonburysymposium.co.uk（conference–general alternative/conspiracy）
www.ianrcrane.com（Ian R Crane–general conspiracy）
www.infowars.com（Alex Jones–general conspiracy）
http://julyseventh.co.uk（7/7 London bombings）
www.nexusmagazine.com（*Nexus Magazine*–general alternative/conspiracy）
http://noosphere.princeton.edu（Global Consciousness Project）
www.prisonplanet.com（more Alex Jones–general conspiracy）
www.redicecreations.com（Red Ice web radio station–general alternative/conspiracy）
www.rense.com（Jeff Rense–general conspiracy）
www.stj911.com（Scholars for 9/11 Truth & Justice）
www.thenhf.com（National Health Federation–alternative health）
www.truthagenda.org（Andy Thomas news and *The Truth Agenda* book）
www.ufocasebook.com（UFO reports）
http://uncensored.co.nz（*Uncensored*–magazine，general conspiracy）
www.vitalsignspublishing.co.uk（Andy Thomas publications）
www.xzoneradiotv.com（'X' Zone web radio station–general alternative/conspiracy）

图书资源

Baker，Norman，*The Strange Death of David Kelly*，Methuen，2007
Begich，Dr Nick，and Jeanne Manning，*Angels Don't Play This HAARP*：

Advances in Tesla Technology, Earthpulse Press, 1997

Bennett, Mary, and David Percy, Dark Moon : *Apollo and the Whistleblowers*, Aulis Publishers, 1999

Boardman, Terry, *Mapping the Millennium : Behind the Plans of the New World Order*, Steiner Books, 1999

Cooper, William, *Behold a Pale Horse*, Light Technology Publications, 1991

Friedman, Stanton T, and Don Berliner, *Crash at Corona: The U.S. Military Retrieval and Cover-up of a UFO*, Marlowe & Co., 1997

Good, Timothy, *Above Top Secret: The Worldwide UFO Cover-up*, Sidgwick & Jackson, 1987

Good, Timothy, *Beyond Top Secret*, Pan Books, 1997

Griffin, David Ray, *Debunking 9/11 Debunking: An Answer to Popular Mechanics and Other Defenders of the Official Conspiracy Theory*, Olive Branch Press, 2007

Griffin, David Ray, *The New Pearl Harbor Revisited: 9/11, the Cover-up and the Exposé*, Olive Branch Press, 2008

Griffin, David Ray, *The Mysterious Collapse of World Trade Center 7: Why the Final Official Report About 9/11 is Unscientific and False*, Interlink Publishing Group, 2009

Griffin, David Ray, *9/11 Ten Years Later: When State Crimes Against Democracy Succeed*, Haus Publishing, 2011

Henshall, Ian, and Rowland Morgan, *9/11 Revealed: Challenging the Facts Behind the War on Terror*, Robinson Publishing, 2005

Icke, David, *The David Icke Guide to the Global Conspiracy* (*And How to End It*), Bridge of Love, 2007

Mack，John E，*Passport to the Cosmos*：*Human Transformation and Alien Encounters*，Crown，1999

Marrs，Jim，*Alien Agenda*：*Investigating the Extraterrestrial Presence Among Us*，HarperTorch，1998

Marrs，Jim，*Rule by Secrecy*：*The Hidden History that Connects the Trilateral Commission, the Freemasons, and the Great Pyramids*，HarperCollins，2002

Marrs，Jim，*The Terror Conspiracy*：*Deception, 9/11 and the Loss of Liberty*，Disinformation Co.，2006

Radin，Dean，*Entangled Minds*：*Extrasensory Experiences in a Quantum Reality*，Paraview Pocket Books，2006

Ronson，Jon，*Them*：*Adventures with Extremists*，Simon & Schuster，2002

Ruppert，Michael，*Crossing the Rubicon*：*The Decline of the American Empire at the End of the Age of Oil*，New Society Publishers，2004

Sitchin，Zecharia，*The Twelfth Planet*，originally published 1976，new edition Harper，2007

Stray，Geoff，*Beyond 2012*：*Catastrophe or Ecstasy*，Vital Signs Publishing，2005，US edition Bear & Co.，2009

Thomas，Andy，*Vital Signs*：*A Complete Guide to the Crop Circle Mystery*，SB Publications，1998，revised 2002，US edition Frog Ltd，2003

Thomas，Andy，*The Truth Agenda*：*Making Sense of Unexplained Mysteries, Global Cover-ups and Prophecies for our Times*，Vital Signs Publishing，2009，revised 2011